清水寺 成就院日記

第三巻

音羽山 清水寺

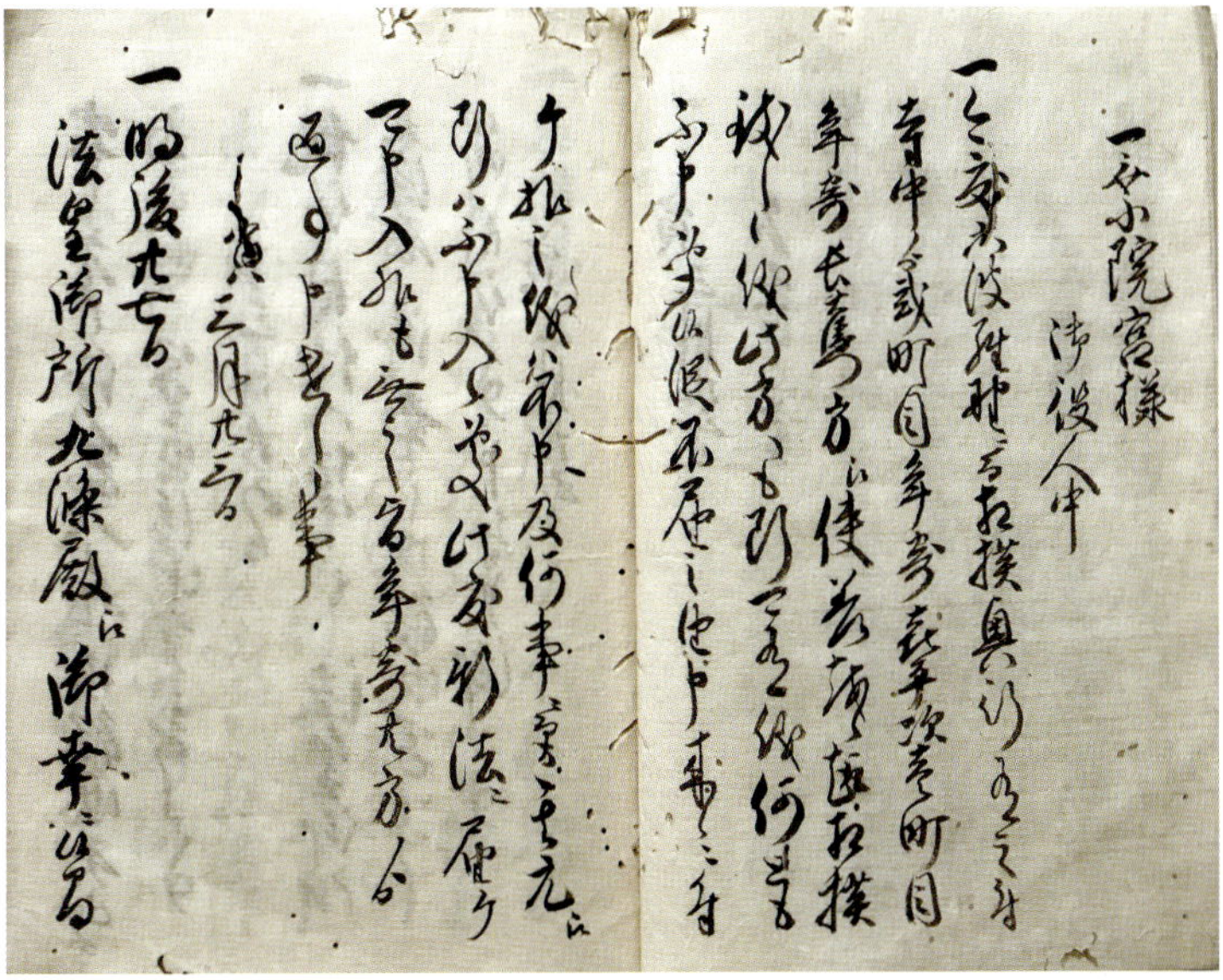

成就院日記　享保七年三月二十三日条

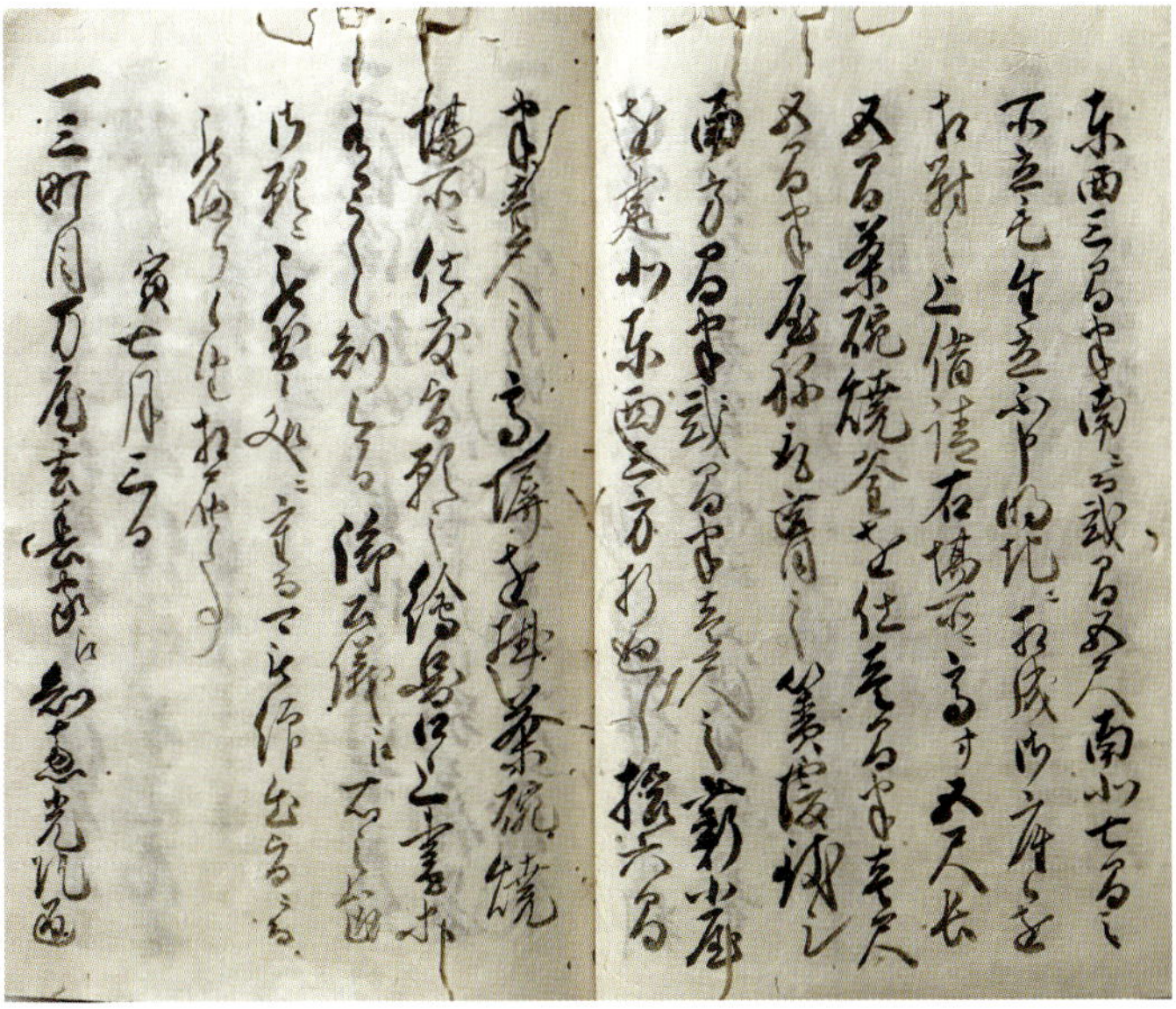

成就院日記　享保七年七月三日条

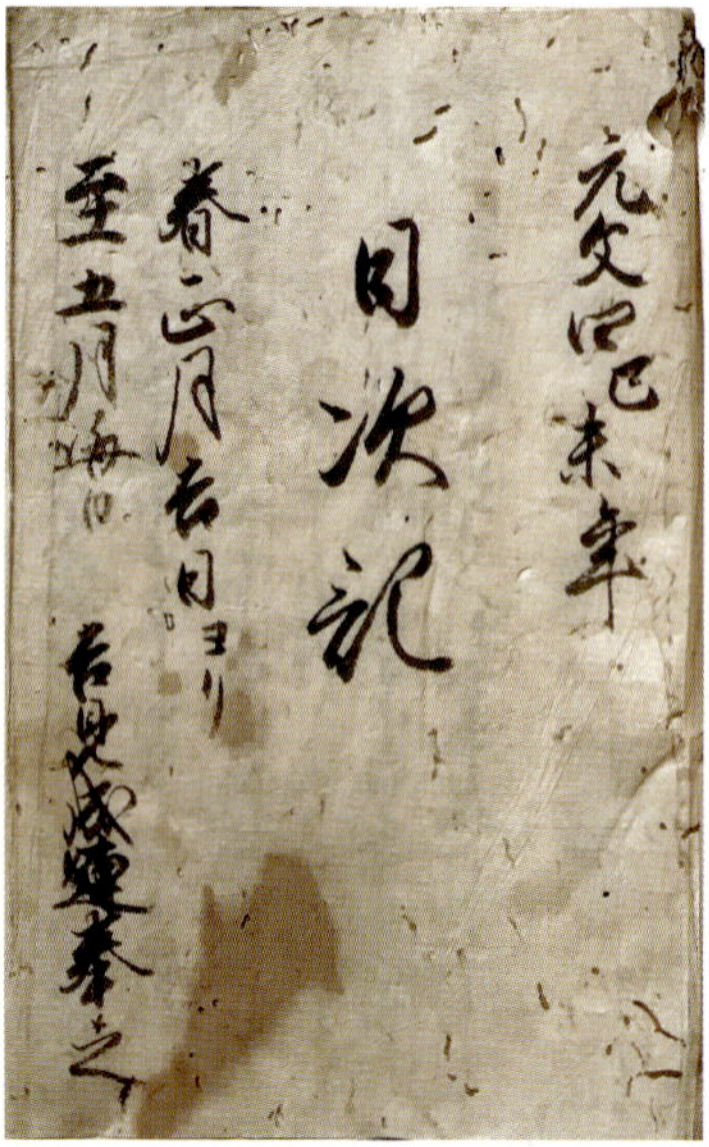

成就院日記　元文四年原表紙

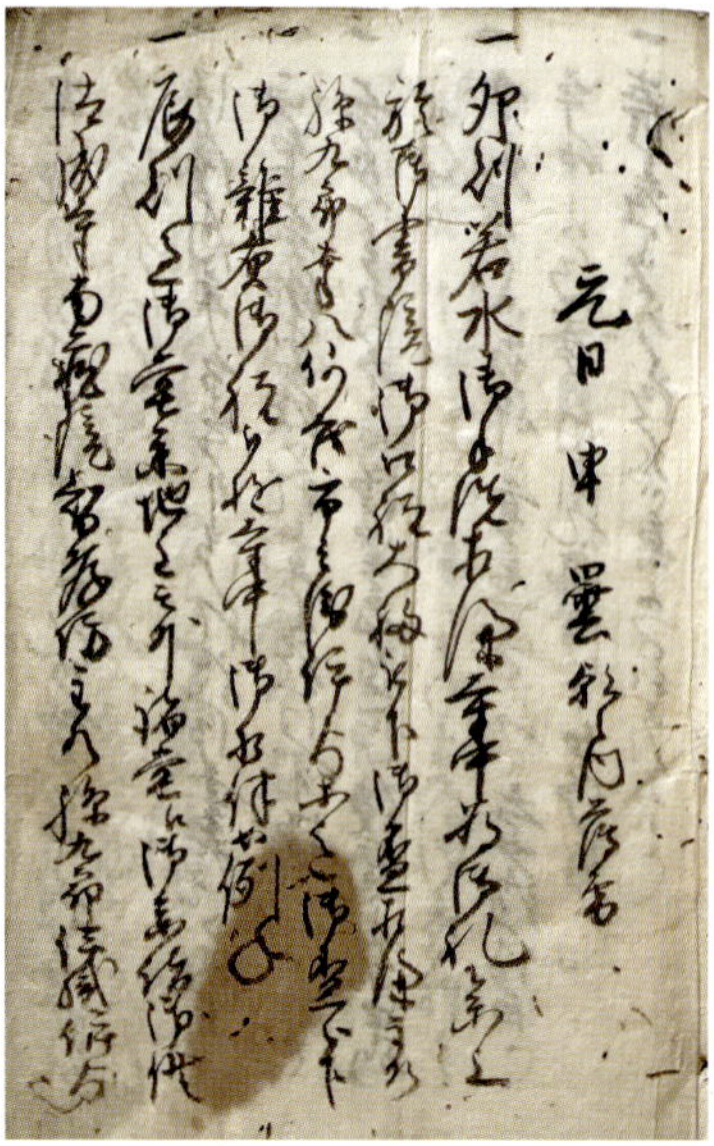

成就院日記　元文四年正月一日条

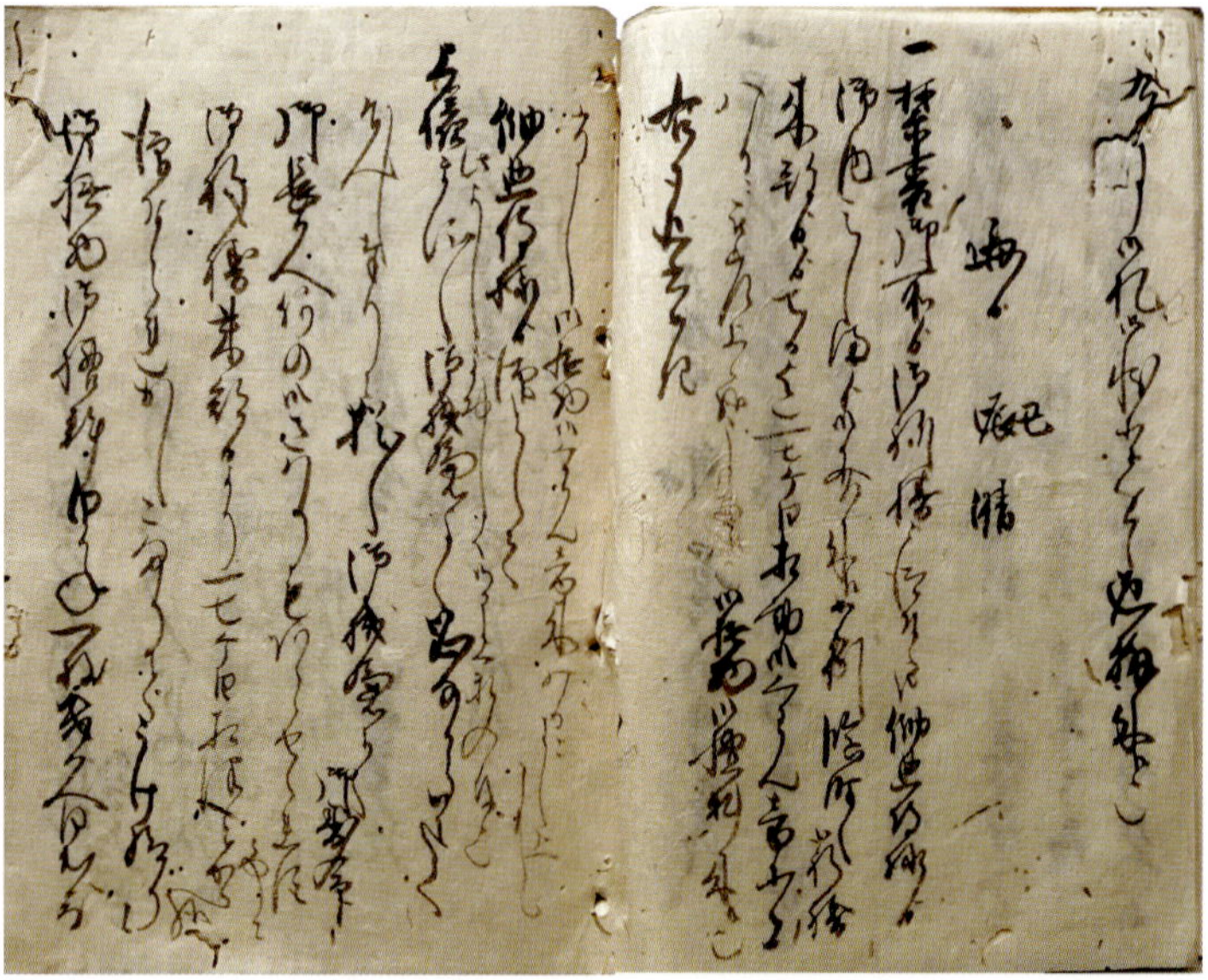

成就院日記　元文四年正月晦日条

目次

【凡　例】

一、史料の配列は、原則、編年とした。
一、翻刻にあたっては、適宜、読点・並列点を施した。
一、漢字は原則として常用字体を用いた。ただ、一部の異体字・俗字・合体字については原本の姿を残した。
一、平出・台頭・欠字は、統一されていないため、省略した。
一、虫損・汚損によって判読不可能な部分は、字数のあきらかな場合は字数分を□で、また不明な場合は［　］で示した。
一、誤字・脱字および文意不明の箇所は、その字の右側に（　）をもって示し、人名等の注記についても（　）をもって示した。
一、記載内容によっては日付をさかのぼらせて記している箇所もあるが、その場合は当該の日付に（ママ）の注記を施した。
一、花押・印章は、それぞれ（花押）（印）と表記した。
一、史料翻刻は、清水寺史編纂委員の川嶋将生、源城政好、下坂守、河内将芳、吉住恭子、安田歩、澁谷一成、酒匂由紀子、田中香織、高橋大樹がおこなった。

清水寺 成就院日記

第三巻

成就院日記二十五

享保七年

「（後補表紙）享保七壬寅年
御日記
従正月至十二月」

「（原表紙）壬享保七年
諸事留日記
寅正月吉日」

一弐町目銭屋藤兵衛所持之屋敷地表口三間半、裏行拾壱間半之所、表口三間半、奥行五間半、表方庇見世三ヶ所、門口弐ヶ所付有之候、右裏之方ニ弐間四方之土蔵壱ヶ所建、幷壱間ニ三間半之物置小屋建直し申度儀願申候、則絵図・口上書有之候事

寅正月十八日

一御公儀ゟ火之元之儀御触状、霊山ゟ当山江廻り、写置、清閑寺へ遣候事

寅正月廿一日

一執行・目代・六坊中江茂火用心之御触状写致し、壱町目之行事ニ申付申渡し候事

寅正月廿一日

一御公儀ゟ当表町中ニ捨子多ク有之候、自今番人ニ急度申付、捨子仕候もの捕之可申出候、幷町中きせる（煙管）くハへ歩行仕候儀御停止之旨御触状、霊山ゟ当山江廻り、写置、清閑寺へ遣候事

寅正月廿六日夜丑刻

一執行・目代・六坊中へも捨子幷きせる（煙管）をくハへ歩行仕候儀御停止之御触状、写致し、壱町目之行事ニ申付申渡シ候事

寅正月廿七日

一御公儀ゟ書物御尋之目録御触状、霊山ゟ当山江廻り、
写置、清閑寺へ遣候事
寅正月晦日夜

一執行・目代・六坊中へも書物御尋之目録写致し、三町
目之行事ニ申付申渡シ候事
寅二月朔日

一本堂舞台張替之儀、兼而御断申上置候ニ付、近日取掛
申候趣、今日両町奉行所江為御届、仲光院代僧ニ而被
仰上、相済申候事
寅二月五日

口上之覚
清水寺本堂舞台張替之儀奉願候処、去丑正月廿二日、
西御役所ニ而被為成御赦免候、然者近々取崩シ張替可
申と奉存候間、右御届申上候、以上
清水寺
二月五日　成就院

御奉行所
右ハ諏訪肥後守（頼篤）殿、御月番河野豊前守（通重）殿屋敷へも同事
ニ御届有之候事

一御公儀ゟ新銀引替之儀付、所（々）ゟ諸商人組合願出候、併
新銀出来方次第ニ急ニ者難申付候、銀座ニ而連々引替申
事ニ候、并近比町々借屋賃上ケ候由相聞江候間、借屋
賃上ケ候儀無用ニ可仕旨御触状、霊山ゟ当山江廻り、
写置、清閑寺へ遣し候事
寅二月九日夜子ノ刻

一執行・目代・六坊中へも新銀引替儀并町々借屋賃上ケ
候儀無用ニ可仕旨御触状、写致し、三町目行事ニ申付
申渡シ候事
寅二月十日

一四町目角屋庄次郎所持之屋敷地表口三間三尺、地尻ニ
而三間六尺、裏行西之方六間弐尺五寸、東ノ方六間五

尺之所ニ、間口三間、奥行三間、片はへ（延）東南ノ方壱間ニ壱間半之庇を付、居宅幷間半四方之雪隠建来候処、居宅大破仕、其上不勝手ニ御座候間、此度取崩シ、間口三間、奥行五間、中二階造りニ仕度旨願申候、則絵図・口上書有之候事

寅二月十一日

一四町目角屋庄次郎普請願有之ニ付、今日御見分有之候、則来ル廿七日、肥後守（諏訪頼篤）殿役所江罷出候様ニ被申付候事

寅二月廿四日

一南都一乗院（尊賞法親王）御門主様御里坊ニ居被申候宇野浅右衛門・木村内匠ゟ手紙ニ而今日呼ニ参候付、御越被成候処ニ、先達而御公儀ゟ御尋被遊候書籍之儀、所持致シ候哉否之儀御吟味ニ而有之候、大和方南都辺御末寺方何も御吟味ニ而有之由、当寺所持不仕候旨、則如斯一札差上ケ申候事

寅二月廿五日

差上申一札之事

此度従公儀御尋被遊候書籍之儀、所持不仕候哉否之儀御吟味被仰付候、右御尋之書籍曽而所持不仕候、為其以書付御断申上候、以上

享保七年寅二月廿五日　清水寺　成就院印

御本寺一乗院宮様

御役人中

右之通相認差上ケ申候、執行・目代・六坊中茂同シ御事ニ候也

一今度京都町中出火之節、町々ゟ人足出し火消留候様ニ被仰出候由ニ而、火事場江人足灯燈（ママ）差出し可申旨町触ニ廻ル、写置申候事

寅二月廿五日

一四町目近江屋九右衛門家江大仏境内鐘鋳町箒屋太郎兵衛家ニ借宅仕居申候太兵衛と申ものニ借シ、茶屋商売

仕候旨、則願之口上書有之候事
寅三月

一御公儀ゟ諸役御免除札拝領之もの、或ハ由緒有之只今迄町役不致もの共、并寺社門前境内町々、此間相触申候通、出火之節人数出し可申旨町触廻ル、則写置申候事
寅三月五日

一四町目桔□(梗)屋彦市、今日年寄十(重)左衛門召連御礼相済、式法之通、三升樽・三種肴差上ヶ申候、御寺ゟ鳥目三拾疋被下置候事
寅三月九日

一法皇(霊元上皇)御所、来ル十三日修学院御茶屋江御幸被遊候旨御触状、霊山ゟ当山江廻り、写置、清閑寺へ遣し候事
寅三月十二日昼巳刻

一執行・目代・六坊中へも修学院江法皇御所御幸之道筋御触状、写致し、四町目行事ニ申付申渡シ候事
寅三月十二日

一六波羅野ニ新家建申度儀、三条通小川上ル町鍔屋太兵衛と申もの願申候ニ付、御公儀向相叶候ハ、別条有間(敷)旨申聞、則請負之証文致させ取置申候事
寅三月

一中宮寺宮(尊秀尼)薨去ニ付十五日ゟ十七日迄鳴物御停止之御触状、霊山ゟ当山江参り、写置、清閑寺へ遣し候事
寅三月十六日

一執行・目代・六坊中へも鳴物御停止之御触状、写致シ、四町目行事ニ申付申渡し候事
寅三月十六日

一去秋冬ニ至り諸国ゟ四ツ宝銀多く集り候而新銀引替差

支、京都諸売人不手廻ニ可有之候付、先是迄ハ新銀四ツ宝相交江通用之儀令用捨候得共、大坂ゟ灰吹相増差登候筈候間、向後四ツ宝差交江用ひ候事可為無用之旨御触状、霊山ゟ当山江廻り、写置、清閑寺へ遣し候事

寅三月十八日夜戌刻

一執行・目代・六坊中へも四ツ宝銀差交江候儀無用之御触状写いたし、四町目行事ニ申付申渡し候事

寅三月十九日

一南都一乗院御門主様（尊賞法親王）御在京被遊候付、山木切仕舞候故、京都ニ而御断申上、相済申候事

寅三月廿三日

乍恐口上書

先達而御断申上候山之木三百五拾本、此間伐仕舞候付、御届申上候、以上

清水寺

寅三月廿三日　成就院印

一乗院宮様

御役人中

一今度六波羅野ニ而相撲興行有之付、寺中ゟ弐町目年寄喜平次・壱町目年寄長右衛門方江使差越候趣、相撲致し候儀此方へも断可有儀、何とも不申聞候段、不届之由申来候ニ付、ケ様之儀ハ不申及、何事ニ而も其元江断ハ不申入候処、此度新法ニ届ケ可申入様も無之旨、年寄共方ゟ返事申遣し候事

寅三月廿三日

一明後廿七日、法皇御所九条殿（輔実）江御幸ニ候間、火之元之儀念入候様ニ御触状、霊山ゟ当山江廻り、写置、清閑寺へ遣し候事

寅三月廿五日

一執行・目代・六坊中へも法皇御所九条殿へ御幸之御触状写いたし、四町目行事ニ申付申渡し候事

寅三月廿五日

一相撲場願人白川村いしや嘉右衛門と申もの、二条廻り石橋掛直シ候付勧進相撲御赦免故、六波羅野ニ而相撲場借り請申度旨願申候、則東西廿五間、南北三拾五間之場所相渡シ申候、相撲引請世語(話)仕候もの、にしき竜田右衛門・桜川九兵衛と申者ニ而有之候、地頭幷役人江桟敷四軒札五百枚、右ハ委細証文・絵図有之候、場所地代新銀五百七拾匁也、三月廿四日ゟ初り四月九日迄ニ定日十日相勤、無恙相済申候事

寅四月九日

一神事御公儀ゟ例年之通、目付衆町廻り被参候、首尾能相済、乍去当年ハねり(練)物等無之候、祭礼計ニ而有之候事 覚竜・正覚、当年ゟ初而正印方江遣、神事之供奉仕候

寅四月九日

一本堂舞台張替普請之儀、去ル丑ノ十二月ゟ木拵ニ取付、当四月十六日迄仕舞申候、棟梁井上久作其外門前幷大仏組之仕手大工八九人有之候事、奉行人藤林孫九郎・奥田平内・山川幸八

寅ノ四月十六日

一今度舞台張替之用木切取候場所為見分、一乗院御門主(尊賞法親王)様ゟ岡本河内守殿・木村内匠殿今日被参候故、切取候場所見せ、則如此書付致し遣し候事

寅四月廿三日

覚

先達而御届申上候舞台張替之用木、上山ニ而弐百三拾本、下山ニ而百弐拾本、都合三百五拾本切取候場所、今日御検分被成候故、右書付進申候、以上

清水寺
成就院印

寅四月廿三日

岡本河内守殿
木村内匠殿

一熊野三山権現社大破付、今度御公儀ゟ茂御寄附之品有
之候、勧化人馬之御朱印被下置、諸国巡行仕筈ニ候得
共、其所々費《ツイエ》有之、且三山之輩茂経年月、旁及難儀
候ニ付、於江戸屋敷々々相廻度旨内存相願候故、願之
通被仰出候旨御触状、霊山ゟ当山江廻り、写置、清閑
寺へ遣し候事
　寅四月廿四日
一執行・目代・六坊中へも熊野三山勧化之御触状写致し、
弐町目行事ニ申付申渡し候事
　寅四月廿四日
一弐町目姫路屋三郎兵衛所持之請酒株、此度同町近江屋
清兵衛と申者ニ永代譲り申旨、則届之証文有之候事
　寅四月
一名物之武具・馬具・古筆・茶湯之道具・切れ類、其外
古来ゟ名有之道具、右之品々寺社方幷町人所持候哉、
内証ニ而承合、来月朔日迄ニ書付可指出之旨方内ゟ触
書、霊山ゟ当山江参、写置、清閑寺へ遣し候事
　寅四月廿八日夜
一執行・目代・六坊中へも武具・馬具・古筆・茶湯類之
道具御尋之触書写致し、弐町目行事ニ申付申渡シ候事
　寅四月廿九日
一方内ゟ道具類・切類最早御用ニ無之旨触書如此ニ廻り
申候事
　寅五月朔日昼申刻
　口上
頃日申進候道具類・切類所持之もの寺社方ニ有之候哉、
内々ニ而承合度候旨書付進之候処、御公儀ゟ急度御改
候様ニ風聞有之由ニ候間、最早御書付不及被遣候、以
上
　寅五月朔日　　松尾左兵衛判
祇園社　丸山安養寺　長楽寺　双林寺　真性寺

七観音院　高台寺　霊山正法寺
清水寺
役人藤林孫九郎（兼定）判
清閑寺　遊行法国寺　寺社方安祥寺迄廿四ケ寺
右御役者中

一執行・目代・六坊中へも右之触状之趣写致シ、壱町目
行事申付申渡し候事
寅五月朔日

一三町目若竹屋栄性（昌）家江六条新地橘屋清兵衛借屋ニ居申
候弥右衛門と申ものニ借シ、茶屋商売仕候由、則願之
口上書有之候事
寅五月二日

一南都一乗院（尊賞法親王）御門主様江今度舞台張替首尾仕候付、為御
礼今日使僧被遣候、丸山餅箱入差上ケ候、并坊官内侍
原法印・二条法眼・高天法印・中沼但馬守（秀興）、右四人江
金焼平茶碗拾（ママ）ヲツ、遣し候事

寅五月三日

一諏訪肥後守（頼篤）殿、来ル九日江戸江御発足被成候付、今日
為御暇乞之御越被成候、染手拭十ヲ御持参被成候得共、
断ニ而納り不申候、諸方共ニ同事ニ候也
寅五月七日

一弐町目八百屋藤兵衛儀、同町亀屋次郎兵衛借屋江出見
世仕、則忰藤八と申ものニたうふ（豆腐）商売致させ申度旨、
則願之口上書有之候事
寅五月十二日

一弐町目越後屋重右衛門後家やつ儀病死仕候付、娘きん
と申ものニ家屋敷・茶屋株共ニ譲り置候付、則茶屋商
売仕候由口上書有之候事
寅五月十二日

一弐町目井筒屋重右衛門病死仕候節、忰佐太郎江家屋敷

譲り置処ニ、幼少ニ而家相続如何ニ存候付、此度六角通烏丸西江入町縫物屋嘉兵衛方ニ手代奉公勤罷有候久兵衛と申もの、後見ニ入置申度旨口上書有之候事

寅五月十四日

一四町目菱屋吉兵衛儀、今日年寄重左衛門召連御礼相済、式法之通、三升樽・三種肴差上ケ申候、御寺ゟ鳥目三拾疋被下置候事

寅五月廿三日

一井上河内守(正岑)殿御死去ニ付今廿四日ゟ来ル廿六日迄三日之内鳴物御停止之旨御触状、霊山ゟ当山江廻り、写置、清閑寺へ遣し候事

寅五月廿四日

一執行・目代・六坊中へも鳴物停止之御触状写致シ、壱町目行事ニ申付申渡し候事

寅五月廿四日

一頃日大和大路新古門前辺ニ而辻駕籠かき渡世仕者、かこ代之儀付闇切に逢、手疵ハ少ニ候得共、狼藉之仕形ニ候、重而刃傷ハ勿論之儀、打擲等任我意ニ候狼藉もの於有之者、町人者不及言、帯刀之ものニ而茂其所ニ捕置、早速可訴来之旨御触状、霊山ゟ当山江廻り、写置、清閑寺へ遣し候事

寅六月十日

一執行・目代・六坊中へも右御触状写致し、三町目行事ニ申付申渡シ候事

寅六月十日

一　江戸ニ触頭無之諸宗之　本寺　無本寺之　寺院

右之面々江申渡候儀在之候間、来ル十八日ゟ廿三日迄四ツ時分ゟ八ツ時之内、役者壱人宛豊前守(河野通重)役所江可罷

出之旨御触状、霊山ゟ当山江廻り、写置候而清閑寺江
遣し候事
寅六月十八日

一執行・目代・六坊中へも右御触状写致し、三町目行事
ニ申付申渡し候事
寅六月十八日

一河野豊前守(通重)殿役所江来迎院ヲ今日差出し候処ニ、役人
衆被申聞候ハ、法式之儀、本寺ゟ申渡し可有之候間、
左様ニ相意得可申旨被申渡候事、外ニ相替様子も無之、
何方も同事ニ而在之候、以上
寅六月十九日

一方内ゟ在京御目付衆明廿五日天気次第、東山筋御巡見
被成候旨廻状、霊山ゟ当山江廻ル、写置、鳥部(辺)野輪番
所へ遣し候事
寅六月廿四日夜亥刻

一執行・目代・六坊中へも御目付御巡見之廻状写致し、
三町目行事ニ申付申渡し候事
寅六月廿五日

覚

明廿五日天気次第、在京御目付衆東山筋御巡見被成候
間、例之通御案内可被成候、以上
寅六月廿四日　松尾左兵衛判

祇園社　丸山安養寺　長楽寺　双林寺　真性寺
高台寺　八坂法勧(観)寺　霊山正法寺
清水寺　役人藤林孫(兼定)九郎判
鳥部(辺)野　若宮八幡宮　六波羅蜜寺　建仁寺　智積院
大仏殿　豊国三拾三間堂　新熊野　泉涌寺　東福寺
右御役者中

例之通御巡見相済候ハヽ、其段町奉行所江御届ケ可被
仰上候、且又右之所々東山筋と在之候故申進之候、御
勝手ニゟ御巡見無之儀も可有之候間、明日御巡見無之
方者、明後日ニ而茂此方迄其段以書付可被仰聞候、是
ハ重而御次而之節可申進ためニて候、勿論御巡見済候御

方ハ被仰聞不及候、以上

一雨天ニ付今日御巡見御延引之旨方内ゟ廻状、霊山ゟ当
山へ廻り、写置、鳥部野(辺)へ遣し候事
寅六月廿五日

一執行・目代・六坊中へも今日御巡見相延申候旨廻状写
致し、三町目行事ニ申付申渡し候事
寅六月廿五日

覚

雨天ニ付今日者御巡見相延候間、左様ニ御心得可被成
候、以上
寅六月廿五日　　松尾左兵衛判

祇園社　丸山安養寺　長楽寺　双林寺　真性寺
高台寺　八坂法勧(観)寺　霊山正法寺
清水寺　　役人藤林孫九郎(兼定)判
鳥部野(辺)　若宮八幡宮　六波羅蜜寺　建仁寺　智積院
大仏殿豊国三拾三間堂　新熊野　泉涌寺　東福寺

右御役者中

一弐町目槌屋万之助と申者、此度少之小路南方ニ地主正(平)
印(瀬)所持之荒地、北ニ而東西三間半、南ニ而弐間五尺、
南北七間之所、立毛生立不申明地ニ相成御座候を相対
之上借請、右場所ニ高サ五尺、長五間茶碗焼釜(窯)を仕、
壱間半壱尺・五間半屋祢(根)取葺之、簀覆致シ、南方間半
ニ弐間半壱尺之薪小屋を建、北東西三方折廻し拾六間
半壱尺之高塀を掛、茶碗焼場所ニ仕度旨、願之絵図・
口上書等有之候、則今日御公儀江右之趣御願ニ罷出候
処ニ、重而可被仰出旨ニ而罷帰り候由相届候事
寅七月三日

一三町目万屋玄春家江智恵光院通さゝや(笹屋)町上ル所松屋利
右衛門借屋ニ居申候権兵衛と申ものニ借シ、則茶屋商
売仕度旨願之口上書有之候事
寅七月三日

一二条御城廻り馬場之内、所司代幷町奉行往来之節、別
而往還之もの不行儀無之、平座可致候事
一金銀銭高利を取借シ候由相聞江候、向後二割ゟ高利に
て借シ候儀仕間敷旨御触状、霊山ゟ当山江廻り、写置、
清閑寺へ遣し候事
寅七月十三日
一執行・目代・六坊中へも右御触状写致し、四町目行事
ニ申付候而申渡し候事
寅七月十三日
一此間金銀銭二割ゟ高利ニ致間敷旨相触候処、彼是と訛(批)
判致之由候、銭借シ者共五割・七割之高利をかけ借シ
候故、右之趣申触候旨御触状、霊山ゟ当山江廻り、写
置、清閑寺へ遣候事
寅七月十八日
一執行・目代・六坊へも右御触状写致し、四町目行事ニ
申付申渡シ候事
寅七月十八日
一在京御目付衆、明廿三日天気次第御巡見有之由方内ゟ
廻状、霊山ゟ当山江廻り、写置、鳥部(辺)野へ遣し候事
寅七月廿二日夜亥下刻
一執行・目代・六坊中江も御目付衆御巡見之廻状写致
シ、四町目行事ニ申付申渡し候事
寅七月廿三日

覚

明廿三日天気次第、在京御目付衆東山筋御巡見被成候
間、例之通御案内可被成候、以上
寅七月廿二日　松尾左兵衛判
祇園社　丸山安養寺　長楽寺　双林寺　真性寺
高台寺　八坂法勧(観)寺　霊山正法寺
清水寺　役人藤林孫九郎(兼定)判
鳥部(辺)野　若宮八幡宮　六波羅蜜寺　建仁寺　智積院

大仏殿　豊国三拾三間堂　新熊野　泉涌寺　東福寺
　　右御役者中
例之通御巡見相済候ハヽ、其段町御奉行所江御届可被
仰上候、且又右之所々東山筋と有之故申進之候、御勝
手ニゟ御巡見無之儀も可有之候間、明日御巡見無之方
ハ、明後日ニ而も此方迄其段以書付可被仰聞候、是ハ
重而御次而之節可申進ためにて候、勿論御巡見相済候
御方ハ被仰聞不及候、以上

一在京御目付酒井小平次殿・長見新右衛門殿御巡見、今
日首尾能相済、御院主不快ニ有之故、仲光院名代ニ案
内ニ罷出被申候、当寺ニ而昼弁当有之候、即刻豊淳房
御礼ニ被遣候、并町奉行所へも御届有之候事
　　寅七月廿三日
一弐町目槌屋万之助、此度少之小路南ノ方正印（平瀬）所持之畑
地ニ高サ五尺ニ長五間之茶碗焼釜（窯）を仕度儀ヲ願申候付、
御公儀ゟ御見分有之、則昨廿三日、願之通御赦免被成
候、願場所絵図・口上書有之候事
　　寅七月廿四日
一例年之通、宗門御改之儀触状、当山執行方ゟ当寺へ廻
り、写置、清閑寺江遣候、尤執行方へハ請取遣スニ不
及候事
　　寅八月五日
一勝浦村原田角左衛門と申もの、今日仲光院方江参尋申
趣、今度御公儀ゟ私共中間十人有之候、諸方江毎年年
礼相勤申候訳如何様之儀にて勤来候哉、先々其由緒相
尋候様ニ被仰渡候、尤御公儀ゟ直ニ御尋可被成候得共、
左様ニ而ハ大行ニ有之候条、私共方ゟ先々由緒如何様
之訳ニ而参候哉承合候様ニ被仰付候旨申来候故、当寺
江勝浦参候由来、此方ニ而も相知れ不申候旨、則如斯
之書付致し、勝浦村原田角左衛門江相渡し申候、留如
此ニ候事

覚

勝浦ゟ例年為年礼参候事、往古ゟ相勤来候由ニ而只今ニ年礼ニ参申候、如何様之由緒ニ而御座候哉相知れ不申候、以上

寅八月八日　　成就院
清水寺

右之通書付遣し候、則原田角左衛門へ申入候ハ、何茂之中間ゟ諸方江年礼ニ相勤被申候先々を書付候而御見せ頼入候由申遣候へハ、重而如斯之書付差越候

覚

公方様江　　上鳥羽ゟ
常盤《トキワ》井宮様江　　中勝浦ゟ
薩摩殿江　　下勝浦ゟ
所司江　　上勝浦ゟ
小堀仁右衛門殿　　同
聖護院宮様江　　同
三条西殿江　　同
日野西殿江　　同
高辻殿江　　同
唐橋殿江　　同
清水谷殿江　　同
東坊城殿江　　同
八幡善法寺殿江　　同
清水成就院　　同

右之通勝浦ゟ年礼相勤候

寅八月十一日

一帯刀之もの借宅之儀、御触状幷ニ此度和薬真偽吟味之儀、二条通新町東江入町升屋庄兵衛・同町和泉屋藤兵衛、右両人問屋申付候、只今迄者所々ゟ出候和薬中買（仲）仕薬種屋共方江直々ニ売買仕候由、向後者右之問屋方ニ而売買可仕旨御触状、霊山ゟ当山へ廻り、写置、清閑寺へ遣し候事

寅八月十二日

一執行・目代・六坊中へも帯刀幷和薬之儀御触状写致シ、弐町目行事ニ申付申渡し候事

寅八月十二日

一今十二日引地墓所之野机之覆ニて、年来四拾歳計道心者坊主、細引ニ而首縊り果居申候、墓守孫兵衛後家見付、知らせ申候故、早速様子見届、御公儀江御訴申上候処ニ、為検使深山弥五右衛門殿・北尾善助殿御出、雑色九左衛門立会、死骸御改メ之上、所之者共御呼出し御吟味之上、証文御取御帰り候、弐町目年寄喜平次御屋敷江参候処ニ三日さらし(晒)置、重而様子申来候様ニ被仰付候事

寅八月十二日

一弐町目姫路屋三郎兵衛家、大仏かねい(鐘鋳)町住吉や源右衛門借屋ニ居申候柳助と申ものニ借シ、茶碗商売仕度旨、則願之口上書有之候事

寅八月十二日

一弐町目亀屋次郎兵衛借屋江同町姫路屋三郎兵衛借り、万や商売仕度由、願之口上書有之候事

寅八月十二日

一御公儀ゟ町々溝筋・道筋之為御検分と、田中七右衛門殿・石橋嘉右衛門殿、其外下役人・雑色立会見分有之候、当境内無別条相済申候、泰産寺ニ而昼弁当被致候事

寅八月廿二日

一明後六日法皇(霊元上皇)御所御幸候間、火之元之儀念入候様ニ御触状、霊山ゟ当山江廻り、写置、清閑寺江遣し候事

寅九月四日

一執行・目代・六坊中江茂御幸之御触状写致し、壱町目行事ニ申付申渡シ候事

寅九月四日

一弐町目夷屋六右衛門所持之屋敷地表口八間、裏行西ニ

而六間三尺、東ニ而五間半之所ニ、間口七間、奥行四間四ツニ仕切、表方ニ見世門口を付、借屋表東之方ニ間半四方之雪隠、西之方ニ間半ニ壱間之雪隠建来候処、此度弐ケ所之雪隠者崩取、右借屋間尺其儘ニ而表北之方江三尺引出シ、表側町並と一所ニ致シ、西之方ニ五尺筋違四間余建足シ、幷裏南之方江間半ニ七間建次申度儀絵図記之奉差上候旨、絵図・口上書有之候事

寅九月六日

一明後九日、法皇(霊元上皇)御所御幸候間、火之元之儀、町々裏借屋等迄随分念入候様ニ洛中洛外可相触之旨御触状、霊山ゟ当山江廻り、写置、清閑寺江遣し候事

寅九月八日

一執行・目代・六坊中へも明後九日法皇御所御幸之御触状写致し、壱町目行事ニ申付申渡し候事

寅九月八日

一此比町々にて来春御上洛茂有之様ニ虚説を申触、畢竟商之ためニ茂仕候様ニ相聞、不届候旨御触状、霊山ゟ当山江廻り、写置、清閑寺へ遣候事

寅九月九日夜戌下刻

一執行・目代・六坊中へも虚説申触間敷旨御触状写致シ、壱町目之行事ニ申付即刻申渡し候事

寅九月九日

一例年宗門改帳弐冊相認候而、今日松尾左兵衛方へ藤林孫九郎(兼定)持参致シ、相渡し申候事

寅九月十五日

一近衛(基熙)祥(禅)閣薨去ニ付今日ゟ明後廿日迄鳴物御停止之旨御触状、霊山ゟ当山江参り、写置、清閑寺へ遣し候事

寅九月十八日夜亥刻

一執行・目代・六坊中江茂鳴物御停止之御触状写致シ、

壱町目行事ニ申付申渡し候事
寅九月十九日

一洛外在々ニ而猪鹿猿等おとし（威）に事寄、鉄砲ニ而諸鳥を打取候由、其上他国ゟ入込致殺生のよし不届候、向後免置候もの之外、鉄砲にて打候儀不及申、惣而致殺生間敷候旨御触状、霊山ゟ当山江廻り、写置、清閑寺へ遣し候事
寅九月廿七日

一執行・目代・六坊中へも殺生之御触状写致し、壱町目行事ニ申付申渡し候事
寅九月廿七日

一今廿九日河野豊前守（通重）殿屋敷江、明晦日法流為伝受、和州へ罷下り候旨、御届ニ御出被成候事
寅九月廿九日

一明二日天気次第、在京御目付衆東山筋御巡見被成候旨、方内ゟ之廻状、霊山ゟ当山江廻り、写置、鳥部野（辺）大谷輪番所へ遣し候事
寅十月朔日夜子刻

一執行・目代・六坊中へも御目付御巡見之廻状写致シ、三町目行事ニ申付申渡し候事
寅十月二日

一　覚

明二日天気次第、在京御目付衆東山筋御巡見被成候間、例之通御案内可被成候
寅ノ十月朔日　　松尾左兵衛判

祇園社　丸山安養寺　長楽寺　双林寺　真性寺
法勧（観）寺　高台寺　霊山正法寺
清水寺　役人藤林孫九郎（兼定）判
鳥部野（辺）　若宮八幡宮　六波羅蜜寺　建仁寺
智積院　大仏殿豊国三拾三間堂　新熊野　泉涌寺　東福寺
右御役者中

例之通御巡見相済候ハヽ、其段町奉行所江御届可被仰上候、且又右之所々東山筋と在之故申進之、御勝手ニゟ御巡見無之儀も可有之候間、明日御巡見無之方ハ、明後日ニ而も此方迄其段以書付可被仰聞候、是ハ重而御次而之節可申進ためニて候、勿論御巡見相済候御方ハ被仰聞ニ不及候、以上

一在京御目付大浜平右衛門殿・小川新九郎殿、今日御巡見首尾能相済、御院主和州へ御下り被成候故、名代ニ仲光院案内ニ罷出被申候、則当寺ニ而昼弁当在之候、即刻町奉行所江御届、并両御目付江御礼ニ豊淳房遣し候事

寅十月二日

一方内ゟ触状、霊山ゟ当山へ廻り、写置、清閑寺へ遣し候事

寅十月二日夜戌刻

一執行・目代・六坊中へ茂鉄砲打候ものニ宿貸申間（敷）旨触状、写致し、三町目之行事ニ申付申渡し候事

寅十月三日

口上

洛中ニ而鉄砲打候もの江堅宿貸申間敷旨申渡シ置候様ニ被仰付、則門前境内相触申候、依之為御心得申進之候、以上

寅十月朔日　松尾左兵衛判

祇園社　丸山安養寺　長楽寺　双林寺　真性寺

七観音院　高台寺　霊山正法寺

清水寺　役人藤林孫（兼定）九郎判

清閑寺　例之通寺社方山科安祥寺迄廿一ケ寺江廻ル

一四町目角屋庄次郎家、柳馬場五条上ル町鏡屋妙円と申もの借シ申度旨、則茶屋商売仕候旨願之口上書有之候事

寅九月（ママ）

一此度諸宗本寺ゟ諸寺院江掟書差出候、依之自今法事之節者勿論、常々饗応等軽ク可取計候間、俗家におゐて麁抹(末)之仕方被存間敷旨御触状、霊山ゟ当山江廻り、写置、清閑寺へ遣候事

寅十月五日

一執行・目代・六坊中江茂右御触状写致シ、三町目行事ニ申付、即刻申渡し候事

寅十月五日

一冷気向風立候間、火之元随分念入可申旨御触状、霊山ゟ当山江廻り、写置、清閑寺へ遣し候事

寅十月六日夜子刻

一執行・目代・六坊中へも火之元之儀御触状写致し、三町目行事ニ申付申渡し候事

寅十月七日

一熊野三山権現社勧化之儀、先達而相触候通、此度右社家相廻り候間、心次第可致寄進之旨御触状、霊山ゟ当山江廻り、写置、清閑寺へ遣し候事

寅十月七日夜亥刻

一執行・目代・六坊中へも熊野三山勧化之御触状写致シ、三町目行事ニ申付申渡し候事

寅十月八日

一弐町目亀屋よつ借屋ニ罷有候弥兵衛儀、此度仏光寺西へ入町仏師宗円忰伝右衛門と申者養子仕度旨、則願之口上書有之候事

寅十月廿一日

一弐町目池田屋六右衛門家ニ只今まて屋守無御座候付、此度同門前之内三町目松本屋三郎兵衛家ニ借宅仕居申候徳兵衛と申もの屋守ニ仕度旨、則願之口上書有之候事

寅十月廿一日

一何商売ニかきら（限）す煙多ク立候節者、表ニ煙しるし（印）出シ置可申旨、其印ニハ竹の先にわら（藁）一わ（把）程つけ候て、高く立置可申由御触状、霊山ゟ当山へ廻り、写置、清閑寺へ遣候事

寅十月廿三日

一執行・目代・六坊中へも右御触状之写致し、三町目行事ニ申付、即刻申渡し候事

寅十月廿三日

一在京御目付衆、明廿九日天気次第東山筋御巡見被成候旨方内ゟ之廻状、霊山ゟ当山へ廻り、写置、鳥部野（辺）江遣し候事

寅十月廿八日夜亥刻

一執行・目代・六坊中へも御巡見之廻状写致し、三町目行事ニ申付申渡シ候事

寅十月廿九日

一　覚

明廿九日、天気次第在京御目付衆東山筋御巡見被成候間、例之通御案内可被成下候、以上

寅十月廿八日　松尾左兵衛判

寺社方廿ケ所幷奥書例之通ニ而有之候事

一右之通ニ方内ゟ廻状廻り候得共、当山ハ去ル二日ニ御巡見相済候故、今日ハ当山江ハ御出不被成候ニ付、則方内へも其趣以書付相届候事

寅十月廿九日

一四町目鎰屋彦兵衛借屋ニ居申候清兵衛親休也と申もの、非（悲）田院江御預ケ置被遊候内、首縊り相果候付、死骸之儀悴清兵衛被下、取置可申旨被仰付候、則当山引地へ埋申候事

寅十月廿九日

一三町目中村勘助借金之出入ニ付、家屋敷借金之方へ五
日之間ニ相渡し申候様ニ被仰付候事
寅十月廿九日
一儒者・医者共に常帯刀仕候ハヽ、遂断候上帯刀可致候、
雖為非常之節、無故して猥帯刀仕間敷旨御触状、霊山
常楽院ゟ当山へ廻り、写置、清閑寺へ遣し候事
寅十一月朔日夜戌刻
一執行・目代・六坊中へも帯刀之御触状写致し、四町目
行事ニ申付申渡シ候事
寅十一月二日
一菊之御紋燈桃（マヽ）之儀、今度御公儀ゟ御吟味有之候故、当
寺ゟ書付差出し候、菊之御紋之燈桃（マヽ）之儀、禁裏様ゟ例
年七月ニ御寄進被為遊候、御宿坊成就院と致し、諸堂
ニ燈来候旨書付致シ、藤林孫九郎（兼定）今日持参いたし、草
間五右衛門殿江相渡シ申候事

寅十一月九日
一三宝銀・四ツ宝銀引替之儀、至当十一月銀座江案内不
申来、其上案内致し銀座ゟ切手相渡シ置候ものも、頃
日にいたり段々断申候由、早々引替可申候、三宝銀・
四ツ宝引替之儀、当寅ノ年限に候条、尤弥今年中ニ銀
座江持参可致旨幷火之元之御触、霊山ゟ当山江廻り、
写置、清閑寺へ遣候事
寅十一月九日夜子刻
一執行・目代・六坊中へも三宝銀・四ツ宝引替之儀幷火
之元之御触状写致シ、四町目行事ニ申付申渡し候事
寅十一月十日
一高附之儀ニ付相尋儀有之候間、東御役所雑色部屋江参
候様ニ申来候故、藤林孫九郎参り様子承知致シ候而、
如斯之帳面ニ印形致シ候事
覚

一地年貢高百拾九石弐斗壱升六合
百拾石七斗六升　清水寺領
七石六合　建仁寺領
八斗　南祥（禅）寺領
六斗五升　正法寺領
右之通相違無御座候、以上
寅十一月
清水寺役人
藤林孫九郎（兼定）印
右之通ニ印形致し罷帰り候事
寅十一月十日
一芳姫（徳川吉宗娘）様御逝去ニ付来ル十五日迄三日之間鳴物御停止之
御触状、霊山ゟ当山へ廻り、写置、清閑寺へ遣し候事
寅十一月十三日夜亥刻
一執行・目代・六坊中へも鳴物御停止之御触状写致シ、
四町目行事ニ申付申渡し候事

寅十一月十四日
一南都一乗院（尊賞法親王）御門主様ゟ御用之儀有之候条、来ル十三日
罷出候様ニ坊官中ゟ連書（署）ニ而呼ニ参候故、則十二日御
下向被成、十三日ニ御所へ御出被成候処ニ、法事之参
会等御制法書坊官中連判ニ而壱通相渡し被申候、執行
方へも同事ニ候、目代・六坊中ハ不参候事
寅十一月十三日
一二（三）町目橋本貞性（昌）跡伏見屋嘉助儀、今日年寄儀右衛門召
連御礼相済、式法之通、三升樽・三種肴差上ケ候、御
寺ゟ鳥目三拾疋被下置候事
寅十一月十六日
一去ル比高附之儀ニ付方内ゟ呼参候故、藤林孫九郎今日
参候処ニ、此間之高附之儀、建仁寺・南祥（禅）寺・正法寺
領之分歩銀御取不被遊候、ケ様之類所々ニ有之故、歩
銀御掛不被成候清水寺境内幷ニ郷方之歩銀一所ニ被成

候而、吉野屋惣左衛門方江相渡シ候様ニと被申渡候事

寅十一月十七日

一此度為渡世指免候猟師共鳥札所持可申候、兼而御制禁之場所之外者、右之札所持候者共所々無構之旨御触状、霊山ゟ当山江廻り、写置候、清閑寺へ遣し候事

寅十一月廿三日酉刻

一執行・目代・六坊中へも鳥札之御触状写致し、四町目行事ニ申付、即刻申渡し候事

寅十一月廿三日

一壱町目松葉屋八兵衛家屋敷、此度大工甚兵衛と申もの買請申候付、則年寄長右衛門召連今日御礼相済、式法之通、三升樽・三種之肴差上ケ申候、御寺ゟ鳥目五拾疋被下置候、右者被官家故、御祝儀之鳥目如此ニ御座候事

寅十二月五日

一今度五畿内・山城木津川・桂川・賀茂川・宇治川、摂津・河内淀川・神崎川・中津川・大和川筋御普請ニ付、高役金御取被遊候付、郷方幷清水寺境内廻り役金差上ケ候手形目録之書付、河野豊前守(通重)殿役所江藤林孫九郎(兼定)今日持参致し、勘定役人衆江相渡し申候事

寅十二月六日

覚

山城国葛野郡
壬生村
高七石弐斗五升四合五夕
此高役銀三匁壱分九厘弐毛

同国同郡
西院村
高六石弐斗七升
此高役銀弐匁七分五厘九毛

同国同郡
中堂寺村
高壱石五斗八升壱合
此高役銀六分九厘六毛

同国同郡
朱雀村
高弐斗七升壱合

此高役銀壱分壱厘九毛

同国同郡　聚楽廻り

高七石壱斗六合弐夕

此高役銀三匁壱分弐厘七毛

同国同郡　東塩小路村

高壱石六斗三升

此高役銀七分壱厘七毛

同国愛宕郡之内　清水寺境内廻

高百拾石七斗六升

此高役銀四拾八匁七分三厘四毛四才

惣高合百三拾四石八斗七升弐合七夕

高役銀合五拾九匁三分四厘四毛四才

但、高百石ニ付金三分銀五分宛 両替五拾八匁

右者、此度山城木津川・桂川・賀茂川・宇治川、摂津・河内淀川・神崎川・中津川・大和川筋御普請ニ付、山城国高役金、書面之通、清水寺領村々取立之、芳野(吉)屋惣左衛門方江相納メ申候、以上

清水寺

享保七年寅十二月　成就院印

御勘定所

右之通ニ相認、御公儀勘定所へ差上ケ申候

一慈心院ゟ高役銀八匁八分持せ差越被申候故、請取手形遣し候、文言如斯ニ候

覚

一高弐拾石　此歩銀八匁八分

但、百石ニ付金三歩銀五分両替五拾八匁替

右慥ニ請取申候、以上

寅極月二日　成就院納所印

慈心院御納所

一熊野山々役人勧化帳面被致持参候ニ付、方内ゟ触状相添被参候故、触書写置候事

寅十二月十二日

口上

熊野山々役人勧化帳面被致持参候間、寺社方御役者中

之方ニ御請取置、寺社内志之衆中帳面ニ御記奉加銀御
取集、来卯二月迄之内、新町六角下ル町三井三郎助方
江御渡可被成候、以上
寅十二月六日　松尾左兵衛判
双林寺　安井真性寺　七観音院
清水寺　役人藤林孫九郎(兼定)判
遊行法国寺　六波羅蜜寺　建仁寺　若宮八幡宮
智積院　養源院　泉涌寺　東福寺　万寿寺　稲荷社
竹田安楽寿院　黄檗山万福寺　三室戸寺　宇治白川村蔵之
坊　山科十(禅)祥寺　山科安祥寺　山城相楽郡神童村
山城相楽郡海住山
右御役者中
右之通、触状持参いたされ候、奉加之帳面御寺ニ有之
候事
勧化之状
熊野三所権現者日本国昔より于今至迄貴賤たつと(尊)ひあ(崇)
かむる事、他に異なり、今度修復之事有に依て、公儀
よりも御寄附之品有之也、信向之輩は其分限に応し、
物之多少を論せす寄進すへき旨被仰出畢、猥にす、め
こふへからす、右之趣、万民宜しく承知すへき者也
享保六辛丑年十一月　酒井修理大夫(忠音)印
牧野因幡守(英成)印
松平対馬守(近禎)印
土井伊豫守(利意)印
如斯之勧化状之写、奉加帳ニ書乗(載)せ持参候事、使坂本
将監と申仁也
一三町目若竹屋栄性(昌)家ニ居申候弥右衛門と申もの病死仕
候ニ付、娘とハ名代ニ而茶屋商売仕度旨、則願之口上
書有之候事
寅十二月十三日
一方内ゟ帯刀増減之儀、毎暮御断申上候様ニ証文方ゟ被
申渡候由廻状、七観音院ゟ当山江廻り、写置、遊行法
国寺へ遣し候事
寅十二月十四日

帯刀人増減之儀、毎暮御断被仰上候様ニ去年西証文方
ニ而被仰渡候処、于今御届無之由、増減無之候共早々
其品御届可被仰上候、以上

享保七年寅十二月十四日　　松尾左兵衛判

祇園社　同宝寿院　安養寺　七観音院

清水寺　　役人藤林孫（兼定）九郎判

法国寺　若宮八幡宮　普門院　稲荷社

大和田村柳大明神　三室村三室戸寺

山科郷四之宮村十祥（禅）寺　上野村安祥寺　粟田口神明社

右御役者中

一執行・目代・六坊中へも帯刀之廻状写致シ、弐町目行
事ニ申付申渡し候事

寅十二月十四日

一三町目扇子屋玄春儀、今日年寄儀右衛門召連御礼相済、
式法之通、三升樽・三種之肴差上ケ申候、御寺ゟ鳥目
三拾疋被下置候事

寅十二月十四日

一当十二日以来別紙書付之品々之内、質物ニ取置、一色
ニ而茂書付之品ニ合候もの有之候ハヽ、其品早々奉行所
江可令持参候旨御触状、霊山ゟ当山江廻り、写置、清
閑寺へ遣し候事、右別紙之品書巻紙ニ書付、外ニ留有
之候、触状之留帳ニハ無之候事

寅十二月十七日

一執行・目代・六坊中へも右御尋もの之御触状写致し、
弐町目之行事ニ申付申渡し候事

寅十二月十八日

覚

清水寺成就院家来常帯刀之者

一　当九月ゟ召抱候　稲山数馬

一　森文右衛門暇遣替り　中川宇右衛門

右之外、去ル丑十一月書付差上ケ置候通、増減無御座
候、以上

清水寺
成就院
享保七年寅十二月　　隆性印
御奉行所
如斯ニ相認差上ケ申候事、十二月十八日ニ藤林孫九郎
持参致し、東御役所証文方江相渡し申候事
寅十二月十八日

一今度当山引地ニ龕前堂建申度儀、門前中願有之ニ付、
今日新家役人中場所見分ニ被参候事、則願之口上書幷
絵図等有之候事
寅十二月

一引地龕前堂願之儀、今日御呼出し、願之通勝手次第建
可申旨被仰付候事
寅十二月十九日

一四町目菱屋吉兵衛と申者、妻共ニ去ル廿日ニ家出致し
候故、方々相尋候得共、行衛知れ不申候付、御公儀江
今日御訴申上候処ニ、諸道具とも付置候様ニ被仰付候
事
寅十二月廿三日

右当年中諸事留書
享保七年　　藤林孫九郎
寅十二月日　　兼定（花押）

「（原裏表紙）
藤林孫九郎」

「（後補裏表紙）
文政五壬午九月
表紙付仕立直
清水寺
成就院」

成就院日記二十六

享保八年

「（後補表紙）享保八癸卯年
御日記
同九甲辰年
同十乙巳年」

「（表紙）享保八癸卯年
同九甲辰年
御日記
同十乙巳年　三冊合為一冊」

「（原表紙）享保八年
諸事留日記
卯正月吉日」

一乾字金幷元禄以来品々之銀引替之儀、去寅年限りニ付、当卯年ゟ者潰金銀ニ成候間、いまた遠国末々ニ引替残候も有之候ハヽ、金者金座、銀者銀座江差出、金銀座定法之通ニ、潰金銀之割合を以売渡シ可申旨御触状、霊山ゟ当山江廻り、写置候而清閑寺へ遣し候事

卯正月十七日夜戌刻

一執行・目代・六坊中へも乾字金潰金ニ成候由御触状写致し、壱町目行事ニ申付申渡し候事

卯正月十七日

一当地町々に張札・落し文いたし候もの有之、去年十一月ゟ三条大橋に高札建、同十二月ゟ奉行所月番之方ニ、毎月二日、十一日、廿一日箱を出し置候間、右建置候高札之通、訴之筋之儀者右之箱江入可申旨御触状、霊山ゟ当山へ廻り、写置、清閑寺江遣し候事

卯二月五日夜

一執行・目代・六坊中へも張札・落し文之御触状写致シ、三町目行事ニ申付申渡シ候事
　卯二月六日

一弐町目八文字屋善五郎、今日年寄喜平次召連御礼相済、式法之通、三升樽・三種之肴差上ヶ申候、御寺ゟ鳥目三拾疋被下置候事
　卯二月九日

一山名左内と申浪人、葵御紋縫に仕、衣類ニ附、其外巧成仕方共ニ而偽取込候品々有之候ニ付、旧臘死罪ニ罷成候、就夫葵御紋附衣類之事、只今迄心得違候哉、末々之男女等致着用候者も有之様ニ相聞え不届候、向後一切着用仕間敷旨御触状、霊山ゟ当山へ廻り、写置、清閑寺へ遣シ候事
　卯二月廿七日夜戌刻

一執行・目代・六坊中へも葵御紋之御触状写致し、三町目行事ニ申付申渡し候事
　卯二月廿八日

一経書堂・来迎院普請之願之儀、今日藤林孫九郎(兼定)同道ニ而罷出被申候処、木村勝右衛門被申渡候ハ、重而御呼出シ可有由ニ候事
　卯二月廿八日

一来迎院普請之願、去ル廿八日ニ罷出被申、又々当月四日窺ニ被参候処、願之通勝手次第ニ普請仕候様ニ被仰付、相済申候、則諏訪肥後守(頼篤)殿江も御届ケ被申上候事
　卯三月四日

一御公儀ゟ脇指壱腰、銘日本、鍛冶宗匠伊賀守来金、道(胴)長サ壱尺八九寸、柄糸花色、先月六日以来買取、或者質物ニ取、又者預り候もの有之候ハヽ、早速奉行所へ持参可仕旨御触状、霊山ゟ当山江廻り、写置、清閑寺へ遣し候事

卯三月十三日

一執行・目代・六坊中へも脇指御尋之御触状写致シ、四町目之行事ニ申付申渡し候事

卯三月十三日

一慶長金幷新金共ニ小判之内、三分迄之切有之、金目三厘迄軽キ分、壱分判も疵有之金目少々軽ク候共、無滞通用可仕旨御触状、霊山ゟ当山江廻り、写置、清閑寺へ遣候事

卯三月十七日

一執行・目代・六坊中へも慶長金疵有之分通用之御触状写致し、四町目行事ニ申付申渡シ候事

卯三月十七日

一男女申合相果候者之儀、向後かふき（歌舞伎）・あやつり（操）之狂言ニ致候儀者勿論之事、絵草紙又ハ一枚絵等之軽き板行ニいたし候儀可為無用之旨御触状、霊山ゟ当山へ廻り、写置、清閑寺へ遣候事

卯三月廿八日

一執行・目代・六坊中へも右御触状写致し、四町目行事ニ申付申渡シ候事

卯三月廿八日

一明後三日法皇（霊元上皇）御所御幸ニ候間、火之元之儀随分入念候様ニ御触状、霊山ゟ当山江廻り、写置、清閑寺へ遣候事

卯四月朔日

一執行・目代・六坊中へも御幸之御触状写致し、弐町目行事ニ申付申渡し候事

卯四月朔日

一法皇御所明三日修学院御茶屋江御幸之儀、雨天ニ付御

延引之旨御触状、霊山ゟ当山江廻り、写置、清閑寺江
遣し候事

卯
四月二日夜丑刻

一執行・目代・六坊中へも御幸御延引之御触状写致シ、
弐町目行事ニ申付申渡し候事

卯
四月三日

一自今新板書物之儀、儒書・仏書・神書・医書・歌書、
都而書物類、其筋一通り之事者格別、猥り成儀異説等
を取交江作り出し候儀、堅く可為無用事

一唯今迄有来候板行物之内、好色本之類者風俗之為に茂
よろしからさる儀に候間、段々相改、絶板可仕之旨御
触状、霊山ゟ当山江廻り、写置、清閑寺へ遣し候事

卯
四月三日夜

一執行・目代・六坊中へも新板之御触状写致し、弐町目
行事ニ申付申渡シ候事

卯
四月四日

一明後六日法皇御所御幸ニ候間、火之元之儀随分入念候
様ニ御触状、霊山ゟ当山江廻り、写置、清閑寺へ遣候
事

卯
四月四日夜

一執行・目代・六坊中へも御幸ニ付火之用心御触状写致
シ、弐町目行事ニ申付申渡し候事

卯
四月五日

一頃日所々ニ而異形之紙鳶を作りあけ（揚）、さハ（騒）かしき由相聞
候、時節茂過候処、無益之仕業ニ候、以来可為無用之
旨御触状、霊山ゟ当山江廻り、写置候而清閑寺へ遣し
候事

卯
四月五日

一執行・目代・六坊中へも紙鳶作りあけ（揚）候儀無用之御触

状写致し、弐町目行事ニ申付、即刻申渡シ候事

卯
四月五日

一四町目角屋庄次郎借屋妙円所ニ而、昨九日之夜田舎之侍と相見へ申候もの酒給ニ参り、首縊相果申ニ付、今朝御公儀江御訴申上候事

卯
四月十日

一角屋妙円裏座敷ニ而、年来三拾歳計之侍、三尺手拭ニ貫さし(緡)を交首縊り果候を、御公儀江御訴申上候処ニ、為御検使村山富右衛門殿・高屋重郎左衛門殿御出、雑色九左衛門立会死骸御改之上、所之者共御呼出し色々御吟味被成、手形とも御取候而御帰り、即刻年寄・五人組豊前守(河野通重)殿屋敷江参候処ニ、死骸取置候様ニ被仰付、早速相済申候故、則妙円旦那寺へ取置申候事、手形之留とも有之候事

卯
四月十日

一在京御目付衆、明後廿日祇園辺御巡見之旨方内ゟ廻状、霊山ゟ当山江廻り、写置、鳥部野(辺)大谷へ遣し候事

卯
四月十八日夜子下刻

一執行・目代・六坊中へも御目付御巡見之廻状写致し、弐町目行事ニ申付申渡し候事

卯
四月十九日

覚

明後廿日、在京御目付衆祇園辺御巡見被成候、例之通御案内可被成候、以上

卯
四月十八日　松尾左兵衛判
役人藤林孫九郎(兼定)判

清水寺
鳥部野(辺)　例之通寺社方へ廻り候事

一御在京御目付、今日之御巡見相延申候旨方内ゟ廻状、鳥部野(辺)ゟ当山江廻り候事

卯
四月廿日

一執行・目代・六坊中へも御目付衆御巡見相延候由、弐町目行事ニ申付、即刻申渡し候事

　卯四月廿日

一在京御目付明後廿九日天気次第東山筋御巡見之旨方内ゟ廻状、霊山ゟ当山江廻り、写置、鳥部野（辺）へ遣し候事

　卯四月廿七日昼午下刻

一執行・目代・六坊中へも御目付衆御巡見之廻状写致し、弐町目之行事ニ申付、即刻申渡し候事

　卯四月廿七日

　覚

明後廿九日天気次第、在京御目付衆東山筋御巡見被成候間、例之通御案内可被成候、以上

　卯四月廿七日　　松尾左兵衛判

祇園社　丸山安養寺　長楽寺　双林寺　真性寺
高台寺　八坂法勧（観）寺　霊山正法寺
清水寺　　役人藤林孫九郎判
鳥部野（辺）　若宮八幡宮　六波羅蜜寺　建仁寺　智積院
大仏殿豊国三拾三間堂　新熊野　泉涌寺　東福寺

　右御役者中

例之通御巡見相済候ハヽ、其段町御奉行所江御届可被仰上候、且又右之所々東山筋と有之故申進之候、御勝手ニゟ御巡見無之儀も可有之候間、明後日御巡見無之方ハ、明後日ニ而も此方迄其段以書付可被仰聞候、是ハ重而御次而之節可申進ためにて候、勿論御巡見済候御方ハ被仰聞不及候、以上

一在京御目付丹羽小左衛門殿、今日御巡見首尾能相済、即刻以使僧御礼ニ被遣候、并町奉行所へも御届有之候、則当寺ニ而昼弁当有之候事

　卯四月廿九日

一頃日所々出火、其上なけ（投）火いたし候もの有之候条、兼々相触候通、裏借屋等迄随分火之本（元）念入可申候、疑敷ものハ人違ニ而も不苦候条、召捕早速可申出旨御触状、霊山ゟ当山へ廻り、写置、清閑寺へ遣し候事

卯
五月五日

一執行・目代・六坊中江茂火之元御触状写致し、壱町目行事ニ申付、即刻申渡し候事

卯
五月五日

一頃日茂火之元入念候様申触候得共、所々に手あやまち有之由、随分火之元念を入候様、裏借屋等迄急度可申付旨御触状、霊山ゟ当山江廻り、写置、清閑寺へ遣し候事

卯
五月十六日

一執行・目代・六坊中へも火之元御触写いたし、壱町目行事ニ申付候而即刻申渡し候事

卯
五月十六日

一三町目坂本屋小三郎借屋働人六兵衛女房そめと申、年三拾七才に成候もの、今日四ツ過、居宅裏之方之竹縁欄干ニ而首縊り相果申候、夫六兵衛見付、町内江知らせ申候故、御公儀江御訴申上候処ニ、為御検使村山富右衛門殿・高屋重郎左衛門殿御出、雑色松尾左兵衛立会、死骸御改之上、町人幷死人そめ伯母しゅん御呼出シ、色々御吟味之上証文御取御帰り、即刻年寄儀右衛門幷夫六兵衛御屋敷へ参り申候処ニ、願之通死骸取置候様ニ被為仰付相済申候、一札之留共有之候事

卯
五月十七日

一三町目若竹屋栄昌(性)借屋ニ居申候とい与申もの、同町綿屋伝右衛門家江引越、茶屋商売仕度旨、則願之口上書有之候事

卯
五月

一壱町目笹屋家買請申候大黒屋庄七、今日年寄長右衛門召連御礼相済申候、式法之通、三升樽・三種之肴差上ケ申候、御寺ゟ鳥目五拾疋被下置候、右ハ被官家故如斯ニ候事

卯六月廿八日

一当四月中、年比五拾四五之惣髪之せい（背）高キ男脇差計指候て、諸国を相廻り候もの御吟味之御触状、霊山ゟ当山へ廻り、写置、清閑寺へ遣し候事

卯七月十四日夜子下刻

一執行・目代・六坊中へも右御触状写致シ、四町目行事ニ申付申渡し候事

卯七月十五日

一四町目年寄重左衛門儀、病気故役儀断有之ニ付代り小松屋茂平次年寄役申付候事

卯七月廿二日

一洛中洛外寺社幷町方例年指出シ候宗門改帳、是迄雑色・町代江取集メ指出候得共、向後役所江直ニ可差出之旨御触状、当山執行方ゟ此方江廻り候、毎最請取遣スニ不及候処ニ、当年者請取申候仁無案内ニ而請取致シ遣候事

卯七月廿五日

一去冬御願申上、引地ニ龕前堂建申候故、今日新家役人中見分有之候事

卯七月廿五日

一先比人相書を以相達候内藤斎宮事、召捕候旨（間）不及相尋候由御触状、霊山ゟ当山江廻り、写置、清閑寺へ遣候事

卯八月五日

一執行・目代・六坊中へも内藤斎宮事写致し、弐町目行事ニ申付申渡候事

卯八月五日

一方内ゟ宗門帳紙之儀、幷九月廿日ニ御役所江差上ケ可

申旨触書、如此ニ候
一宗門帳紙、只今迄ゟ麁相成紙ニ而御認可被成候
一宗門帳月付之事、八月と御認メ可被成候
一右帳面、九月廿日四ツ時ゟ八ツ時迄之内、御役所江御
差上ケ可被成候
一此方江茂控帳取申候間、是ハ半紙ニ而御認、いつニても
御勝手次第、私宅江御差越可被成候、以上
卯八月　　松尾左兵衛判
祇園社　双林寺　七観音院　正法寺　清水寺執行
清水寺成就院　　役人藤林孫(兼定)九郎判
清閑寺　法国寺　六波羅蜜寺　若宮八幡宮
建仁寺門前北御門町寿延寺　愛宕念仏寺
東福寺門前自庵惣堂　稲荷社　安楽寿院　十祥(禅)寺
安祥寺
右御役者中
右触状、執行方ゟ此方江廻り、写置候て清閑寺へ遣候、
執行へハ請取手形ニ不及候事
卯八月十日夜亥刻

一壱町目茶碗屋与平次所持之家屋敷北側也、表口三間八
寸、裏行拾壱間五尺、此度売申度旨断有之候、買主両
替町竹屋町下ル町花菱屋大助と申ものにて有之由、則
願之口上書有之候事
卯八月廿二日
一火之元之御触状、霊山ゟ当山江廻り、写置、清閑寺へ
遣候事
卯八月廿五日夜戌刻
一執行・目代・六坊中へも火用心之御触写致し、弐町目
行事ニ申付申渡シ候事
卯八月廿六日
一壱町目茶碗屋与平次家屋敷買請申候花菱屋大助儀、今
日年寄長右衛門召連御礼相済、式法之通、三升樽・三
種肴差上ケ申候、御寺ゟ鳥目三拾疋被下置候事
卯八月廿八日

一明後七日、法皇(霊元上皇)御所御幸ニ候間、火之元之儀町々裏借屋等迄可入念之旨御触状、霊山ゟ当山江廻り、写置、清閑寺江遣し候事

卯九月五日昼申刻

一執行・目代・六坊中へも火之元之御触状写致し、壱町目行事ニ申付、即刻申渡し候事

卯九月五日

覚

宗門改帳来ル廿日御役所江御指上ケ被成候様ニ先達而申進候得共、廿一日四ツ時御持参可被成候、右之通日限違候間、廿一日無間違御指上ケ可被成候、以上

卯九月十七日　松尾左兵衛判

祇園社南側　双林寺　七観音院　正法寺　清水寺執行

清水寺成就院　役人藤林孫九郎判

清閑寺　遊行法国寺　六波羅蜜寺　若宮八幡宮

建仁寺門前北御門前町寿延寺　坂弓矢町愛宕念仏寺

自庵物堂　稲荷社　安楽寿院　十祥(禅)寺　安祥寺

右御役者中

一八重宮(寿観院)薨去ニ付今日ゟ明後廿一日迄鳴物御停止之旨御触状、霊山ゟ当山江廻り、写置、清閑寺へ遣し候事

卯九月十九日夜戌刻

一執行・目代・六坊中へも鳴物停止之御触状写致し、壱町目行事ニ申付申渡し候事

卯九月廿日

一御所司松平伊賀守(忠周)殿、当月十五日ニ松茸見ニ御出被成候、山ニ二ケ所茶屋ヲ建、其間ニ休足之床置候事、御振舞二汁九菜之料理也、尤山江提重二組出し候事

卯九月十五日　御相伴隆光大僧正計也

一明後五日天気次第、在京御目付衆御巡見有之旨方内ゟ廻状、霊山ゟ当山江廻り、写置、鳥部(辺)野輪番所江遣中候事

卯十月三日夜子刻

一執行・目代・六坊中へも御巡見之廻状写致し、三町目行事ニ申付申渡シ候事
卯十月四日

明後五日天気次第、在京御目付衆東山筋御巡見被成候間、例之通御案内可被成候、以上
卯十月三日　　　　松尾左兵衛判

祇園社　丸山安養寺　長楽寺　双林寺　真性寺
高台寺　八坂法勧(観)寺　霊山正法寺
清水寺　　　　　　役人藤林孫九郎(兼定)判
鳥部(辺)野　若宮八幡宮　六波羅蜜寺　建仁寺　智積院
大仏殿豊国三拾三間堂　新熊野　泉涌寺　東福寺
右御役者中

例之通御巡見相済候ハヽ、其段町御奉行所江御届ケ可被仰上候、且又右之所々東山筋と在之候故申進之候、御勝手ニ而御巡見無之儀も可有之候間、明後日御巡見無之方者、明後日ニ而も此方迄其段以書付可被仰聞候、是ハ重而御次而之節可申進ためニて候、勿論御巡見済候御方ハ被仰聞不及候、以上
卯十月五日

事

一御在京御目付松平一角殿幷真田内蔵介殿、今日御巡見首尾能相済申候、御院主法流為伝受和州へ御越御留主故、名代ニ法成寺御案内ニ罷出被申候、尤毎最之通藤林孫九郎御案内仕候事、則成就院方ニ而昼弁当有之候

一本多筑後守(忠英)方江出礼日限之覚
十一月二日　　町礼
同　三日　　諸寺社方
同　四日　　町礼　但地役共
前々出礼仕来候面々、右之日限明六ツ6五ツ時迄之内出礼候様ニ可申触候事
卯十月廿五日
右之通就被仰出、申進之候、以上

享保八年卯十月廿五日　　　　松尾左兵衛判

右御触書、霊山ゟ当山へ廻り、写置、清閑寺へ遣し候事

卯
十月廿五日

一執行・目代・六坊中へも三町目行事ニ申付、即刻申触候事

卯
十月廿五日

右御触書、例之通寺社方廿一ヶ寺江廻り候事

一次第ニ向寒気、其上風立候間、火之元之儀、随分念入候様ニ、此旨洛中洛外裏借屋等迄不残可相触之旨御触状、霊山ゟ当山江廻り、写置、清閑寺へ遣し候事

卯
十月廿八日夜戌刻

一執行・目代・六坊中へも火之元之御触状写致し、三町目行事ニ申付申渡シ候事

卯
十月廿九日

一三町目海老屋文左衛門家江建仁寺町四条下ル町糀屋九郎右衛門借屋ニ居申候常左衛門と申ものニ借シ、茶屋商売仕度旨、則願之口上書有之候事

卯
十月

申通候覚

一京都年寄江戸江年頭御礼ニ罷下候入用之儀、向後洛中洛外寺社門前迄不残掛り申候、只今迄割合掛り不申候町々も割合掛り申候事

一御役所江町々年寄出候節、向後下縁迄可罷出候事

右之通被仰渡候、以上

卯
十一月六日　　　　松尾左兵衛判

口上

一町々年寄之儀、年久敷勤候もの者今年中ニ不残替り可申候事

但シ未三年ニ不成候ものハ三年之都合勤可申候

一年寄・五人組とも御定之年月ゟ早ク替り候儀者勝手次第ニ可仕候

一年寄を替り五人組ニ成候儀、くるし（苦）からす候
一町々借屋請状、年寄替り候共取かへ候ニ不及候
右之通被仰付候、以上
松尾左兵衛判
右之書付、方内ゟ町触ニ廻り候事
卯十一月六日
一三（ママ）町目菱屋りん家江祇園新地清本町近江屋善左衛門家
ニ借宅仕居申候与兵衛と申者此度引越、茶屋商売仕度
旨、則願之口上書有之候事
卯十一月五日
一三町目若竹屋栄性（昌）家江祇園新地末吉町山形屋作左衛門
借屋ニ居申候小右衛門悴小三郎と申もの借シ茶屋商売
仕度旨、則一札口上書有之候事
卯十一月二日
一三町目丸屋平兵衛家江祇園北町大松屋徳兵衛弟源右衛
門と申ものニ借シ、茶屋商売仕度旨、則願之口上書有
之候事
卯十一月十一日
一公事訴訟・諸事願之儀ニ付、浪人或者公家衆幷武家方
之家来御役所江心安出入儀偽り、願之儀取次頼なと仕
候儀、堅停止之由御触状、霊山ゟ当山江廻り、写置、
清閑寺へ遣し候事
卯十一月廿八日
一執行・目代・六坊中へも右御触状写致シ、四町目行事
ニ申付申渡し候事
卯十一月晦日
一子安泰産寺塔之再興、屋祢（根）葺替幷彩色之儀、当卯七月
九日ゟ奉伽（加）ヲ始メ候而、壱ケ月ニ三銭掛壱年ニ三拾六
文、三年掛百拾弐文之万人講致シ、則同年之九月廿四
日ゟ彩色ニ取付、下一重出来致し候、奉伽（加）之世語（話）仕候

もの烏丸通四条下ル町藤屋権兵衛入道常知并泰産寺留主居ニ差置候宗円と申道心者、其外常知仲ケ間之先立(達)とも取持仕、子安ニ而乍居奉加仕候事、為後代書付置也
　　卯十一月

一寒気茂強候条、火之元随分念入候様ニ洛中洛外裏借屋等迄急度可申触之旨御触状、霊山ゟ当山江廻り、写置、清閑寺へ遣し候事
　　卯十二月廿四日昼酉刻

一執行・目代・六坊中へも火用心之御触状写致し、弐町目行事ニ申付、即刻申渡し候事
　　卯十二月廿四日

一頃日茂火之元之儀相触候処、所々手あやまち・投火等有之候、町々木戸抔不沙汰にいたし置候故と不届之至候由、并町方婚礼之節、石礫打候儀、前々ゟ停止候処、礫打あハれ(暴)候もの有之、且又水をあふせ(浴)候ものも有之旨粗相聞候、向後左様之もの有之候ハヽ、町中出会可召捕来候旨御触状、霊山ゟ当山江廻り、写置、清閑寺へ遣候事
　　卯十二月廿九日酉刻

一執行・目代・六坊中へも火用心并婚礼之御触状写致し、弐町目行事ニ申付、即刻申渡し候事
　　卯十二月廿九日

一五条通大谷之入口ニ字護念寺と申所百性(姓)周軒持畑ニ、年来四拾歳計之男行到(倒)果居申候付様子見届、御公儀江御訴申上候処ニ、為御検使寺田利左衛門殿御出、雑色松尾左兵衛立会、死骸御改之上、当町年寄平左衛門并五人組御呼出し、御吟味之上、一札御取御帰り候、即刻年寄御屋敷江参候処ニ、今日ゟ明後元日迄三日さら(晒)し置、有無之様子重而申来候様ニと被仰渡候事、尤証文共之一札留有之候事
　　卯十二月廿九日

一清水寺境内之内、高割之書付差出し候様ニと御触状、
丸（円）山ゟ此方へ廻り申候故、如斯ニ相認差上ケ申候事
卯十二月晦日

一高百拾九石弐斗壱升六合　清水寺廻り

内

百拾石七斗六升　清水寺領

七石六合　建仁寺領

八斗　南祥（禅）寺領

六斗五升　正法寺領

右之通相違無御座候、以上

卯十二月晦日　清水寺役人
藤林孫（兼定）九郎判

右当年中諸事留書如斯ニ候

享保八年　藤林孫九郎
卯十二月日　兼定（花押）

「（原裏表紙）
藤林孫九郎
」

成就院日記二十七

享保九年

（原表紙）
「享保九甲辰年
　　諸事留覚帳
　十二月日　　　」

享保九甲辰年十二月

一三町目丸屋長左衛門儀、今日年寄伊右衛門召連御礼相済、式法之通、三升樽・三種肴差上ケ申候、御寺ゟ鳥目三拾疋被下置候事

　　辰
　　正月十四日

一近き比ハ町中所々投火いたし候者有之候間、前々より申付候通を急度相心得、見付次第召捕可出候、勿論胡乱成ものと聞及候族有之ハ、たとへ何方江障り有之ものにても遠慮なく可訴出、吟味之上其働ニ応し、銀十枚、十五枚、或廿枚褒美として可被下之旨御触状、霊山ゟ当山江廻り、写置、清閑寺へ遣し候事

　　辰
　　正月十四日

一執行・目代・六坊中へも右御触写致シ、壱町目行事ニ申付、即刻申渡し候事

　　辰
　　正月十四日

一風立候間、兼而申付候通、火之用心昼夜無油断念入可申旨御触状、霊山ゟ当山江廻り、写置、清閑寺へ遣し候事

　　辰
　　正月廿一日

一執行・目代・六坊中へも火用心之御触写致し、壱町目行事ニ申付、即刻申渡し候事

　　辰
　　正月廿一日

一南都一乗院（尊賞法親王）御門主様御里坊ゟ内侍原法印・高天（好章）法印ゟ

昨日手紙ニ而被申越候ハ、少申談度儀有之候間、明日四ツ時ニ御参候様ニと呼ニ参候故、御越被成候処ニ、来ル廿九日宮様観音江御参詣可被為遊候間、内陣江御案内可被致候、暫ク御拝被為遊御下向ニ執行方江御腰被為掛筈ニ候条、左様ニ相心得可申旨被申聞候事

　辰正月廿六日

一御門主様(尊賞法親王)今廿九日御参詣、上人様(隆性)茂仁王門迄御出迎、先執行方江御入被為遊候故、先々御帰り被成候処ニ坊官中ゟ呼ニ参、御目見へ被成候、暫ク有之候而御歩行ニ而御参詣、上人様御案内ニ而経堂・田村堂、夫ゟ本堂西之口ゟ内陣江御入、暫ク御拝被為遊、夫ゟ東之口へ御出、舞台江被為成候、奥三軒之堂江御入、瀧江御成、夫ゟ地主社江御参詣、朝倉堂之後ゟ執行方江御入被為遊、成就院方へハ御立寄も無之候、為御機嫌窺(伺)之、壱尺余りニ七寸計杉之箱ニ干菓子ヲ詰御持参被成候、酉ノ刻還御被為遊候、尤還御之節も御出被成候、且又内陣之拵ハ常有之礼盤ヲ取、壱間之牀机(几)ヲ置、畳ニ新敷縁り取をとち(綴)付、二畳重之様ニ致シ御拝所拵置候、内陣東西南北之敷石之上ニ絵筵ヲ敷申候、内侍原法印・高天(好章)法印御供也、其外御相伴公家衆弐人有之候、翌日坊官ゟ運(連)書之礼状参候事

　辰正月廿九日

一弐町目姫路屋三郎兵衛所持之家屋敷、勝手不如意ニ付、此度同町丸屋五郎兵衛方へ売渡シ申度旨、則願之一札有之候事

　辰二月

一風立候間、火之元之儀、町々裏借屋等迄無油断入念候様ニ御触状、霊山ゟ当山へ廻り、写置、清閑寺江遣候事

　辰二月十一日

一執行・目代・六坊中へも火用心之儀御触状写致し、三町目行事ニ申付、即刻申渡シ候事

辰二月十一日

一米穀去年ゟ段々下直ニ候処、其外諸色之直段高直ニ付諸人及難儀候、酒・酢・醤油・油・味噌類者、米穀ヲ以造り出シ候物ニ候得者、米直段々(ニ)可准儀勿論に候旨御触状、霊山ゟ当山へ参、写置、清閑寺江遣し候事

辰二月廿三日

一執行・目代・六坊中へも右御触状写致シ、三町目之行事ニ申付申渡し候事

辰二月廿三日

一当山瀧ゟ弐町程東ニ而、辰三月十三日ニ杣人吉兵衛・左兵衛と申もの松朽根堀(掘)申候処ニ、弐尺四五寸計之床(座)像之石仏堀(掘)出シ申ニ付、諸人聞及ニ参詣人有之候故、同月十九日ニ藤林孫九郎(好房)御公儀江御断申上候処ニ、為御検分乾茂太夫殿御出、段々御吟味、石屋抔ニ御見せ被成候処ニ、百年余之石ニ而有之由申候、則一札共御取御帰り候、尤口上書一札とも之留共有之候、翌日廿日ニ藤林孫九郎御屋敷江参り候へハ、河野豊前守(通重)殿御前江御召出シ、様子御聞届被成候間、勝手次第ニ何方ニ成共差置、参詣致させ候様ニ被仰渡相済申候事

辰三月廿日

一風立候間、兼而申付候通、火用心無油断念入可申旨御触状、霊山ゟ当山江廻り、写置、清閑寺へ遣し候事

辰三月廿一日

一執行・目代・六坊中へも火用心之御触写致し、四町目行事ニ申付、即刻申渡し候事

辰三月廿一日

一山城国村々常帯刀之者、先達而申付置候外堅指置申間敷候、且又地頭用事幷神事之節計刀帯候もの、右用事ニ事寄、猥ニ帯刀不仕候様ニ、其村々庄屋・年寄常々遂吟味可申旨御触状、霊山ゟ当山江廻り、写置、清閑

寺へ遣候事

辰三月廿四日

一執行・目代・六坊中へも右御触写致シ、四町目行事ニ申付申渡し候事

辰三月廿五日

一南都一乗院(尊賞法親王)御門主様江去ル十三日ニ下山ニ而石仏堀(掘)出し、参詣人も有之故、為御断金蔵院使僧ニ而御届有之候事

辰三月廿三日

一今九日神事ニ付、例之通御公儀ゟ奉行衆被参、首尾能相済申候事

辰四月九日

一在京御目付、明後十一日東山筋御巡見被成候間、例之通御案内可被成旨方内ゟ廻状、霊山ゟ当山江廻り、写置、鳥部(辺)野江遣し候事

辰四月九日

一執行・目代・六坊中へも在京御目付衆御巡見之廻状写致し、弐町目行事ニ申付申渡シ候事

辰四月九日

覚

在京御目付衆、明後十一日東山筋御巡見被成候間、例之通御案内可被成候、以上

辰四月九日　　松尾左兵衛判

祇園社　丸山安養寺　長楽寺　双林寺　真性寺

高台寺　法勧(観)寺　霊山正法寺

清水寺　　役人藤林孫九郎(好房)判

鳥部(辺)野　若宮八幡宮　六波羅蜜寺　建仁寺　智積院

大仏殿 豊国 三拾三間堂　新熊野　泉涌寺　東福寺

右御役者中

奥書例之通、町御奉行所へ相届可申旨申来候事

一在京御目付大森半七殿・中山勘解由殿、今日御巡見首

尾能相済、例之通御院主御案内幷藤林孫九郎罷出候、
則当寺ニ而昼弁当有之候事

辰
四月十一日

一此間時ならす風立候間、先達而相触候間（通）、火之元弥入
念可申付旨御触状、霊山ゟ当山へ廻り写置候而、則清
閑寺へ遣候、幷明後十四日天気次第、在京御目付衆智
積院ゟ東福寺筋御巡見被成候由方内ゟ廻状、霊山より
当山へ廻り、写置、鳥部（辺）野輪番所江遣し候事

辰
四月十二日夜丑下刻

覚

明後十四日天気次第、在京御目付衆智積院ゟ東福寺筋
御巡見被成候間、例之通御案内可被仰上候、昨日御巡
見相済候処者、御待請ニおよ（及）ふましく候、以上

辰
四月十二日　松尾左兵衛判

寺社方例之通廿ケ寺廻り候事

一執行・目代・六坊中へも火用心之御触状幷方内ゟ廻状
写致シ、弐町目之行事ニ申付申渡し候事

辰
四月十三日

一風吹候時節者、家主或者屋守他出致間敷候、若無拠用
事有之者年寄江相断、無左（ハ）五人組江断可出旨御触状、
霊山ゟ当山へ廻り、写置、清閑寺江遣し候事

辰
四月十三日夜寅刻

一執行・目代・六坊中へも火之元御触状写いたし、弐町
目行事ニ申付申渡シ候事

辰
四月十四日

一三月十三日堀（掘）出し候石仏大日之小屋之雨覆仕度儀、絵
図を以藤林孫九郎今日御願ニ罷出候処ニ、早速相済申
候事

辰
四月十四日河野豊前守殿御役所にて相済申候事

一訴状箱江書付入候事、最前三条橋詰ニ建置候高札幷訴

状箱ニも書付有之候通、御仕置筋之儀ニ付御為ニ可成品、
且又諸役人を初、私曲非分有之事之御触状、霊山ゟ当
山江廻り、写置、清閑寺へ遣し候事
辰
四月廿三日

一執行・目代・六坊中へも右御触状写致し、弐町目行事
ニ申付、即刻申渡し候事
辰
四月廿三日

一目代慈心院方ゟ来巳ノ三月十五日廿万日之廻向之札、
西門之下ニ立申度旨、今日断有之候故、勝手次第ニ建
被申候様ニ返事致し候事
辰
四月廿三日

乍恐御届申上候口上書

一清水寺成就院下坊子安泰産寺之塔、間数九尺四方ニ三
重之塔、御修理以来年久ニ付屋祢（根）大破ニ及候、此度如
元檜皮葺ニ修覆仕度候付御断申上候、以上

辰
閏四月七日

清水寺
成就院印

役人
藤林孫九郎（好房）印

御奉行様

右之通口上書相認、今日藤林孫九郎河野豊前守（通重）殿屋敷
江持参致し候処、勝手次第ニ可仕旨被仰渡、相済申候
事
辰
壬（閏）四月七日

一四町目年寄茂平次・五人組幷町中願申候ハ、近年町内
不繁昌ニ而暮兼候故、住居之家を貸、其宿代を以渡世
之便ニ可仕と他所江立退、又者買得仕候ものも有之候
ハ、売渡シ可申と存候得共、買得借屋致し候もの無之
候付、御領内六波羅野江此度当町引移シ候ハ、繁昌も
可仕候哉と奉存候、御免被遊候ハヽ、右之趣御公儀江
御願申上度旨、則願之口上書有之候事
辰
閏四月十七日

奉願口上書

一清水寺門前四町目五条坂町中之者共ニ而御座候、当町之儀何れも茶屋商売渡世仕候処、近年松原通之方者往来多ク、五条通往来少ク、次第ニ淋敷罷成、売家共も数多御座候得共、不繁昌之土地故、一切望手無御座候、銘々其家ニ得居届不申候故、明キ(空)家共多ク不用心御座候、其上山手ニ而御座候故、往還者坂ニ而居宅かけ(懸)造りニ居住仕、近所藪林ニ而からみ(ママ)湿ニ而建具共朽り、間もなく及破損、旁以年来難儀仕候、第一者渡世無御座、別而迷惑仕候、此度奉願候者、壱町半余北西之方松原通弐町目之家続、清水寺領内南側ニ而東西凡百四拾間余、北側東西凡八拾間余之所江、当町家数五拾弐軒不残引移り申度、別紙ニ絵図差上ケ奉願候、御免被成下候ハヽ、難有可奉存候、五条坂古地者畑ニ可仕候、奉願候場所ハ地形も宜、往来多、渡世の勝手ニ罷成候間、引移り候儀御免被成下候様ニ奉願候、以上

享保九年辰閏四月廿二日

清水寺門前四町目

年寄茂平次

五人組市左衛門

同長左衛門

同儀兵衛

町中

御奉行様

右之通口上書致シ、此度御願ニ罷出申候事

辰壬(閏)四月廿二日

一南都一乗院(尊賞法親王)御門主様ゟ来ル廿九日御用之儀有之候間、罷出候様ニと呼ニ参候故、廿七日ニ御下向、則廿九日ニ御所江御出被成候処ニ、坊官中出合被申聞候趣、今度山ゟ石仏堀(掘)出し候儀、重而者ケ様之儀、先達而御門主江相断候而、其上ニ而公儀向願申事候ハヽ、相願可被申候様ニと被申渡候而、無別条相済申候事

辰壬(閏)四月廿九日

一弐町目辻昌柏家屋敷、手前不勝手ニ付此度売申度由、買主ハ同町海老屋平左衛門ニ而有之旨、則願之口上書

有之候事
辰閏四月

一慈心院ゟ来巳ノ三月十五日弐拾万日廻向之間、壺之内ゟ辰巳角、東西南北折廻シ之棟壁幷経堂之西端之棟壁取崩シ、参詣人往来致シ候様ニ仕度旨願被申候、廻向相済候ハヽ、早速如元ニ直し返進可致之由、則間尺証文ニ乗(載)、取置申候事
辰五月四日

一子安塔之上葺勧他(化)ニ而成就、上壱重五月朔日ゟ取掛り、同月廿六日ニ先上一重首尾致し候、檜皮七拾壱丸ニ而出来候也、屋祢(根)之葺留りニ住持之年、其外之人板ニ書付納メ置者也
辰五月廿六日

一子安塔上葺幷粉色(彩)勧他(化)ニ而成就、隆性上人之弟子藤林岩之助九歳住持、藤林孫(好房)九郎世忰也
父円心七拾六歳
勧他(化)願主宗円六拾二歳
享保九年甲辰五月吉祥日
如斯書付葺留りニ納メ置也

覚
一高弐拾石　此歩銀四匁七分七厘
但シ百石ニ付弐拾三匁八分宛
慥ニ請取申候、以上
辰五月廿三日　成就院
納所印
慈心院御納所

右ハ歩銀請取申候証文、如斯相認候而遣し申候事

覚
山城国葛野郡
一高七石弐斗五升四合五夕　壬生村
此高役銀壱匁七分弐厘七毛
同国同郡
一高七石壱斗六合弐夕　聚楽村

此高役銀壱匁六分九厘一毛
同国同郡
一高壱石六斗三升　東塩小路村
此高役銀三分八厘八毛
同国同郡
一高六石弐斗七升　西院村
此高役銀壱匁四分九厘弐毛
同国同郡
一高壱石弐升七合　中堂寺村
此高役銀弐分四厘四毛
同国同郡
一高弐斗七升壱合　朱雀村
此高役銀六厘四毛
山城国愛宕郡
一高百拾石七斗六升　清水寺境内廻
此高役銀弐拾六匁三分六厘壱毛
惣高合百三拾四石三斗壱升八合七夕
高役銀合三拾壱匁九分七厘六毛
但シ百石ニ付弐拾三匁八分
右者、此度山城国木津川・桂川・加茂川・宇治川、摂津・河内淀川・神崎川・中津川・大和川筋御普請ニ付、山城国高役銀書面之通、清水寺領村々取立之吉野屋惣右衛門方江相納申候、以上
享保九辰年五月廿八日　清水寺　成就院印
御勘定所
右之通相認、藤林孫九郎(好房)御屋敷江持参いたし相済申候事
辰五月廿八日
一西門ニ而昨十八日暮六ツ過、年来三十七八計之男首縊り相果居申候、参詣人見付知らせ申付、様子見届候而、御公儀江当町年寄茂平次御訴申上候処ニ、為御検使村山富右衛門殿御出、雑色松尾左兵衛立会、死骸御改之上、所之者御呼出し、御吟味之上、一札御取御帰り、即刻年寄茂平次御屋敷江参候処ニ、三日さらし(晒)置候様

ニ被仰付罷帰り申候事

辰六月十九日

一四町目年寄五人組幷ニ町中、当春御領内六波羅(野)江当町引移シ申度儀、御公儀江御願申上置候ニ付、六月廿一日ニ新家役人木村勝右衛門殿・石橋嘉右衛門殿御出、雑色松尾左兵衛立会、今日四町目家々間口・裏行・坪数御改有之候、尤藤林孫九郎(好房)立会申候、則口上書御取候、右間尺・坪数之帳面留有之候事

辰六月廿一日

口上書

一清水寺門前四町目町中、今度清水寺門前弐町目西之方、松原通南側百五拾七間余、北側八拾三間余之所江四町目町中不残引移申度旨奉願、為御見分木村勝右衛門殿・石橋嘉右衛門殿御出、地所御改、私御呼出シ様子御尋被成候、四町目之儀、第一地面高下有之、屋作が(マヽ)け造りにて普請等も物入多ク、其上下道故往来人も少ク、商売不繁昌ニ而年々困窮仕、年貢等未進仕、地頭方ニも迷惑奉存、今度松原通江引移候得者、上道ニ而往来も多ク用心も宜罷成、第一清水寺も繁昌可仕様ニ奉存候、尤元地・替地共ニ一地頭ニ御座候得者、何之差障少も無御座候、願之通御免被成下候様ニ奉願候、以上

享保九年辰六月廿二日

清水寺役人

藤林孫九郎判

御奉行様

口上書

一清水寺領松原通六波羅野之内、今日為御見分木村勝右衛門殿・石橋嘉右衛門殿御出、私共立会、領境迄間数御改、絵面御見せ被成候通、少茂相違之儀無御座候、以上

建仁寺役人

吉田宇右衛門印

享保九年辰六月廿二日

同

樋口主水印

清水寺役人
藤林孫九郎印

御奉行様

一弐町目学恵庵屋敷之儀、甥平右衛門ニ譲り置申候、此度鳥部(辺)山通妙寺之隠居、一乗院方江売渡し申度旨、則願之口上書有之候事

辰六月廿五日

一六月廿七日、豊前守(河野通重)殿屋敷ゟ藤林孫九郎幷四町目之年寄・町中呼ニ参候ニ付早速参候処ニ、藤林孫九郎御前江召被出被仰聞候ハ、門前四町目松原通六波羅野へ引移シ之儀、町人願之通ニ御赦免被成候間、左様ニ相意得候様ニと被仰渡候、尤裏行不同有之由、追而坪割致させ可申候、其節了簡も可有由被仰聞、首尾能相済申候事

辰六月廿七日

一弐町目辻昌伯(柏)ゟ買得仕候家屋敷、年寄海老屋平左衛門幷平左衛門方ゟ買得仕候八百屋藤兵衛・同吉野や四郎兵衛・同百足屋嘉兵衛、平左衛門ゟ買得仕候一乗院、学恵ゟ譲り請候藤や九兵衛、右六人今日御礼相済、式法之通ニ三升樽・三種之肴差上ケ申候、右銘々ニ鳥目三拾疋ツ、御寺ゟ被下置候事

辰七月五日

一婦人の衣服縫金糸等入候而も小袖表壱ツに付代銀三百目、染模様の小袖表壱ツニ付百五拾目を限り、それゟ高直の物一切拵出し申間敷之旨御触状、霊山ゟ当山江廻り、写置、清閑寺へ遣し候事

辰七月十日

一執行・目代・六坊中へも右御触状写致し、弐町目行事ニ申付、即刻申渡し候事

辰七月十日

一辰七月二日、六波羅野江四町目南側弐拾四軒、北側弐拾八軒引移シ之坪割ニ、新家役人木村勝右衛門殿・石橋嘉右衛門殿幷下役土屋久八・真壁辰右衛門御出、同雑色松尾左兵衛・沢与右衛門立会申候、同月十一日十二日ニ御出、坪割屋敷取相済申候、藤林孫九郎立会申候、右之外ニ大工之棟梁池上五郎右衛門・中野惣兵衛・今村理右衛門・塚本半右衛門・壁ミ(塀)内元右衛門・平岡十郎左衛門、此衆中被参候事

辰七月十二日

一右之外ニ町内ゟ証文共幷屋敷取之坪割絵図等有之候事

辰七月十二日

一男女申合ニ而相果候者之儀、自今死骸取捨ニ申付候間、親類・縁者有之候とも、右死骸寺方江頼取置、弔ひ候事停止之旨御触状、霊山ゟ当山江廻り、写置、清閑寺へ遣候事

辰七月廿二日

一執行・目代・六坊中へも右御触状写致し、弐町目行事ニ申付申渡シ候事

辰七月廿二日

一宗門人別改帳去年之通相認、九月廿一日西御役所江差上ケ可申旨、幷方内へも半紙ニ而認、いつニても御差越被成候様ニ触状、執行方ゟ此方江廻り申候、写置、清閑寺へ遣し申候、執行方へ者請取遣候ニ不及候事

辰八月五日

口上之覚

宗門人別改帳去年之通御認、尤月付者九月と被成、来ル九月廿一日西御役所江御差上ケ可被成候、此方江茂半紙ニ而控帳御認、いつニ而も御勝手次第私宅江御差越可被成候、以上

辰八月二日　　松尾左兵衛判

祇園社南側　双林寺　七観音院　霊山正法寺

清水寺執行　成就院　役人藤林孫九郎(好房)判

清閑寺　遊行法国寺　六波羅蜜寺　若宮八幡宮

建仁寺門前北御門町寿延寺　坂弓矢町愛宕念仏寺
東福寺門前自庵物堂　稲荷社
竹田安楽寿院　山科郷四之宮村十祥（禅）寺　山科安祥寺
右御役者中

一於町方井戸江はまり果候もの度々有之、家主相借屋之者迄及難儀候段不届候、向後井戸江はまり果候もの、吟味之上死骸取捨ニ可申付之旨御触状、霊山ゟ当山江廻り、写置、清閑寺江遣し候事
辰八月十六日

一執行・目代・六坊中へも右御触状写致し、壱町目行事ニ申付申渡し候事
辰八月十六日

一転法輪（三条実治）前左府薨去ニ付今日ゟ来ル廿一日迄三日之内鳴物御停止之旨御触状、霊山ゟ当山江廻り、写置、清閑寺へ遣し候事
辰八月十九日夜子ノ下刻

一執行・目代・六坊中へも鳴物御停止之御触状写致シ、壱町目行事ニ申付申渡し候事
辰八月廿日

一明後廿七日法皇（霊元上皇）御所御幸候之間、火本（元）之儀、町々裏借屋迄念入候様ニ御触状、霊山ゟ当山江廻り、写置、清閑寺へ遣候事
辰八月廿五日夜丑ノ刻

一執行・目代・六坊中へも法皇御所御幸之御触状写致シ、壱町目行事ニ申付申渡し候事
辰八月廿六日

一鳥部（辺）野道大谷入口之石橋、此度弐尺五寸広ク仕度旨、大谷講中ゟ願申候付、先年橋掛申節断之状有之候故、今度も証文致させ、勝手次第ニ広ク仕候様ニ申付候事

辰八月廿(ママ)五日

一例年之通、宗門改帳本多筑後守(忠英)殿御役所へ今日藤林孫九郎持参いたし、差上ケ申候事

辰九月廿一日

一次第寒気罷成風立候条、火之元之儀、無油断念入、并往来ものたはこ(煙草)吹付歩行仕候儀無用之旨御触状、霊山ゟ当山へ廻り、写置、清閑寺へ遣し候事

辰九月廿一日

一執行・目代・六坊中へも右御触状写致シ、三町目行事ニ申付、即刻申渡し候事

辰九月廿一日

一弐町目井筒屋与兵衛所持仕候家屋敷表口三間三尺、裏行七間半、手前不如意ニ付、此度売申度旨、買主ハ同町鍛冶屋重兵衛と申ものにて有之由、則願之口上書有之候事

辰九月廿四日

一来ル朔日法皇(霊元上皇)御所御幸候間、火之元之儀、町々裏借屋等迄随分念入可申候、右之通、洛中洛外急度可相守者也

辰九月廿八日

右之通、就被仰出、門前・境内相触候故、為御心得申進之候、以上

享保九年辰九月廿八日　松尾左兵衛判

祇園社　丸山安養寺　長楽寺　双林寺　真性寺
七観音院　高台寺　霊山正法寺
清水寺　役人藤林孫(好房)九郎判
清閑寺　例之通寺社廿一ヶ寺へ廻り候事
右御役者中

一法皇御所明後朔日修学院御茶屋江御幸之儀、御延引之由御触状、霊山ゟ当山へ廻り候事

辰九月廿九日
例之通寺社方山科安祥寺迄廿一ケ寺廻り候事
一明五日、御在京御目付衆東山筋御巡見之由、方内ゟ廻状、例之通寺社方へ廻り候事
辰十月四日夜亥刻
一執行・目代・六坊中へも御目付御巡見儀、四町目行事ニ申付申渡し候事
辰十月五日
一今五日、在京御目付丹羽五左衛門殿・松下佐太夫殿御巡見有之候、則上人様御出迎御案内被成、首尾能相済、尤藤林孫九郎(好房)例之通御案内罷出候、成就院方ニ而昼弁当有之候、即刻以使僧御礼ニ被遣候、并町奉行所へも御巡見相済候御届有之候事
辰十月五日
一明後七日法皇御所御幸候間、火之元之儀、町々裏借屋迄念入可申旨御触状、霊山ゟ当山へ廻り、写置、清閑寺へ遣し候事
辰十月五日
一執行・目代・六坊中へも御幸之御触状写致し、四町目行事ニ申付、即刻申渡し候事
辰十月五日
一婦人衣服縫金糸等入候而茂、小袖表壱ツニ付代銀三百目、染模様小袖壱ツニ付代銀百五拾目を限、夫ゟ高直之もの一切拵出シ申間敷之旨御触状、霊山ゟ当山江廻り、写置、清閑寺へ遣し候事
辰十月十九日夜亥下刻
一執行・目代・六坊中へも衣服之御触状写いたし、四町目行事ニ申付申渡シ候事
辰十月廿日

一次第寒気なり、其上風立候間、洛中洛外裏借屋等迄、火之元随分無油断入念可申旨御触状、霊山ゟ当山へ廻り、写置、清閑寺へ遣候事

辰十一月二日

一執行・目代・六坊中へも火元御触状写いたし、弐町目行事ニ申付、即刻申渡し候事

辰十一月二日

一次第ニ寒気成、其上風立候間、洛中洛外裏借屋等迄、火之元随分無油断入念可申旨御触状、霊山ゟ当山江廻り、写置、清閑寺へ遣候事

辰十一月十二日

一執行・目代・六坊中へも火之元御触状写致し、弐町目行事ニ申付申渡シ候事

辰十一月十三日

一弐町目藤屋九兵衛所持之屋敷地表口弐間、裏行七間之所ニ、此度普請仕度儀、則絵図・口上書有之候事

辰十月《(ママ)》

一弐町目辻昌賢屋敷地之内、同町吉野屋四郎兵衛買得仕候屋敷地表口拾間五尺、裏行拾五間半之所ニ、此度普請仕度儀願申候、則絵図・口上書有之候事

辰十月《(ママ)》

一四町目大津屋次郎兵衛所持之地屋敷、松原通南側ニ而表口三間、裏行拾三間之所ニ、此度造作仕度儀、則絵図・口上書有之候事

辰十一月十四日

一四町目鯛屋三郎兵衛所持之地屋敷表口弐間四尺五寸壱分、裏行拾三間、松原通南側ニ而御渡シ被下候引地ニ、此度造作仕度儀、則絵図・口上書有之候事

辰十一月十四日

一四町目ゑひす屋与十郎所持之地屋敷表口四間、裏行拾
三間之所、松原通北側ニ而御渡シ被下候引地ニ、此度
造作仕度儀、則絵図・口上書有之候事
辰
十一月十四日

一六波羅建仁寺領境之溝ニ、弐歳計と相見へ候女子捨置
有之候、去ル十六日朝六ツ時、観音参詣之もの見付知
らせ申付、建仁寺門前轆轤町立会様子見届、御公儀江
御訴申上置候処ニ、清水門前弐町目鷹羽屋与平次借屋
ニ居申候働人伝兵衛と申もの、養子ニ仕度旨申付、今
十八日ニ御公儀江御断申上候、勝手次第ニ仕候様ニ被
為仰付相済申候事
辰
十一月十八日

一松平伊賀守(忠周)殿近々御参府ニ付、音物ハ勿論、道中へ飛
脚等指出シ申間敷旨御触状、霊山ゟ当山江廻り、写置
候而、清閑寺へ遣候事
辰
十一月廿六日

一執行・目代・六坊中へも松平伊賀守殿参府之儀御触写
致し、弐町目行事ニ申付申渡し候事
辰
十一月廿七日

一長福様(徳川家重)御事、当月十五日御広目(披露)有之、若君様与可奉称
之旨被仰出候、此旨承知可仕之由御触状、霊山ゟ当山
へ廻り、写置、清閑寺へ遣候事
辰
十一月廿七日

一執行・目代・六坊中へも若君様与御広目有之旨御触状
写致し、弐町目之行事ニ申付、即刻申渡候事
辰
十一月廿七日

一長福様当月十五日御広目有之、若君様と可奉称之旨被
仰出候ニ付、御所司松平伊賀守殿幷町奉行本多筑後守(忠英)
殿江為御祝儀今日御越被成候事
辰
十一月廿七日

一公事訴訟之儀ニ付、浄土宗之寺院奉行所江訴出候節、本寺之添翰致持参可申旨御触状、霊山ゟ当山江廻り、写置、清閑寺へ遣候事

辰十二月十三日

一執行・目代・六坊中へも右御触写致シ、壱町目行事ニ申付申渡し候事

辰十二月十三日

辰ノ年中留書如斯

享保九年辰十二月日

藤林孫九郎

好房（花押）

（原裏表紙）「役人

藤林孫九郎」

成就院日記二十八

享保十年

「(原表紙)享保十年

諸事留覚帳

乙巳十二月日　」

一松平伊賀守(忠周)殿、来ル廿二日比御京着、前々御老中方御上京之節之通ニ可相心得旨御触状、霊山ゟ当山江廻り、写置、清閑寺へ遣し候事

巳正月廿日

一執行・目代・六坊中へも松平伊賀守殿御京着之御触状写致し、三町目之行事ニ申付申渡し候事

巳正月廿日

一於京都御役所、前々より遠嶋・追族(放)・入墨・所払等之御仕置申付候者之内、当時存命ニ而罷有候者共有之候者、御仕置ニ成(被)候者之親類・身寄之人書記、来月十五日迄ニ訴出候様ニ御触状、霊山ゟ当山江廻り、写置、清閑寺へ遣し候事

巳正月廿七日

一執行・目代・六坊中へ茂右御触状写致シ、三町目行事ニ申付申渡シ候事

巳正月廿七日

一松平伊賀守殿御上京ニ付、今廿三日ニ御見舞被成候、先年水野和泉守(忠之)殿御上着之節、御見舞被申上候時分之先例書差出し候通、此度も其趣ニ相認、町奉行本多筑(忠英)後守殿江御持参御断有之、夫ゟ直ニ御見舞被成候事

巳正月廿三日

口上

今度松平伊賀守様御上京ニ付罷出申度奉存候、前々御老中方御上京之節罷出申候

先例之覚
秋元但馬守様（喬知）
阿部豊後守様（正喬）
水野和泉守様（忠之）
右之外、御上使御上京之節茂毎度罷出申候、此度茂御見舞申上度奉窺（伺）候、以上

巳正月廿三日　清水寺
成就院判

御奉行所

一風立候条、火元之儀無油断入念候様ニ裏借屋等迄可相触之旨御触状、霊山ゟ当山江廻り、写置、清閑寺へ遣候事

巳二月十一日

一執行・目代・六坊中へも火用心之御触写致し、四町目行事ニ申付申渡し候事

巳二月十二日

一慈心院ゟ来ル三月五日ゟ十五日迄二十万日之廻向相勤被申候付、卒都婆立幷戒名場借用申度由、以書付頼被申候事

覚

一石壇（段）之下仁王門ト間　卒都婆　壱本
一手前門先ニ　壱本
一経堂之西北之道中　壱本

右三ケ所

戒名場
一石壇（段）北之脇上下
一塔之西東半分北やら（ママ）石壇（段）之上
一経堂西表半分

右之場所廻向中借用申度存候、以上

巳二月十四日　慈心院納所
自休印

成就院御内
藤林孫九郎（好房）殿

右之証文本紙御寺ニ有之候、惣而此度二十万日一巻之

儀、留帳御寺ニ有之候事
　巳二月十四日
一明後廿一日松平伊賀守(忠周)殿、松平土佐守(山内豊常)屋敷江御引越被
成候、就夫寺社・町人御見舞罷出候儀無用ニ可仕旨御
触状、霊山ゟ当山江廻り、写置、清閑寺へ遣し候事
　巳二月廿日
一執行・目代・六坊中へも右御触状写、四町目行事ニ申
付申渡し候事
　巳二月廿日
一牧野佐渡守(英成)殿御上京已後、寺社・町方諸礼之事日限相
極、重而可申触候条、夫迄者罷出間敷旨、洛中洛外寺
社幷町中へ可相触之旨御触状、霊山ゟ当山江廻り、写
置、清閑寺へ遣候事
　巳二月廿一日

一執行・目代・六坊中へも右御触状写致シ、四町目行事
ニ申付申触候事
　巳二月廿一日
一二拾万日廻向中、宝珠院之門内ニ而辻打、小桜金山軽
妻幷曲手鞠、松山長之助相加へ仕度旨願申候、則御公
儀江者建仁寺新地森下町吉野や半七と申もの御願申上、
相済申候事
　巳二月
一二十万日廻向中、煮売茶屋・水茶屋出し申度由、則茶
屋数二(仁)王門ゟ上伽藍廻瀧下六拾四軒、此外ニも段々い(出)
て申候事
　巳二月
一御所司牧野佐渡守殿江出礼之日限、三月十五日本寺・
本社、同十六日末寺・末社、右之日限朝六ツ時ゟ五ツ
時迄之内出礼有之旨御触状、執行方より此方へ廻り、

写置、清閑寺へ遣候事
巳三月十日夜寅下刻
祇園社　丸山安養寺　長楽寺　双林寺　真性寺
七観音院・高台寺　霊山正法寺
清水寺執行（真福寺印）清水寺成就院　役人藤林孫九郎（好房）判
清閑寺　遊行法国寺　若宮八幡宮　慈芳院
六波羅蜜寺　建仁寺　養源院　智積院　泉涌寺
東九条村御領町住本寺　本福寺　稲荷社　竹田村安楽寿院
黄檗山万福寺　山科郷四之宮村十祥（禅）寺　山科安祥寺
山科郷粟田口神明社
右御役者中

一御所司牧野佐渡守（英成）殿江出礼、今十六日ニ御礼相済申候事
巳三月十六日

一明廿九日役人中音羽川筋御見分有之候間、左様ニ相心得候様ニと松尾左兵衛ゟ廻状廻り、慈芳院江遣し候事
清水寺　慈芳院　大仏廻り
右御役者中
巳三月廿八日

一今日音羽川筋見分ニ手嶋織右衛門殿・神沢弥十郎殿被参、見分相済、重而絵図之儀望被申候ニ付、先年之絵図ニ所々書付を引替、絵図致シ遣候事
巳三月廿九日

一在京御目付、明十日天気次第東山筋御巡見被成候旨、松尾左兵衛方ゟ例之通廻状、霊山ゟ当山江廻り、鳥部（辺）野大谷輪番所へ遣し候事
巳四月九日夜子下刻

一執行・目代・六坊中江も御目付御巡見之儀、壱町目行事ニ申付申渡し候事
巳四月十日

一在京御目付牧野市角殿、今壱人今日御巡見有之、上人(隆性)様例之通御出迎御案内被成候、則成就院方ニ而昼弁当有之候、即刻以使僧御礼被仰遣候、尤町奉行所へも御届有之候事
　巳四月十日

一小浜志摩守(久隆)殿江出礼之日限
四月十九日　　　　町方
同　廿一日　　　　諸寺社方
同　廿二日　　　　町方　但シ地役共
右之日限出礼有之旨御触状、霊山ゟ当山江廻り、写置、清閑寺へ遣し候事
　巳四月十三日夜亥刻

一執行・目代・六坊中へも小浜志摩守殿江出礼之触状写致シ、壱町目行事ニ申付申渡し候事
　巳四月十四日

一小浜志摩守殿江出礼、今日御出被成、相済申候事
　巳四月廿一日

一来ル廿六日、法皇(霊元上皇)御所修学院御茶屋江御幸候間、火之元之儀、町々裏借屋迄随分入念可申旨御触状、霊山ゟ当山へ廻り、写置、清閑寺へ遣し候事
　巳四月廿四日夜子刻

一執行・目代・六坊中へも御幸之御触状写致し、壱町目行事ニ申付申渡し候事
　巳四月廿五日

一今朝五ツ時、本堂舞台ニ年来六拾歳計男順礼と相見へ行倒相果居申付、御公儀江御訴申上候処ニ、為御検使土屋久八殿・上田善兵衛殿御出、雑色与右衛門立会、死骸御改之上、笈摺・菅笠等ニ但州出石郡上野村次郎左衛門と有之候、所之者幷堂守・小間物商売人とも御呼出し、御吟味之上、一札御取之事、即刻年寄伊右衛

門御屋敷江参候処ニ、三日さらし（晒）置候様ニ被仰付候事
巳五月五日

一今度酒井左衛門尉殿御上京逗留中、寺社面々見舞使僧ニ而も指出シ儀可為無用候、乍然前々ケ様之節罷出候寺社格別ニ候条、此方江相窺（伺）可被差図請之旨御触状、霊山ゟ当山江廻り、写置、清閑寺へ遣し候事
巳五月廿四日

一執行・目代・六坊中へも右御触状写いたし、三町目行事ニ申付、即刻ニ申渡し候事
巳五月廿四日

一去年三月堀（掘）出し候石仏大日之雨覆損シ申ニ付、此度弐間ニ壱間半ニ仕度儀御願申上候ニ付、御見分ニ草間五右衛門殿・石橋嘉右衛門殿御出、藤林孫九郎（好房）申候、同慈心院持之阿弥陀堂向ニ宝篋印塔建立、幷高屛（塀）掛門建直し願有之、是も今日見分有之、絵図・口上書共御取被成候事
巳五月廿九日

一男犬長ケ弐尺弐寸以上、但し尺所馬尺所ニ而さし可申候

一女犬長ケ弐尺以上、但し尺所、右同断

一惣躰骨ふと（太）丈夫成犬、年構無之候、其内若キ犬程能ク有之由御尋之御触状、霊山ゟ当山へ廻り、写置、清閑寺へ遣し候事
巳五月廿九日

一執行・目代・六坊中へも右触状写致シ、三町目行事ニ申付申渡し候事
巳五月廿九日

一御上使酒井左衛門尉（忠真）殿江今日御見舞ニ御出被成候、尤町奉行所へ右之御見舞先例書を以御届有之候、先例書留御寺ニ有之候事

巳六月三日

四町目ゟ町入之覚

一小菱屋重兵衛　藤屋喜兵衛
一鷹羽屋戸右衛門　中八文字屋喜太郎
一大和屋藤兵衛　茨木屋次右衛門
一清水屋庄兵衛　近江屋仁兵衛

右八人、今日年寄茂平次召連御礼相済、式法之通、三升樽・三種肴差上ケ申候、御寺ゟ鳥目三拾疋ツヽ、被下置候事

巳六月十一日

一松平伊賀守(忠周)殿所司代御役之節、御指出候制札并下知状等有之候寺社、写いたし、来ル廿五日迄ニ本多筑後守(忠英)御役所江可差出旨御触状、霊山ゟ当山江廻り、写置、清閑寺へ遣候事

巳六月十五日夜

一制札之写、今日筑後守殿御役所江御持参被成候事

巳六月廿四日

一礼成門院(孝子内親王)薨去ニ付今日ゟ来ル廿八日迄三日鳴物御停止之旨御触状、霊山ゟ当山へ廻り、写置、清閑寺へ遣し候事、但シ普請ハ御無構

巳六月廿六日

一執行・目代・六坊中へも右御触写致シ、四町目行事ニ申付申渡し候事

巳六月廿六日

一子安泰産寺塔之屋祢(根)二重目之葺替、六月廿六日ゟ取掛、七月三日ニ葺仕舞申候事

巳七月三日

一大聖寺宮(永秀女王)薨去ニ付来ル九日迄三日之間鳴物停止之旨御触状、霊山ゟ当山江廻り、写置、清閑寺江遣し候事

巳七月八日

一執行・目代・六坊中へも鳴物停止之御触写いたし、弐町目行事ニ申付申渡し候事

巳七月八日

一七月八日西本願寺(光常寂如)御他界ニ付、八月二日ニ諷経ニ御出被成候、御供ニ寺家衆仲光院・法成寺乗物ニ而召連被成候、番僧弐人・侍六人・籠(駕籠)者六人、はさミ(挟)箱・茶・弁当持せ申候、立かさ(笠)・日かさ(笠)有之候事

巳八月二日

一慈心院ニ居申自休と申もの、此度弐町目長浜屋藤兵衛南側ニ所持致し候屋敷地之内、裏方ニ間口三間ニ奥行五間之所、年貢壱斗ニ借シ申候、則証文取置候留

一札之事

一御門前弐町目南側長浜屋藤兵衛致所持候屋敷壱ケ所間口六間、奥行拾五間有之、屋敷地裏方ニて間口三間、奥行五間、年貢米壱斗之所、此度借り請、壱間半ニ弐間之小座敷、次ニ間半四尺四方之雪隠一ケ所建、私一生之内、休所ニ仕候、右之地所御入用之節者、何時ニても建物取崩、引取可申候、其節一言之申分仕間敷候、尤年貢米無滞毎年納所可申候、申迄無之候得共、御門前ニ居住仕候内者、御法度之趣、有来候役儀等、急度相守可申候、為後日預り証文、仍而如件

享保十年巳七月十八日

預り主 自休印

請合人 塩屋喜三郎印

地主長浜屋藤兵衛印

清水寺御役人

藤林孫九郎(好房)殿

一宗門人別改帳、去年之通御認、月付者九月と被成、来ル九月廿一日東御役所江御差上ケ可被成候、此方へも半紙ニ而も御認、いつニても御勝手次第私宅へ御差越可

被成候、以上

　巳八月廿一日　　　松尾左兵衛判

右触状、当山執行方ゟ当寺へ廻り、写置、清閑寺へ遣し候、執行方へハ請取遣候ニ不及候事

　巳八月廿一日

覚

　　山城国葛野郡

一高七石弐斗五升四合五夕　　壬生村

　此之役銀弐匁弐分七厘八毛

　　同国同郡

一高七石壱斗六合弐夕　　聚楽村

　此之役銀弐匁弐分三厘壱毛

　　同国同郡

一高壱石六斗三升　　東塩小路村

　此之役銀五分壱厘二毛

　　同国同郡

一高六石弐斗七升　　西院村

　此之役銀壱匁九分六厘九毛

　　同国同郡

一高壱石五斗八升壱合　　中堂寺村

　此之役銀四分九厘六毛

　　同国同郡

一高弐斗七升壱合　　朱雀村

　此之役銀八厘五毛

　　山城国愛宕郡

一高百拾石七斗六升　　清水寺境内廻り

　此之役銀三拾四匁七分七厘九毛

物高合百三拾四石八斗七升弐合七夕

　高役銀合四拾弐匁三分五厘

　　但シ、百石ニ付三拾壱匁四分

右者、去ル辰年、城州・河州・摂州大川筋御普請ニ付、山城国之役銀書面之通、清水寺領村々取立之、吉野屋物左衛門方江相納申候、以上

享保十年巳八月廿九日　　清水寺　成就院印

御勘定所
右之通相認、藤林孫九郎(好房)御屋敷へ持参致シ相済申候事
巳八月廿九日

覚

一高弐拾石　此歩銀六匁弐分八厘
但シ、百石ニ付三拾壱匁四分宛
慥ニ請取申候、以上
巳八月廿九日　成就院
納所印
慈心院御納所

口触

前々ゟ相触候儀、近頃者猥ニ成、停止申付候儀をも粗不相用族有之様ニ相聞候、弥先達而相触置候通、向後急度相守候様ニ御触状、霊山ゟ当山へ廻り、写置、清閑寺へ遣し候事
巳九月朔日

一執行・目代・六坊中へも右御触状写致シ、三町目行事ニ申付申渡し候事
巳九月朔日

一牧野佐渡守(英成)殿制札、来ル六日・七日両日之内、朝四ツ時ゟ八ツ時迄小浜志摩守(久隆)殿屋敷江可罷出旨御触状、高台寺ゟ当寺へ廻り、写置、東福寺江遣候事
巳九月四日

一牧野佐渡守殿制札、今日小浜志摩守殿屋敷江請取ニ御出被成、紙札・板札共ニ相渡り申候事
巳九月六日

一即刻御所司佐渡守殿江右之御礼ニ御出被成候事
巳九月六日

一弐町目大工清五郎、今日年寄平左衛門召連御礼相済、式法之通、三升樽・三種之肴差上ケ申候、御寺ゟ鳥目

三拾疋被下置候事

巳九月七日

一弐町目柏屋三郎兵衛家江高瀬川四条下ル町河内屋甚兵衛内ニ居申候半兵衛と申ものニ借シ申度旨、則願之一札有之候事

巳九月十二日

一明後十五日修学院江法皇(霊元上皇)御所御幸御延引、十六日ニ御幸有之候事

巳九月十三日

一執行・目代・六坊中へも十六日之御幸之御触状写致し、三町目行事ニ申付申渡し候事

巳九月十五日

一清水寺領四町目引ケ地之西、五条通西之はつれ江、此度木食正祥(禅)城州乙訓郡大藪村安祥院寺地東西八間、南北拾壱間之所ニ、梁弐間半一小間、桁行四間之寺壱ケ所、右建間之内、東之方ニ間半ニ壱間之物置、同間半ニ壱間半一小ま(間)ノ板縁、南ノ方ニ一小ま(間)ニ壱間半之縁弐ケ所、間半四方之押入等有来、永々無住ニ而御座候処、当七月拙僧儀、右寺譲り請候得共、先年御願申上、蒙御赦免候、以後為行法之、一乗寺山狸谷巌洞江毎月往来仕候処、大藪村ゟ遠方ニ而致迷惑候ニ付、此度清水寺領四町目引ケ地跡五条通西はつれ(外)ニ、東西拾六間六尺、南北西ニ而拾七間半、東ニ而拾四間半之所致請地候故、古寺地請地江引移シ、本堂・客殿・庫裏等建直シ、相残ル地面者持添地ニいたし、古寺地者畑地ニ仕度奉願候御事

一古寺地東西八間、南北拾壱間之地面を、此度東西拾壱間、南北八間ニ振替、西之方ニ三間四方之本堂、四方ニ間半之庇を付、東西南三方ニ打廻シ、間半ノ縁、北方ニ四尺ニ三間半之縁を付、次ニ壱間半ニ三間之結衆部屋壱ケ所、本堂東之方ニ弐間ニ三間半之客殿、次ニ壱間半四方ノ部屋壱ケ所東北打廻シ、間半ノ庇縁、間半

四方ノ雪隠を付、部屋ゟ本堂縁迄之間、間半ニ弐間之庇縁を付、客殿南之方ニ壱間半四方ノ玄関を付、東南ノ方三間四方ノ庫裏、東之方ニ壱間四方之物置、同間半ニ壱間之雪隠壱ケ所、同間半ニ壱間ノ湯殿を建、庫裏入口ニ壱間、裏口ニ間半ま(目)庇、同東北ノ角ニ間半ニ壱間之押入を付、西南ノ方ニ間半四方ノ鎮守壱ケ所建、且又惣構四方共生ケ垣ニ仕、南北弐ケ所ニ口を明ケ、五尺之簀戸門ニ仕度、絵図ニ記奉願候、尤此度寺地引移シ寺建直シ候儀付、大藪村幷清水寺領共、何之指構毛頭無之、勿論隣家合壁・境目水仕等少も隙無御座候、普請之儀、中井主水(正豊)方江も申達、是又何之差構無御座候間、願之通御赦免被成下候ハヽ、難有可奉存候、右之通御赦免被成下候上、御制禁之作事等者相違之儀仕候歟、又者御願申上候外増作(ママ)なと仕候ハヽ、造作御潰被成、其上如何様共可被為仰付候、為後日連判之絵図・書付を以奉願上候、以上

城州乙訓郡大藪村
浄土宗無本寺
安祥院住持
願主木食正祥(禅)

享保十年巳九月十七日

庄屋
市左衛門
年寄
重右衛門
清水寺役人
藤林孫九郎(好房)

御奉行様

一南都一乗院(尊賞法親王)御門主様御成之儀、兼而御願有之付、九月廿三日朝五ツ半之比、初而御成、御相伴押小路三位殿・今城中将殿・喜多院殿・黄檗万福寺(仏国寺)隠居、坊官中内侍原法印・中沼但馬守(秀興)、右六人、追付御雑煮・御酒過候而観音江御参詣、本堂内陣之拵、去年正月ニ執行方江御成之節、此方ゟ諸事拵置候通ニ此度も此方ゟ同事ニ拵置候、本堂ゟ還御、山江御成被為遊候、山ニケ所之御茶屋ニ而御提重・御吸物等出申候、七ツ半之比、

山ゟ還御被為遊候、夕御膳之御料理三汁九菜、御吸物・御肴段々色々、御次ニハ中沼上総之助・生田掃部・中小性（姓）衆四人何も走馳（ママ）不相替候、外ニ金蔵院方ニ而歩行侍幷相伴之供侍合拾四人、茶坊主弐人、経堂台所ニ而下々之分七拾人余、右之（下上）走馳ハ、昼赤飯ニ御酒、夕飯ニ同御酒、侍之分ニハ面々菓子ヲ出し申候、還御ハ初夜過也、被為進ものハ真綿三把・菓子・昆布五拾本計也

巳九月廿三日

一南都御里坊迄、昨日御成之御礼ニ御越被成候事

巳九月廿四日

口上

一寺社方頂戴之御朱印幷御免許御下知状等之写御認被成、当月十日迄ニ西之御役所御勘定方江御指上ケ可被成候

一右写何通差上ケ候外ニ、何ニ而も頂戴□（之）御書付所持不仕旨別紙ニ御認、御印形被成、御持参可被成候

右之通、私共ゟ申進候様ニ被仰如此御座候、以上

巳十月朔日　松尾左兵衛判

右触状、霊山ゟ当山江廻り、写置、山科十祥（禅）寺江遣し候事

一執行・目代・六坊中へも右触書写致シ、四町目行事ニ申付申渡し候事

巳十月三日

一明二日天気次第、在京御目付東山筋御巡見被成候間、例之通御案内可被成旨方内ゟ廻状、霊山ゟ当山江廻り、写置、鳥部（辺）野大谷輪番所へ遣し候事

巳十月朔日夜

一執行・目代・六坊中へも御目付御巡見之儀、四町目行事ニ申付申渡し候事

巳十月二日

一在京御目付馬場三郎左衛門殿・稲葉修理殿、今日御巡見首尾能相済、成就院方ニ而昼弁当有之候事、即刻右之御礼ニ使僧被遣候、并町奉行所江御届有之候事

巳十月二日

一六波羅野ニ而壬生村勧進相撲、今日ゟ初メ申候事

巳十月三日

一南都興福寺焼失之伽藍造立ニ付諸国勧化之事、一乗院(尊賞法親王)御門跡・大乗院御門跡ゟ公儀江被相願候付、今度勧化之儀被仰出之旨御触状、霊山ゟ当山江廻り、写置、清閑寺へ遣し候事

巳十月七日

一執行・目代・六坊中へも右御触状写致シ、四町目行事ニ中付申渡し候事

巳十月七日

一権現様(徳川家康)御下知状　写壱通

同御代々御朱印写　六通

右七通相認、今日西之御役所江御持参被成、相済候事

外ニ何ニ而も頂戴之御書付所持不仕候旨別紙ニ相認、印形被成、御持参候事

巳十月七日

一法成寺表口弐間半壱尺五寸、南ノ方ニ而三間五寸、裏行拾弐間之所、■建物其儘差置、今度表方梁行壱間通り切取、在来弐間四方護摩堂梁弐間、桁行三間、屋根瓦葺、小棟造り建直シ、東之方ニ有之門、西ノ方江引直シ申度儀願有之ニ付、今日為御見分石橋嘉右衛門殿・加納武助殿御出、御見分有之候、則絵図・口上書有之候事

巳十月九日

来ル十三日、法皇(霊元上皇)御所御幸候間、火之元儀、町々裏借屋等迄随分念入可申候、右之通洛中洛外急度可相触之

旨御触状、霊山ゟ当山へ廻り、写置、清閑寺へ遣し候事

巳十月十一日夜戌刻

一執行・目代・六坊中へも右御触写いたし、四町目行事ニ申付、即刻申渡シ候事

巳十月十一日

（二）明日之御幸天気相勝不申候ニ付御延引、来ル十八日御幸之御事ニ候、先達而相触候通可得相心候旨御触状、霊山ゟ当山江廻り、写置、清閑寺へ遣し候事

巳十月十五日

一執行・目代・六坊中へも右御触状写致し、四町目行事ニ申付申渡シ候事

巳十月十五日

一大判之儀、元禄年中吹直シ有之、古来之大判ゟ位小分（劣）候付而此度右吹直シ、以前之大判之位ニ吹改被仰付之、当十一月ゟ両替屋共へ相渡シ候間、献上幷被下物其外之通用者、当十二月朔日ゟ可用之事

右御触状、霊山ゟ当山江廻り、写置、清閑寺江遣し候事

巳十月十四日

一執行・目代・六坊中へも右御触書写致し、四町目行事ニ申付申渡し候事

巳十月十四日

一壬生村勧進相撲、今十五日迄日数十日首尾能相済候事

巳十月十五日

相撲場覚

一惣地構　南北四拾三間 東西中程ニ而廿五間

一かこひ　東西廿弐間五尺 南北三拾壱間

一土俵　三間四方

一桟敷　六拾軒

一畳　七百畳
一煮売屋　拾四軒
一水茶屋　拾八軒
一表木戸札　銭拾文
一中木戸札　銭拾文
一畳木戸札　銭六拾文
一桟敷　壱軒ニ付銀拾壱匁
一高場　銀九匁
一床机　壱脚ニ付銀四匁五分
一相撲人　東西ニ而百人
一行司　東西ニ而六人
右相撲場之絵図委細之書付、外ニ有之事

一法成寺護摩堂之普請、其外願所之儀、願之通今日御赦免首尾能相済候事
巳十月十八日

一明廿日御所司牧野佐渡守（英成）殿御巡見之旨方内ゟ之廻状、霊山ゟ当山江廻り、写置、鳥部（辺）野大谷輪番所江遣し候事
巳十月十九日夜戌刻

一執行・目代・六坊中へも、右廻状写致し、四町目行事ニ申付、即刻申渡シ候事
巳十月十九日

覚
一祇園
一東大谷
一高台寺
一霊山
一清水寺
右之通、明廿日佐渡守様御巡見被成候、掃除等被入御念御申付可被成候、諸事無滞候様ニ御心得可被成候、以上
十月十九日　松尾左兵衛判
祇園社　高台寺　正法寺

役人藤林孫九郎（好房）判
清水寺
鳥部（辺）野大谷
此廻状、大谷ゟ鳥部（辺）山本寿寺へ可被遣候
右御役者中
右之通、大谷御巡見ニ候間、各御寺門前掃除等可被入
御念候
本寿寺　是心庵　実報寺
一御所司牧野佐渡守（英成）殿、今日御巡見首尾能相済申候、町
奉行本多筑後守（忠英）殿・小浜志摩守（久隆）殿、右両人御同道、中
井主水（正豊）殿御案内ニ而有之候、上人（隆性）様御出迎、御案内被
成候、成就院方江御立寄も無之御通有之候事
巳
十月廿日
一御所司・町奉行衆、右三ヶ所江即刻御巡見之御礼ニ御
越被成候事
巳
十月廿日
覚
一祇園
一清水寺
一霊山
一高台寺
一東福寺
右所々御役者御壱人宛、明廿四日朝六ツ時迄西御役所
江御出可被成候、此旨証文方ゟ被仰渡、如此ニ御座候、
以上
巳
十月廿三日　松尾左兵衛判
祇園　高台寺　霊山
清水寺　役人藤林孫九郎判
東福寺
右御役者中
右之通方内ゟ廻状、霊山ゟ当山江廻り、写置、東福
寺役人塩田恵順方江遣し候事
一城州乙訓郡大藪村安祥院正祥（禅）所持之寺地東西八間、南
北拾壱間地、此度右寺地清水寺領五条通北側西はつれ（外）

江引移シ申度旨願有之ニ付、今日為見分中井孫助殿・
木村勝右衛門殿御出、見分有之候事
巳十月廿四日
一安祥院正祥(禅)、清水寺境内江大藪村ニ有之候寺引移シ申
度旨願有之付、見分之上、藤林孫九郎(好房)御呼出し、正祥(禅)
持地幷外之構無之候哉と御尋之上ニ一札御取被成候
事、右之証文共留有之候事
巳十月廿四日
一御所司牧野佐渡守(英成)殿、去ル廿日ニ御巡見ニ付、法(宝)物・
什物等有之候哉、書出し候様ニと有之付、先年安部(阿)豊(正
喬)後守殿御巡見之節書付差出し候通ニ相認、今日本多筑(忠
英)後守殿役所江藤林孫九郎持参仕候事
巳十月廿五日
一乙訓郡大藪村安祥院寺地、清水寺領江引移シ申度儀、
去ル比御願申上置候ニ付、今日本多筑後守殿役所江木
食正祥(禅)幷藤林孫九郎御呼出シ、正祥(禅)寺地引移シ申儀願
之通ニ御赦免被成候旨被仰渡、相済申候事
巳十一月朔日
一南都一乗院御門主様(尊賞法親王)江御届被成候趣、当山本堂及大破
ニ候付、今度舞台ニ勧化所しつらひ(拵)、奉加帳出シ、合(相)対
之奉加仕度旨御届有之候、口上書如斯ニ候
御届申上候口上書
当山本堂及大破申候ニ付、此度舞台之内ニ勧化所しつ(拵)
らひ奉加帳出シ、合(相)対之奉加仕、連々ニ修覆仕度、右
之段、御公儀江御願申上度、先御届申上候、右宜御
沙汰奉頼候、以上
清水寺
巳十一月二日　成就院印
一乗院宮様
御坊官中
右之趣御届被成候、勝手次第ニ公儀江願可申旨、尤公
儀向相済申候ハヽ、其段以書中重而可被申上之旨被申

聞候事

巳十一月二日

一当山本堂屋祢(根)其外伽藍及大破ニ申付、舞台ニ勧化所拵、奉加仕度旨、小浜(久隆)志摩守殿屋敷江今日御出被成候、口上書如斯ニ候

奉願口上之覚

一清水寺本堂屋根其外伽藍及大破、自力ニ修覆難仕候付、本堂舞台之内ニ勧化所しつらひ(拵)、参詣人且又所々江奉伽(加)帳遣之、相対之勧化仕度奉願候、以上

清水寺

巳十一月十二日　成就院印

御奉行所

右之通ニ相認御持参、公事役人山田源兵衛取次被申候、重而左右可被致旨被申候事

一鷹司前関白(兼熈)殿薨去ニ付今日ゟ明後廿四日迄鳴物停止之旨御触状、霊山ゟ当山江廻り、写置、清閑寺へ遣し候事

巳十一月廿二日夜

一執行・目代・六坊中へも鳴物停止之御触写致し、弐町目行事ニ申付申渡し候事

巳十一月廿三日

一紀州熊野三山修覆之儀ニ付諸国相対之奉伽(加)之儀、四年已前寅四月相触置、其後社家相廻り相済候得共、亦候社家共諸国相対奉加に相廻り度旨相願候処、願之通被仰出候付、当地町方幷寺社方、同門前・境内江も社家可相廻之旨御触状、霊山ゟ当山へ廻り、写置、清閑寺江遣し候事

巳十一月廿二日夜

一執行・目代・六坊中へも右御触写致シ、弐町目行事ニ申付申渡し候事

巳十一月廿三日

一去ル十二日ニ本堂屋祢（根）其外伽藍及大破、自力ニ難仕候
付、舞台ニ勧化所しつらひ（拵）相対之奉加仕度旨、小浜志（久）
摩（隆）守殿屋敷江相願ニ御出被成候処ニ、今廿八日願之通
被仰付、相済申候事、尤跡証文御取被成候、留御寺ニ
有之候事

巳十一月廿八日

一南都一乗院宮様（尊賞法親王）江勧化願之儀、今日御公儀向相済候段、
坊官中へ以書中御届有之候事

巳十一月廿八日

一南蔵院興栄儀、去ル十九日退院致シ申候ニ付相尋候得
共、行衛知れ不申候故、今日口上書相認、御公儀江御
届被成候、使僧松坊被参候、口上書留御寺ニ有之候事

巳十二月廿五日

巳年中留書如斯

藤林孫九郎

享保十年巳十二月日　好房（花押）

「（原裏表紙）
藤林孫九郎」

「（後補裏表紙）文政五年壬午九月
表紙付仕立直シ
清水寺
成就院」

成就院日記二十九

享保十二年

「（後補表紙）享保十二未年
御日記
同廿一丙辰年今年元文ト改」

「（原表紙）享保十二丁未年
同　廿一丙辰年　　今年元文与改
御日記」

「（内表紙）享保十二丁未正月ゟ十二月まで
日鑑」

一門前弐丁《（町）》目かぢ《（鍛冶）》屋十《（重）》兵衛・ねすミ《（鼠）》屋八郎兵衛・桑名屋半七、右三人年寄平左衛門召連、今日御礼ニ罷出候事、式法之通、三升樽・三種肴差上申候、御寺ゟ茂鳥目三拾疋被下申候事

未
正月七日

一門前壱町目年寄治左衛門役儀相願申候ニ付、後《（跡）》役末広屋二郎兵衛江申付候事

未
正月十一日

一門前弐丁《（町）》目年寄平左衛門役儀相願申候ニ付、後《（跡）》役喜平治江申付候事

未
正月十一日

一門前壱丁《（町）》目会所江大仏御境内たいちうあん《（袋中庵）》まへ《（前）》ニ居申候小間物屋新兵衛と申者、右会所家をかり《（借）》、糸小間物商売仕候、請合証文在之候事

未
正月廿九日

一門前壱丁《（町）》目万屋勘兵衛家江高瀬川筋新日吉町居申候藤右衛門と申者、右勘兵衛家をかり《（借）》、やきたうふ《（焼豆腐）》商売仕、

請合証文在之候事
未閏正月五日
一富停止之御触状、霊山ゟ当山へ廻り、写置、清閑寺へ
遣候事
未閏正月五日
一執行・目代・六坊中へ茂写致、四丁(町)目行事ニ申付申渡
候事
未閏正月五日
一東福寺勧化ニ相廻り被申候御触状、霊山ゟ当山へ廻り、
写置、清閑寺へ遣候事
未閏正月廿一日
一執行・目代・六坊中へ茂写致、四丁(町)目行事ニ申付申渡
シ候事
未閏正月廿一日

一門前弐丁(町)目丸屋五郎兵衛家江三条通大宮西へ入丁(町)居申
候かきや(屋)市郎兵衛と申者、右丸屋五郎兵衛家をかり(借)、
やきたうふ(焼豆腐)商売仕、今日年寄喜平治召連参申候
未二月七日
一松原通いなり(稲荷)町さかい屋市郎兵衛弟小兵衛と申者、境
内ニ而遠目かね(眼鏡)参詣之衆中へ見せ申度儀相願申候ニ付、
吟味仕罷出候様ニ申付候、請合証文在之候事
未二月八日
一清水寺於慈心院、江州多賀般若院十一面観音・阿弥陀
如来・仏舎利、当月十七日ゟ四月十七日迄開帳ニ付、
清水馬止(駐)之辺ゟたき(滝)の下迄之間、所々ニ水茶屋三拾六
軒・煮売屋五軒出シ商売仕度旨相願候ニ付、差置証文
手形在之候事
未二月十三日
一例年本堂廻り江京ゟ罷出候小間物屋商売仕候物(者)共江証

文申付、手形取置申候事

未二月十三日

一城州・河州・摂州大川筋御普請御入用銀、五畿内村高江御かけ(掛)被遊候御触状、双林寺ゟ当山江廻り、写置、清閑寺村庄屋方へ二町目行事ニ申付申渡候事

未二月十八日

一紀州熊野三山勧化之儀ニ付社家相廻り可申旨御触状、霊山ゟ当山江廻り、写致、清閑寺へ壱丁(町)目行事ニ申付申遣シ候事

未三月二日

一執行・目代・六坊中へ茂写致、壱丁(町)目行事ニ申付申渡シ候事

未三月二日

一門前四町目之内へ上野銀借用申候ニ付、かけ(懸)屋敷之者共相願候ニ付、壱町之出入ニ成相済不申候故、三町年寄ニ申付、双方無事ニあつかい(曖)相済、惣町証文申付、印判手形取置申候

未三月朔日

一富停止之儀ニ付御触相廻り候ニ付、此方寺中・門前四丁(町)町年寄申付、証文致させ、手形取置申候事

未三月三(ママ)日

一門前四町目いはら(茨)木屋次右衛門所持仕候家屋敷・茶屋株共、此度同町大和屋茂兵衛借屋ニ居申候きよと申者之弟次左衛門と申者江売渡シ申度儀相願候ニ付、願之通年寄へ申渡シ証文手形在之候事

未三月二(ママ)日

一門前四丁(町)目橘屋てう所持仕候家屋敷、此度茶(屋)株共同町百足屋与重郎江売渡シ申度旨相願候ニ付、願之通申付証文手形在之候事

未三月二(ママ)日

一知恩院悦宮(尊胤法親王)御入寺ニ付、洛中洛外火之用心、弥念入十八日之夜より十九日晩迄自身番致候御触状、霊山ゟ当山へ廻り、写置、清閑寺へ遣候事

未三月廿(十)五日

一執行・目代・六坊中へ茂壱丁(町)目行事ニ申付申渡候事

未三月十六日

一門前三町目年寄喜兵衛、今日中参候者、明後日神事ニ付、当年者子共(供)三四人ニ而少々祢(練)り物仕候間、明八日茂前之通御寺へ差上候間、刻元(限)宜敷時分可仰(ママ)被下と相届申候事

未四月七日

一九日神事例年之通、御目付木村勝右衛門殿・石橋加(嘉)右衛門殿、下役遠藤郡八郎・中川伴右衛門、町廻り草間勘助殿・飯室十右衛門殿、同心衆御出、首尾能相済申候事

未四月九日

一先達而御触書在之候熊野三山勧化帳受取之目(日)根(限)、霊山ゟ当山へ廻り、写置、清閑寺へ遣候事

未四月十一日

一執行・目代・六坊中へ写致、三町目行事ニ申付申渡候事

未四月十一日

一熊野三山勧化帳面一冊あまり候ニ付、若寺社方之分ニ受取ちかい(違)在之候哉ニ御座候而、又帳面壱冊相廻り、霊山ゟ当山へ廻り候所、写置候而、清閑寺へ遣シ申候事

未四月十四日

一執行・目代・六坊中へ茂写致、三町目行事ニ申付申渡候事
未四月十四日

一高役銀御触状、双林寺ゟ当山へ廻り、写置、清閑寺村庄屋与右衛門方へ写致、三町目行(事)申付遣候事
未四月(ママ)

一安祥寺普請出来御見分、今日田中七右衛門殿・中井孫助殿、下役乾茂太夫・遠藤郡八郎、方内西村九左衛門御出、首尾能相済申候事
未四月廿四日

一南蔵院かい(開)帳之儀茂、弥今日首尾能相済申候儀、十八日両御奉行所江被参、首尾能相済申候事
未四月十八日

一門前弐丁(町)目越川屋藤兵衛家江建仁寺四条下ル町丸屋五郎右衛門方ニ奉公致居申候藤右衛門と申者借屋仕、うと(饂飩)ん商売仕度と年寄喜平治申参候故、吟味致借シ申候(様)申付候へハ、今晩年寄喜平治召連参申候事、留在之候
未五月八日

一門前弐丁(町)目百足屋六右衛門家江西洞院五条下ル丁(町)本田屋九郎右衛門家ニ居申候大こ(黒)く屋次兵衛と申者、百足屋六右衛門家借り、くわし(菓子)商売仕度と年寄喜平治申参候故、吟味致借シ申候様ニ申付候へハ、今晩年寄喜平治召連参候事、証文留在之候事
未五月八日

一門前壱丁(町)目末広屋治(二)郎兵衛家江高台寺門前万屋さよ家ニ借宅致居申候伝兵衛と申者、治(二)郎兵衛(家)借り豆腐茶屋仕度、年寄治(二)郎兵衛申参候故、吟味仕借シ申候様ニ申付候へハ、今晩年寄二郎兵衛召連参候事
未五月八日　証文留在之候

一清水寺山内大津海道ゟ七八町程東ノ方字五位脊と申所之松木ニ而、年来卅才計男、細引を以首縊相果居申候ニ付、当町年寄御願申上候処ニ、御検使御出御吟味之上、証文留共在之候事

未五月十一日

一門前三町目伏見屋太助所持仕候家屋敷、此度不勝手ニ付大坂過書町博多屋勘左衛門江買得仕度由、年寄喜兵衛申参候ニ付、吟味致勝手次第と申付候

未五月十六日

一門前三町目伏見屋太助家屋敷、此度買得仕候大坂過書町博多屋勘左衛門儀、今日年寄喜兵衛召連御礼ニ罷出候、式法之通、三升樽・三種(肴)差上ケ、御寺ゟ茂鳥目三拾疋被下相済申候事

未五月廿一日

覚

城州葛野郡
一役高壱石五斗八升壱合　中堂寺村
役銀弐分五厘八毛

一役高弐斗七升壱合　同　朱雀村
役銀四厘四毛

一役高壱石六斗三升　同　東塩小路村
役銀弐分六厘七毛

一役高六石弐斗七升　同　西院村
役銀壱匁弐厘五毛

一役高七石壱斗六合弐夕　同　聚楽廻
役銀壱匁壱分六厘弐毛

一役高七石弐斗五升四合五夕　同　壬生村
役銀壱匁壱分八厘六毛

城州愛宕郡
一役高百拾石七斗六升　清水寺境内廻

役銀拾八匁壱分九毛
右者去ル午年大川御普請御入用銀、村々取立、嶋本
三郎九郎方へ相納申候
未五月六日
一役高百石ニ付、役銀拾六匁三分五厘宛かゝり申候、以
上
一門前弐町目亀屋重兵衛家江建仁寺町南門前そうゆ（醬油）屋孫
兵衛家ニ居申候勘兵衛と申者、右重兵衛家を借り、
万商売仕度と年寄喜平治中参候故、勝手次第吟味仕
候而差置候様ニ申付候事
未五月廿三日
一明朔日天気次第、在京御目付衆東山筋御巡見被成候間、
例之通御案内可被成候、以上
未五月卅日
祇園　安祥　長楽　双林　真性　高台
八坂法観　霊山正法　清水寺　鳥部（辺）　藤林孫（好房）九郎印
若宮　六波　六道　建仁寺
右御役者中
一御目付衆御触状、霊山ゟ当山廻り、写致、鳥部（辺）野江弐
町目行事ニ申付遣候事
未五月卅日
一執行・目代・六坊中へ茂致写、弐町目行事ニ申付申渡
候事
未五月卅日
一今日在京御目付衆、祇園筋御巡見相延候間、左様ニ御
心得可被成候、以上
未六月朔日
一在京御目付衆御巡見相延御触状、霊山ゟ当山廻り、写
置、鳥部（辺）野遣候事
未六月朔日　寺社方分者同前也

一御巡見相延申候触状致写、執行・目代・六坊中へ茂弐
町目行事ニ申付申渡候事
未六月朔日

一門前弐町目鷹羽屋八郎兵衛家、此度普請仕候ニ付、年
寄喜平治・八郎兵衛右之段申来候故、勝手次第ニ申付
候故、願書・絵図在之候事
未六月朔日

一来ル九日浄円院様（徳川吉宗生母由利）御一周忌ニ而、右当日鳴物・諸殺生
停止之御触状、霊山ゟ当山江廻り、写置、清閑寺へ遣
候事
未六月七日

一執行・目代・六坊中へ茂被写、二町目行事ニ申付申遣
候事
未六月七日

一来ル九日浄円院様就御一周忌、右御当日鳴物・諸殺生
令停止候、此旨洛中洛外へ可触知者也
未六月七日

右之通、就被仰出申触之候、以上
享保十二年未六月七日　松尾左兵衛印

祇園社　丸（円）山安養寺　長楽寺　双林寺　真性寺
七観音院　高台寺　霊山正法寺　清水寺　役人藤林孫（好）
九郎（房）　清閑寺　遊行法国寺　若宮八幡宮　六波羅蜜寺
建仁寺　養源院　知（智）積院　泉涌寺　東福寺　稲荷社
竹田安楽寿院　万福寺　山科郷四宮村十禅寺
山科安祥寺
右御役者中

一門前弐町目海老屋喜平治借屋槌屋市郎兵衛湯風呂商売
仕候所ニ、居宅風呂釜ゟ今暮四ツ半時手過仕候ニ付、
早速町中立合（会）候而打消、御公儀江御訴申上候得者、為

御見分深山弥五右衛門殿・平川孫左衛門殿御出、右場所御改之上町中御呼出シ御吟味被成候所ニ、手過ニ相違無御座候ニ付一札仕、年寄・五人組御公儀江参候所ニ重而随分念入候様ニ御申付被成、相済罷帰り候、差上一札留在之候事

未六月八日

一来ル十五日東福門院(徳川和子)様五拾回就御忌日、御当日鳴物・諸殺生御停止之御触状、霊山ゟ当山江廻り、写置、清閑寺へ弐町目行事ニ申付遣シ候事

未六月十三日

一執行・目代・六坊中へ茂被写、二町目申付申渡候事

未六月十三日

一明廿二日御巡見廻状、霊山ゟ当山へ廻り、写置、鳥部(辺)野江二町目行事ニ申付遣候事

未六月廿一日

一執行・目代・六坊中へ茂右之写致、二町目行事ニ申付申渡候事

未六月廿一日

一明廿二日天気次第、在京御目付衆祇園筋御巡見被成候間、例之通御案内可被成候、以上

未六月廿一日　　松尾左兵衛印

祇園社　丸(円)山安養寺　長楽寺　双林寺　真性寺
七観音院　高台寺　八坂法観寺　霊山正法寺
清水寺　清水寺役人藤林孫九郎(好房)印　鳥部(辺)野　若宮八幡
宮　六波羅蜜寺　六道　建仁寺

右御役者中

一山内へ罷出候水茶屋升屋半兵衛・いせ(伊勢)屋重兵衛・柏屋与兵衛、右三人之者共、当月廿九日迄罷出候所、今日御日延御願ニ罷出、九月廿九日迄御日延御願申上、首尾能相済罷帰り候事

未六月廿九日

一秤之儀ニ付廻状、霊山ゟ当山江廻り、写置、清閑寺江壱
町目行事ニ申付遣候事
未七月

一執行・目代・六坊中へ茂致写、壱町目行事ニ申付申渡
候事
未七月

一秤之儀ニ付先年御触有之段、何茂町々ニ覚居可申候、
弥其通相守候様ニ、洛中洛江(外)雑色・町代ゟ申聞候様ニ
被仰出候事
未七月　松尾左兵衛印
寺社方廿壱ケ寺外三ケ寺

一千日(参)九日十日両日、六波(ママ)四町目之内ニ而小町寺地蔵堂
勧化致候儀申参候ニ付、両日之儀故差置申候事
未七月六日

一門前弐町目松本屋三郎兵衛家江丹波口百性(姓)次郎兵衛ニ
居申候忠兵衛と申者、右三郎兵衛家を借、焼たうふ(豆腐)商
売仕度と年寄喜平治申参候ニ付、吟味仕勝手ニ借シ申
候様ニ申付候事
未七月六日

一当寺千日参ニ例之通、目付中井孫助・木村勝右衛門、
同心目付村山富右衛門・山田与左衛門、町廻り両人同
心・方内不残御出、首尾能相済候事
未七月九日

一当山奥院道筋、阿弥陀堂之前石垣西方へ二間一尺はり(張)
出シ、地蔵堂弐ケ所水向共西方江寄せ申度儀、執行宝
性院・目代慈心院両所ゟ御願被申候故、今日為御見分
中井孫助殿・田中七右衛門殿、下役乾茂大(太)夫・遠藤郡
八郎、方内西村九左衛門、当院ゟ茂藤林孫九郎(好房)立合(会)御
改之上、右之場所両所之かまい(構)の所ニ付、成就院ゟ相
障候儀無之ニ付、手形仕候而藤林孫九郎印判ニ而差出シ

相済申候、手形留在之候事

未七月十九日

差上申口上書

一清水寺奥院へ之道筋、阿弥陀堂之前石垣西之方へ二間一尺積出、地蔵堂二ケ所水向番所等西之方へ寄せ、新規ニ雨覆建申度旨、執行宝性院・目代慈心院ゟ御願被申上候ニ付、今日為御見分中井孫助殿・田中七右衛門殿御出、場所御改之上、私御呼出し、此度之願所成就院ゟ相障候儀無之候哉と御尋被成候、右願所両院支配之地ニ御座候故、成就院ゟ相障候儀、曽而無御座候、以上

享保十二年未七月十九日

清水寺成就院役人
藤林孫九郎印

御奉行様

一今廿四日四ツ時分ニ慈心院ゟ慈(自)休参候而、此度石垣願之儀、首尾能御めん(免)ニ付、明廿五日小屋道具又石参候ニ付、手くるま二(仁)王門之上迄のほ(登)せ申度、若石たん(段)悪敷罷成候へハ、此方ゟ如何様にもいたし申度と相届候ニ付、勝手次第ニ被成候様ニ申遣シ候事

未七月廿四日

一上人様(隆性)今日和州へ用事ニ付御越被遊候、此度御出被遊候者、来申ノ二月ゟ奥院開帳ニ付、当寺朝倉堂之下ゟほ(掘)り出シ申候千手観世音、きやう(経)堂ニ而開帳仕度旨、当十五日ニ一乗院宮様(尊賞法親王)へ御願ニ御出被成候所ニ、高天法印取次ニ而被申上候所ニ、願之通ニ就被仰出、首尾能御帰り被遊候

未八月十五日

一　口上之覚

一(ママ)宗門人別改帳去年之通御認、来ル九月廿一日東御役所江御差上可被成候、為御心得申遣候、以上

但シ諸事去年之通、御心得可被成候

未八月廿一日

松尾左兵衛印

祇園社南かわ（側）　双林寺　七観音院　霊山正法寺
清水寺執行　同成就院　清閑寺　遊行法国寺　六波羅
蜜寺　若宮八幡宮　建仁寺門前北御門丁（町）
寿印院　坂弓矢町　愛宕念仏寺　東福寺門前目庵物堂
稲荷社　竹田安楽寿院　山科郷四之宮村十禅寺　山科安
祥寺

右御役者中

一宗門帳之廻状、執行ゟ当院へ参、写致、清閑寺へ三町
目行事ニ申付申遣候事
清閑寺ゟ参候受取在之候事

未ノ八月廿一日　　清水寺役人藤林孫九郎（好房）

一五条通安祥院、来申ノ年堂供養并暮夜三丁（町）目相廻り昼
夜十二時念仏修行仕、明年迄十四年ニ罷成、日数五千
日ニ相当り申候、依之来申ノ三月十五日ゟ同廿五日迄、
右堂供養并五千日廻向相勤申度儀御願申上候所ニ、首
尾能就被仰出、相済候事

享保十二未八月三日

右之証文写并此方被差出候書付在之候事、但シ証文奥
ニ在之候事

未ノ八月十三日

一門前壱町目せひ屋又五郎裏之方ニ明地（空）ニ壱間半ニ弐間
半、北方ニ間半一間半之庇縁を付、隠居家建申度旨、
絵図等以を（ママ）相願申候故、勝手次第申付候事

一御役所へ御願申上候絵図・証文之留在之候事

未ノ八月廿四日

一御幸御触状、霊山ゟ当廻り（山江）、写置、清閑寺へ四町目行
事ニ申付遣候事

未九月八日

一執行・目代・六坊中へ茂致写、四丁（町）目行事ニ申付申渡
候事

未九月八日

一宗門改帳、先達而東御役所へ差上ケ申候様ニ方内ゟ廻状参候得共、此度西御役所へ差上ケ申候様ニ又方内ゟ申参候廻状、執行・当院へ参、写置、清閑寺へ遣候事

未九月十八日

一宗門改帳先達而東御役所江御差上ケ被成候様ニ申遣候得共、西御役所江御差上ケ可被成候、尤日限之儀者先達而申遣候通、相替儀無之候、以上

未九月十八日

一宗門帳今日西御役所へ藤林孫九郎持参仕候所ニ、証文方鵜飼治五右衛門・田中郡右衛門・方内松尾左兵衛立合(会)之上、首尾能相渡し相済候事

未九月廿一日

一門前弐町目ふや(麩屋)町通仏光寺下ル町竹屋五兵衛持やふ(藪)道筋ニ松木壱間ニ壱本ツヽうへ(植)申度儀申参候得共、町内之儀故無用致候様ニ申付候事

未九月廿二日

一御幸御触状、霊山ゟ当山へ廻り、写置、清閑寺へ四町目行事ニ申付遣受取在之候事

未九月廿八日

一執行・目代・六坊中へ茂致写、四丁(町)目行事ニ申付申渡候事

未九月廿八日

一法皇(霊元上皇)様御幸御延引之御触状、霊山ゟ当山へ廻り、写置、清閑寺へ弐町目行事ニ申付遣シ候事

未九月廿九日

一執行・目代・六坊中へ茂致写、弐町目行事ニ申付申渡候事

未九月廿九日

一普明院(光子内親王)(宮)薨去ニ付御触状、霊山ゟ当山江廻り、写置、清閑寺江門前弐町目行事ニ申付遣候事

未十月七日

一執行・目代・六坊中へ茂致写、門前弐町目行事ニ申付申渡候事

未十月七日

一普明院宮様薨去ニ付鳴物停止之御触状、霊山ゟ当山へ廻り、写置、清閑寺江弐町目行事ニ申付遣シ受取有之候事

未十月七日

一門前弐町目鷹羽屋八郎兵衛家へ西寺内花屋町釘屋藤八家ニ居申候木屋作兵衛申者、右八郎兵衛家を借り、木屋商売仕度儀、年寄喜平次（治）申参候故、吟味仕差置候様ニ申付候所ニ、今日引越候故、年寄喜平次（治）召連今晩参候事

未十月十三日

一来申年日光御社参ニ付御触状、霊山ゟ当山へ廻り、写置、清閑寺へ門前弐町目行事ニ申付遣シ受取有之候事

未十月廿六日

一執行・目代・六坊中へ茂写致、弐町目行事ニ申付申渡候事

未十月廿六日

一門前三町目町中ゟ祇園領北側畑地之所有来り候水茶屋三ヶ所有之候所ニ、相残候地面東西拾五間、南北壱間半ニ水茶屋八ヶ所立申度儀相願申候所、御吟味之上、今日御赦免被遊、首尾能罷帰り申候、右之段年寄喜兵衛申参候、尤地面者祇園領ニ而候得共、百性（姓）者当門前三町目長兵衛所持致候畑ニ而外之出入無御座候、以上

未十月廿六日

一門前四町目守口屋善兵衛儀、此度請酒かふ（株）城州葛野郡地裏村伏見屋茂右衛門所持仕候請酒かふ（株）永代譲請、則

当門前四町目ニ而売商ニ仕候、以書付相願申候故、願
之通申付候事
　未
　十一月廿四日

一在々神事・仏事之御触状、霊山ゟ当山へ廻り、写致、
清閑寺へ遣シ受取有之候、三町目行事ニ申付遣シ候事
　未
　十二月二日

一執行・目代・六坊中へも写致候而、三町目行事ニ申付
申渡し候事
　未
　十二月三日

成就院日記三十

享保十九年

「（後補表紙）御日記

此一冊者年月難知、恐孫九郎（藤林伊助）之

時節乎、可考」

「（後筆）此記録一冊年月分り兼候、乍去此内孫九郎名跡子息伊
助与為改名与有之候、以是察ルニ藤林孫九郎之時分与
相見江候故、記録之始終相考候得者年月相分候」

（七月）九日　壬午　晴天　申ノ刻雨少シ降

一入来　被仰渡ニ付、午ノ刻ゟ入来 申ノ下刻帰宅、御酒・昼飯・夕飯出ス　寺田宮内
一同　仲光院
　来迎院
右御用ニ付出席　金蔵院
一入来　御酒・昼飯出ス　相楽排（ママ）州
一　清水理右衛門
一　高木権右衛門
一　油屋庄三郎
一例年重兵衛参り候へ共、他国故悴参り候　重兵衛悴
右四人、例年両日共諸堂へ番ニ頼出ス
一未ノ刻時ゟ境内不残当院ゟ見分ニ参り候、四町中年
寄・五人組召つれ（連）、宮本吉郎罷出候
一晩申ノ下刻、二条ゟ目付参り候而朝倉堂ニて休之節、
孫九郎出可被申候へ共、病死故、悴忠八名代罷出候
一同■《とり》刻過、四町目見せ物小屋大キニ致候故、年寄・五
人組・見せ物本人、朝倉堂へ被呼、吟味被致候故、当
院ゟも役人出候様ニ申来候ニ付、佐々主税被出候処、
役所へ断なく致し候之段、不吟味不届之由被申候ゆへ、
当年者古役人病気ニ付相延（ママ）りし者も先格とくと不存■■
■■■故ニ御座候、殊ニ町之者共不念之段ハ御了簡
被成候様ニと被申候へ共相済不申、為明日役人被呼出
候儀可有之候間、役者ニても被出候様ニと被申被帰候

十日　癸未　晴天

一(ママ)　　　　　　　　　中田三郎左衛門使
　　取次中村市兵衛

一昨日見せ物本人・四丁(町)目年寄・五人組、二条へ参り候

一入来酉ノ中刻ゟ入来、一宿夜食亥刻ニ出ス　　森本頼母

一酉刻、方内松尾左兵衛ゟ成就院役人御用之義(儀)有之候間、明四ツ時、役所へ罷出候様ニと孫九郎宿所迄申来ル

十一日　甲申　快晴

一昨十日左兵衛ゟ申来候故、宮本吉郎被遣候処、取次出て門前四丁(町)目者成就院御預ケ之処ニ、ケ様之義(儀)之御吟味之段不届ニ被思召候得共、此度者古役人者病気ニ付、勝手能存候者も無之故、何角間違之段被聞届候、其分ニ被差置候間、以後不念共なきやうニ役人中へ可申渡之由ニて帰り申候、右之段すくニ吉郎御里へも参り、雑掌中へ被申候

一　昼食後未之刻帰宅　　森本頼母

十二日　乙酉　晴天

一未ノ刻ゟ入来、夕飯出ス、夜ニ入酒出ス、亥ノ上刻帰宅　　森本頼母

一　両僧払方相談ニ付被参候　　仲光院
　　　　　　　　　　　　　　　来迎院

十三日　丙戌　晴天

一　巳ノ刻ゟ申ノ刻迄払方用事ニ付被参候　　来迎院

十四日　丁亥　晴天

十五日　戊子　晴天

一四丁(町)目六波羅道壱丁(町)程南之方ニて心中有之、昼時分見付申来候故、当町ゟ二条へ御断申候処、検使酉刻被参、安祥院ニ居被申候節、中村市兵衛被参候而、死人相改親類共呼出され口書参取、夜丑刻過相済、検使被帰候

十六日　己丑　朝曇、未刻ゟ夕立、同下刻晴

一昨日之死骸今未刻相済、南無地蔵へ取置候、右之口書
書上、公儀へ上り候通認、四丁(町)目ゟ持参致し帰り候
一此度松平右京大夫様御上京故、先例も当院ゟ参り候ニ
付、窺(伺)ニ以使僧知了被遣候、口上書控

口上書（中奉書横ニ二ツ切、上包美濃紙、上ニ上文字致し、下ニ清水寺成就院と書候）

一此度松平右京大夫様御上京ニ付、御見舞申上度奉存候、
先々も罷出来候故、罷出申度奉窺(伺)候、以上

清水寺
成就院印

寅七月十六日

御奉行所

東奉行所へ右之通弐通認被遣候所、先例罷出之例書致
し、明日早ク持参致し候様ニと被申罷帰り候、御月番
向井(正暉)伊賀守殿

十七日　庚寅　晴天、午ノ刻ゟ雷鳴、未ノ刻過ゟ
夕立、同下刻晴

一　（仲光院
（来迎院
清水理右衛門

一　昼頃礼ニ参ル、夕飯給帰ル

一昨日例書致し参候様ニ被申候ニ付、知了被遣候、口上
書控

口上書小奉書壱枚立付、上包美濃紙ニ而、上ニ上文字書、下ニ清水寺成就院と書

一此度■松平右京大夫様御上京ニ御見延(舞)申上度奉願候、
先々ゟ罷出来候先例

松平隠岐守様
酒井雅楽頭様
松平讃岐守様
井伊掃部頭様
榊原式部大輔様
阿部豊後守様
松平讃岐守様
松平出羽守様
酒井左衛門尉様
酒井雅楽頭様

右之通ニ御座候、此度雅楽(ママ)右京太(大)夫様江茂罷出申度

奉窺（伺）候、以上

寅七月十七日　　　清水寺
　　　　　　　　　成就院印

御奉行所

右之口上書相認、東役所へ被遣候処、追而此方ゟ御沙汰可有之由被申候而、遠方ニて有之間、十九日頃窺（伺）ニ出被申候様ニ被申渡候故帰り候、御月番向井伊賀守殿

十八日　辛卯日　晴天

戌上刻、西御屋敷組鵜飼次（治）五右衛門殿・深谷平左衛門殿、右両人ゟ口上書参候覚

明十九日、松平右京大夫様清水寺御巡見ニ付、於其元御休息可被遊度ニ候、此段申進候様ニ筑後守（本多忠英）被申ニ付、如此御座候、以上

七月十八日　　　鵜飼次（治）五右衛門
　　　　　　　　深谷平左衛門

清水寺

成就院

右之返事

明十九日、松（平）右京大夫様当山御巡見ニ付、於当院御休息被遊候由仰趣、奉畏候、以上

七月十八日　　　清水寺
　　　　　　　　成就院

鵜飼次（治）五右衛門様

深谷平左衛門様

同夜諸堂伽藍廻り、当院境内掃除何角拵、寺中門前人足申付候

一一山へ御出之趣、口上ニて申遣候事

一申ノ中刻入来夕飯出し一宿　　森本頼母

十九日　壬辰日　晴天　八ツ時雨降、同下□（刻）夜晴

一今度御上使松平右京大夫様御案内、御同道御町奉行本多（忠英）筑後守様、午ノ上刻諸伽藍御巡見、当院へ御入被成、麁□之御料理進上仕度と申上候処、筑後守様御差図ニ

而、二汁五菜、御茶・同御菓子品々出候事
一当山諸伽藍之帳面、用人衆迄相渡□
一役人藤林伊助忌中ニ付、伯父森左平、右之御案内ニ境
内さかい（境）まて罷出候事
一当院代ニ仲光院御案内ニ罷出候事
一今日御出之御礼ニ、右京大夫様御旅宿へ仲光院参候、
口上書覚
今日当山御巡見被為遊被下、当院へ御入被為遊、難
有奉存候、右御礼奉申上候、以上
清水寺成就院代
七月十九日　仲光院
一両町御奉行へ右之御礼ニ参候口上覚
松（平）右京大夫様、今日当山御巡見被為遊被下、当院へ
御入被為遊、難有奉存候、右御礼奉申上候、以上
清水寺成就院代
七月十九日　仲光院
一松（平）右京大夫様へ罷出候義（儀）、東御役所へ今日罷出候様ニ
被申聞候ニ付、〇智（知）了罷越相済

「〇（別紙）知了被参候処、此間之例書者何れ茂御上使計之有之
候間、就御用御上京被成計、先々之書出シ参候様ニ被
申渡候ニ付、罷帰り候」
一右京大夫様御用人首頭浅井宇右衛門殿
一懸物上段ニハ狩野探信四霊竹ノ卓、鶴香□
一大床ニハ唐ノ米元章（米芾）ノ大幅物
一申ノ下刻貴（帰）宅　森本頼母
廿日　癸巳　晴天
一昨日例書致直し候様ニ被申渡ニ付、今日知了被参候、
口上之覚
口上書
一就御用御上京被遊候節、御見舞申上候先例
米倉丹後守様
稲垣対馬守様
秋元但馬守様
水野和泉守様
松平伊賀守様

右之通ニ御座候、此度松平右京大夫様へ御見廻(舞)申上度
奉窺(伺)候、以上
清水寺
子七月廿日　成就院
御奉行所
右之通認被遣候処、首尾克相済、勝手次第ニ出候様ニ
被申渡候ニ付、西御役所へも御届申罷帰候
一未ノ中刻、松平右京大夫様ゟ御使者参り、昨日御出被
成候ニ付、観音へ為御初尾白銀壱枚被遣、次ニ白銀弐
枚御料理上ケ候為御礼被遣候ニ付、使者座敷へ通し盃
出し候処、達而断被申候故出し不申、被帰候、使者山
崎四郎兵衛
廿一日　甲午　晴天
一昨日右京大夫様ゟ御使者参り候、返礼ニ代僧金蔵院被
遣候、口上書控
口上之覚 中奉書二ツ切

昨日者従右決(欠)字京太(大)夫様御使者○為御初尾白銀壱枚幷御目
録○白銀弐枚被下置、難有奉拝納候、右為○御礼以代
僧申上候間、宜鋪御取成被仰上奉願候、以上
清水寺成就院代
七月廿一日　金蔵院
御札箱入　上包中奉書、但シ白紅水引ニくゝり 壱重くり台
煮梅　一器 不箱入　壱重くり台
巳刻 右金蔵院被参候、取次瀧田善左衛門
御返答
昨日以使者被申入候処、右為御挨拶御礼幷一品被
進、御入念之儀ニ被存候、右之旨宜申入由
右之通ニ而相済申候、午ノ刻帰寺
廿二日　乙未　晴天、朝四ツ時分迄曇
午ノ上刻 一禁裏御所御代参　瀧野民右衛門
料理出、御札如例差上ケ候
廿三日　晴天　丙申

一小笠原右近将監殿ゟ代参荒木次太夫、此度御帰城ニ付
御祈禱申来候

廿四日　丁未　晴天

一本多（忠英）筑後守殿へ、先日右京太（大）夫様ゟ御使者被下候故、
右之御礼以使僧申上候、口上之覚

口上書

一松（平）右京太（大）夫様御順（巡）見之節、当院へ御入被遊被下候、其
後御使者御初尾并御目録被下置候、偏筑後守様御取次
故、忝仕合ニ奉存候、右為御礼以使僧申上候間、右之
段御序之刻、宜様ニ御取成奉願候、以上

清水寺

七月廿四日　成就院

廿五日　戊申　晴天

一昨日御諸（所）司代土岐（頼稔）丹後守殿へ礼ニ出候様ニ申来候故、
仲光院被参候、礼八ツ時ゟ七ツ時迄首尾能相済被帰候
事

一右御礼罷出相済候段、両御奉行所へ届ニ参候事

一小笠原右近将（監）殿へ御札箱入差上、使僧知了被遣候

廿六日　己酉　晴天、八ツ時ゟ曇雨天

一今度御上京ノ松平右京太（大）夫様当山へ御越、当院へ御入、
御料理進上致し首尾克相済候、右為御祝儀寺中門前年
寄組出入等へ夕飯振廻（舞）申候事

一未ノ刻、森本頼母殿入来

一孫九郎（藤林伊助）名跡子息伊助、名改孫九郎と申、門前年寄出入
等之役人被相勤ト申渡し、御里森本頼母殿へ申渡候事

一松平右京太（大）夫様御内浅井宇右衛門殿ゟ御吏（使）者片柳和介
御吏（使）として御初尾金子百疋持参、受取遣候事

廿七日　曇、四ツ時ゟ雨風吹降
庚戌　晴天

廿八日　辛亥　曇、四ツ時ゟ雨風吹降

一煮梅壱器　一乗院宮（尊賞法親王）様御里坊へ

右者当廿六日ニ御上落（洛）被遊候為御見舞、使僧恵海へ被
遣候
一一昨廿六日、浅井宇右衛門殿ゟ使者初尾参候ニ付、御
札被遣候、口上之覚
　口上書
一松（平）右京太（大）夫様先日当山御順見（巡）之節、当院へ御入首
尾宜、偏ニ貴公様御取成故と忝奉存候
一昨日其元様ゟ御使者御初尾御奉納ニ付、於宝前御祈
念申御札進上仕候、随而是式ニ御座候得共、手掛ニ
進上仕候、尚期後顔時候、以上
　　　　　　　　　　　　　　　清水寺
　　　　　　　　　　　　　　　　成就院
　七月廿八日
右以使僧恵海被遣候処、他出故申置帰り候
一右之処へ参候ニ付、右京様へも御見舞申上候名札

清水寺成就院代 泰産寺

　廿九日　壬子　夜ゟ雨風甚、七ツ時晴、其後少々
　　降
一昨日浅井宇右衛門殿へ御札差遣し候也、為返礼使者徳
永半七、東山寒焼餅折持参被致候故、口上請取書之控
一浅井宇右衛門様ゟ御菓子一品被進、忝受納仕候、
以上
　七月廿九日　　　　　　清水寺成就院代内
　　　　　　　　　　　　　宮本吉郎
　　　徳永半七殿
　卅日　癸丑　晴天
　八月朔日　甲寅　晴天
一入来　宝徳寺
一〃　南蔵院
一〃　金蔵院
一〃　佐々主税

一〃　　　　　　　　　水野半介

　二日　乙卯　晴天

　三日　丙辰　曇、午刻時雨少降、未刻ゟ晩方至晴
天

一一乗院宮様御見舞（尊賞法親王）
　　東山寒焼餅一折
　為金子百疋菓子料
右中蔵院被遣候

一本多中務大輔殿（忠良）ゟ返状

一同家老佐野《梶金平》一郎右衛門
河合兵左衛門ゟ返状
使植柳甚四郎受取ニ通遣候

　四日　晴天

　五日　晴天

六日晴

一此度霊元院様（霊元上皇）御三回忌御法事、泉涌寺ニて有之候、御奉行甘露寺様（規長）御出被成ニ付、御見舞申上候、使僧知了被遣候

一申ノ上刻、寺田宮内殿御出来、夕飯出し、夜戌ノ刻帰宅、仲光院を院代ニ被仰付候旨御申渡也

　六日　曇、申ノ刻風少し吹雨降、夜ニ入大風・大
雨

　七日　雨天、風少し吹、夜ニ入大風・大雨、夜
七ツ時ゟ晴

　八日　晴天

　九日　晴天

十日　晴天
十一日　朝曇、四ツ時ゟ晴天
十二日　曇、七ツ時ゟ雨少シ降、夜五ツ時晴
十三日　晴天
一御里坊へ高天法印御上り、不快之由、為御見舞使僧恵
海被参候、求肥一箱遣ス
十三日（ママ）　清（晴）天
十四日　晴天、夜四ツ過ゟ雨降、夜七ツ時晴
禁裏様御代参、当院御札差上候
十五日　晴天
十六日　晴天

十七日　晴天
十八日　晴天、夜ニ入雨少シ降
一角倉与市ゟ使者一柳九郎兵衛、八朔之返礼として
一養心院殿ゟ代参、白銀壱封、十二燈弐包持参
十九日　曇、七ツ時ゟ晴天
廿日　晴天、夜寅刻時ゟきり（霧）ふる
一乗院宮様へ御見舞、保命酒差上候、代僧仲光院被参
候
廿一日　晴天、五ツ時迄きり（霧）ふる
廿二日　雨天
廿三日　晴天

廿四日　晴天、朝曇

廿五日　晴天

廿六日　雨天、夜ニ入、雨■つよし

廿七日　雨天、晩方晴

廿八日　晴天

廿九日　晴天

九月朔日　雨天

二日　雨天

三日　曇

四日　晴天

寺田宮内殿入来
五日　晴天、昼ゟ■降

六日　雨天

七日　晴天

八日　晴天

九日　曇

十日　雨天

十一日　清(晴)天

十二日

松平石見守殿・桑山下野守(元武)殿、御取次三人、石原内蔵助殿・角倉与一（玄篤）殿・木村惣右衛門殿・同御子息、石見守殿御息御両人、浦道采・宮田氏御同道ニ而御出、四ツ半比御入来御出、晩五ツ前ニ御帰被成候、尤山へも御出被成、知了・市兵衛案内ニ参候、料理方二汁五さい（菜）、十三日知了右之御礼遣ス、中井氏御出無之候

十三日　清（晴）天

十四日　清（晴）天

十五日　清（晴）天

十六日　清（晴）天

妙心寺隣（華）花院御出

九月十六日

一無字（地）之手鏡箱入壱組　甘露寺（規長）様へ進上也

一菊流之蒔絵文庫壱つ

一山水蒔絵硯箱壱つ

以上六色

一桐春慶茶箱　茶碗茶入　入壱組、外袋共ニ

一常修院宮（慈胤法親王）御作竹花生箱入壱つ

一建部内匠殿作焼物花生壱つ箱入

〆六品進上致候、孫九郎（藤林伊助）持参

十七日十八日

十八日ニ例之通、御巻数禁裏様へ上ケニ知了参候事、大すけ（輔）殿へ松茸進上候也

十九日　晴天

廿日　晴天

廿一日　晴天

一広橋（勝胤）殿ゟ使者浜路一学被参、来ル廿四日広橋殿当院へ御出被成、則松茸御取被成度旨、弁当持参被成、当院之差構無之様、差支無之候ハヽ、御出被成度旨被申候ニ

付、役人罷出候間、帰り次第申聞せ、此方ゟ御返事可申入と申候ニ付、罷帰り被申候、以上

九月廿二日

一昨日浜路一学見ヘ候ニ付、右之返事知了房ゟ遣し候手帋之覚

昨日者御出被成得御意、大悦ニ奉存候、然者来ル廿四日御出被遊候儀、役人共へ申達候処、何之差支無之候間、御出被遊候様被仰上可被下候、尤此方ニてハ何之用意不仕候間、左様之思召可被成候、相応御用等無御遠慮可被仰下候、以上

右之通認、一学迄知了方ゟ手帋遣し候処、弥廿四日御出可被成旨被申越候

廿三日　雨天

一広橋(勝胤)殿内浜路一学ゟ知了房迄書状参候、手帋之覚

以手帋申入候、然者明廿四日之義(儀)、俄差支之義(儀)出来候ニ付御延引被成候、左候ハ、来廿八日御出可被成候、夫共雨天御座候得者被指止候、左之様ニ御心得可被下候、右為御理(断)如是御座候、以上

九月廿三日

猶々明日者御延引被成、来ル廿八日天気も能御座候ハ、御出可被成候、貴僧様ニも何角御心遣共ニ而可有之候と存候、御勝手方之衆中へも宜御挨拶頼入存候、以上

右返礼之覚

以手帋拝見、然者明廿四日之義(儀)、俄御差合御座候ニ付、廿八日ニ御出可被遊由得其意候、廿八日ニ天気も能御座候ハ、御出被遊候様ニ宜被仰上可被下候、此方ニ者何之差支無御座候間、廿八日ニ御出可被遊候、以上

九月廿三日

猶々勝手方者ニも宜敷可申入候、以上

右之通相認遣し申候、以上

廿四日　雨天

廿五日　晴天
一延紙十束　　興福寺
右之■首尾克相済候也、返礼参候
廿六日　清（晴）天
廿七日　同
廿八日　同
本多（忠良）中務大輔殿御代参、田村兵介御出、御札町宿迄持
せ遣候也
廿九日
松平信濃守殿留主居馬渡市佑ゟ状来ル、三ケ年之間音
信贈答相止候ニ付、参勤之節、大津・伏見へ音物ハ勿
論、使僧ニ而も無用之由被申越候
一なし（梨子）地硯箱一ツ　　寺田宮内
一黒ぬり（塗）松の蒔絵文箱一ツ　　遣ス
〆両品
右者仲光院・来迎院手帋添《そへ》遣申候
一吸物椀十人前　　森本頼母
一提たはこ（煙草）盆一ツ
〆二品
右者仲光院・来迎院手帋添遣ス
十月朔日・二・三日
同四日
広橋様御出
同六日、広橋家浜治（路）一学ゟ知丁方へ御礼状来ル
同日、御在番御目付徳山五兵衛殿東山筋御巡見、当院御
昼休、御家内（案）ニ領境へ孫九郎（藤林伊助）出向申候、西門迄仲光
院・知丁召連出被申候、寺へ金蔵院参被申候、七ツ時
分御立被成候而、右御礼ニ知丁参申候、御目付御屋
敷・両御奉行所へ御礼ニ参候事
一同十一日御制札之写、以書付東御役所ニ向井伊賀守（政暉）殿

へ仲光院被致持参候、右之控委細有之候

同廿二日

白銀壱両、霊山正法寺覚阿弥へ遣ス、右者大神宮造立
能有之候ニ付、中海伊右衛門使者ニ遣申候

同日

延紙三束　　藤林孫九《（伊助）》郎

右ハ孫九郎自分之音信ニ遣ス

右二品壱所ニ遣申候　　志かま《（鹿間）》

返礼三枚　　寺へ参候

同　三枚　　孫九郎へ参候

同廿三日ゟ西門之屋祢《（根）》棟之瓦おろし輪違取、のし瓦計
致、棟つゝミませ候ニ付、志かま《（鹿間）》塚ゟ門之丑寅ノ角へ
はしご《（梯子）》掛通致候、就夫執行へも見越候ニ付断申候、則
廿三日朝中村市兵衛遣シ申候処、新福寺逢申、普請之儀ニ候間、
いか様共勝手能様被成候へと被申候

十一月朔日

中山儀同殿薨去ニ付、為御悔知了房参候

十一月六日

一白井八郎様御立寄被成候

同八日

一松平右京大夫様ゟ返状、御家来浅井宇右衛門殿ゟ返
状来ル

右ハ三井三郎左衛門ゟ届申候

十一月七日

一綏心《（賢雅）》院殿・甘露《（規長）》寺殿御出

同八日

一仲光院後住宥歳房入院祝儀ニ参喜申候

一隠居乗仙房・寿命軒、今度御里御改被成候

同十日

御所司　　両町御奉行

一土岐丹後守（頼稔）様、本多筑後守（忠英）様・向井伊賀守（政暉）様御同道御
巡見、当院へ御入、菓子・茶・煙草盆進申候事、院代
乗仙名札持参、御案内出申候
当山初而御巡見也、首尾よく相済候事
大床探幽三幅対、上段四霊弐ふく（幅）
右之御礼ニ御諸司（所）・中井主水殿（正豊）両御奉行所江直ニ泰産寺参候

十一日

一色餅弐枚　　甘露寺殿
広橋（勝胤）殿御姫君御養子ニ被成候御祝儀ニ
昨十日丹後守殿当山御巡見、当院へ御入被成候由
申進候

一色餅三枚　白台　　広橋殿
右ハ姫君甘露寺家へ被遣候御祝儀ニ

十一日

一こんふ（昆布）廿本　　葉室（頼胤）殿へ
武家伝奏ニ被仰付候御祝儀ニ
右三軒へ　左平遣ス

十四日

一水菜一筒　　土岐丹後守殿
一同　　本多筑後守殿
一同　　向井伊賀守殿

同十四日夜

丹後守様御制札、明十五日十六日四ツゟ八ツゟ（迄）之内、
請取ニ参候様ニ申、伊賀守様ゟ申来候ニ、同十五日ニ
代僧して金蔵院向井伊賀守殿へ請取ニ参候、与力田中
七右衛門・上村市兵衛ゟ被相渡候、小帳ニ請取仕候

一土岐丹後守様御制札之御判紙壱通・板札壱枚、串共御
渡シ被成、請取申候、以上

清水寺
成就院代

寅十一月十五日　　金蔵院

御奉行所

御役人中

即刻丹後守（土岐頼稔）様へ御礼参候、口上ニて申上候

筑後守（本多忠英）様御礼参候口上

今日、御制札東為（於）御役所頂戴仕、難有奉存候、右之御

礼申上候、以上

寅十一月十五日　　清水寺

成就院代

金蔵院

熊倉市兵衛取次

同十六日

御制札立申候玉垣致直シ申候

同十七日、子寮浅（朝）倉堂ニ而修法、来迎院被致候

本間八左衛門方大根百五拾本遣ス

廿一日

一使僧　　松尾左兵衛

知了房　　出勤之祝儀

廿三日

一引地ニ首くゝり相果申候者有之候、委細孫九郎（藤林）日記ニ

付置

廿六日

一武家伝奏ニ被仰付御祝儀、使者佐（左）平遣ス

晦日

一水菜三十本籠入

一乗院宮様（尊賞法親王）へ歳暮之御祝儀ニ知了参候

「（後補裏表紙）文政五壬午九月

表紙付仕立直

清水寺
成就院」

成就院日記三十一

享保二十一年（元文元年）

（原表紙）
「元文ト改
享保廿一丙辰天
日記
正月吉祥日　」

三月

一三月十三日、執行宝性院正真ゟ為使与新助差越、市兵衛迄之口上、今日院主石山寺へ参詣被致候ニ付、何れ茂供仕参り候、帰りニ見請候へハ、瀧之下藪垣致候処、其元御支配之松枝打取候而垣仕有之、驚入帰り候而、吟味仕候へハ、当季召抱候新参者計参り様子不存、近比不調法成儀仕候而気毒千万ニ存候、此段御役人中迄御断御申入被下候様ニと申越候、依之新助へ相尋候ハ、其垣之儀ハ其元御壱分ニ被成候哉、又ハ慈心院も立合（会）ニ而候哉与相尋候得ハ、執行・目代立合（会）ニ而仕候与申候、然ハ只今之御使ハ執行御壱分之使ニ候ハ、如何と相尋候へハ、執行・目代両役人ゟ之使ニ而御座候、尤右口上之趣ハ正真申越候、慈心院ニも様子存知候、文内致他行無人故下人計罷出候故、右之不調法仕候段申候、依之此方ゟ申遣候ハ、尤役人中出合不被申、新参者故と申なから、近比以不調法之至ニ候、被帰候者御口上之趣致承知置候、相役共致他行候間、帰り候者御使口上之趣可申聞与申遣候

一三月十四日早朝、執行ゟ正真被参、市兵へ迄被申入候口上、昨日何れ茂致他行候跡ニ而瀧之下藪垣致候処、御支配之松枝折取候而垣仕候趣、帰りかけニ見請驚入、帰院候而早速吟味仕候処、右之通皆々他出仕、六右衛門計寺ニ罷有候、此者年罷寄用立不申、見分ニ参り候者無之、新参之下人計参候而様子不存、右之通、近比以不調法義（儀）仕候、此段御役中迄御断御申入可被下候、尤垣ニ仕候松枝之儀、如何可仕候哉、預御了簡度旨被申候、市兵へ被申進候ハ、右之趣追而役人共へ可申聞

候、段々御断之上ニ候へハ、垣ニ被成候松枝之儀、別
条有間敷候、兎角御出之趣、役人共へ可申聞旨申遣候
一松尾左兵へ方ゟ手紙来
以手紙致啓上候、然ハ明廿一日八ツ時、西御役所へ
清水寺御役者御壱人御出被成候様可申進旨被仰渡候
間、左様御心得可被成候、此段公事方ゟ被仰渡候、
以上
三月廿日　松尾左兵へ
藤林孫九郎（伊助）様

三月廿一日
一寿命軒西御役所へ御出、公事方ゟ被申渡候ハ、惣而寺
方身持悪敷段及御聞候、向後急度相慎候様可被致候、
重而不埒成事候ハヽ、急度可被仰付候、此段寺家末寺へ
も急度被申渡候様ニと被申付候

廿二日
一右被仰渡ニ付、執行・目代・六坊へ、権之進為使右之
趣申遣候

参

三月廿四日
一壱町目年寄三郎兵衛役儀赦免之願ニ付、跡役海老屋毘
沙門屋勘兵へへ年寄申付候、組頭ハ末広屋次郎兵へへ
申付候、為目見右両人三郎兵へ致同道来、尤三本入持
参

三月廿六日
一鎮守地主御旅所之儀ニ付、去年四月御旅之節ゟ正印房
田神権之進与（伊予房与）争論有之、依之此度御旅所之儀相止、
前々之通ニ神事相勤申度、町奉行所本多筑後守（忠英）様へ御
願申上候、口上書之趣左ニ留置
乍恐奉願口上
一清水寺境内五条通之南於畑地当山鎮守地主権現御旅所
之儀、去ル享保十八丑年八月、右御旅所畑地主修験者
伊予房地頭迄相願候ニ付、願之趣を以御願申上候所、
無滞被仰付、難有奉存、両年御旅相勤申候、氏子共最

初願候ハ、所之にきわひ（賑）ニも成り可申様ニ奉存候所、曽
而にきわひ（賑）ニ成申儀無御座、却而物入等多御座候上、右
伊予房与地主神主権現神主（社役人）与申分有之、殊更於彼場所
ニ両度迄自害人等御座候而、甚難儀ニ御座候故、御旅
所之儀相止、前々之通、神事相勤申度奉願候、右御旅
所之儀、最初伊予房連名を以御願申上候儀ニ御座候故、
此度一同ニ御願申上候様申聞せ候へ共、得心不仕候間、
被召出、御旅所相止候儀被為仰付被下候様ニ奉願候
右之通被為仰付被下候ハヽ、難有可奉存候、以上

清水寺役人

享保廿■壱辰年三月廿六日　藤林孫九郎印

地主権現神主（社役人）　田神権之進印

惣氏子中

御奉行様

右之趣を以御願申上候所、願之通被仰付、猶伊予房被
召出可被仰付旨ニ候、公事役中井孫助被申渡候
一伊予房被召出、右之趣被仰付候所、願書差上候、左ニ
留

奉願口上書

一清水寺地主権現例年四月九日御神事之節、山伏教学院
と申者、四代已前ゟ五条遊行之辻ニおゐて献神供、天
下安全之御祈禱相勤来り候を○拙僧筋目之者ニ付相続
仕来候処、三年以前清水寺役人藤林孫九郎与相対之上、
例年四月朔日ゟ同九日迄、拙僧持地千日林と申所ニ御
旅所奉願、御赦免被成下、則去年迄採燈護摩御祈禱相
勤申候処、今年ゟ旅所ニ神輿差置候義（儀）を相止メ申度旨、
此度孫九郎御願被申上、願之通被仰渡奉畏候仰付候段、
昨日拙僧被召出被仰渡、奉畏候、併御祈禱之儀ハ前々
ゟ相続いたし来候処、至今年退転仕候段、千万歎ケ敷
奉存候、依之旅所之儀ハ、最早御願可申上所存茂無御
座候間、例年四月朔日ゟ同九日迄、右千日林ニおゐて
採燈護摩御祈禱△執行仕度奉願候、乍恐以御慈悲、願
之通被仰付被下候ハヽ、難有奉存候、以上

享保廿一年辰三月廿八日

聖護院宮下

大先達

伊予房印

御奉行様

○五条遊行前之辻ニおいて神供献、御祈禱相勤来候儀ハ、数拾年之儀ニ御座候、四年以前ゟ拙僧筋目之者ニ付、右之儀相続仕来申候、四年已前ゟ初(始)り候義(儀)ニ而ハ無御座候

△千日林ニ而仮屋を建、護摩執行仕候ハ、四年以前御願申上、三年以前ゟ神輿御旅所へ御出之年ゟ初(始)り候義(儀)ニ御座候、当年ゟ神輿御旅所へ御出無御座候而も、此義(儀)ハ相勤申度奉存候

此弐通りハ右相改之所ニ下札ニ致有之候

右之通伊予坊口上書差上候ニ付、此趣如何候や、此方ゟも口上書差出候様ニ有之、口上書仕候而此方ゟも差出申候、左留置也

乍恐奉申上口上

一清水寺地主権現神事、例年四月九日ニ相勤申候節、神輿清水寺境内御廻り、五条通遊行前之辻ニ而神輿御休被成候、此所ニ教学院と申山伏御座候而、神供・三す(御簾)等備申候、右教学院退転仕、此場所西本願寺大谷講中買得仕、大谷道ニ成り申候故、只今ハ御堂役人ゟ神供・三す等備申候、近所義(儀)故、料物を以伊予坊やとひ(雇)候而供シ被申候、古来ゟ之筋目を以伊予坊相勤申儀ニ而ハ、曽而無御座候所、筋目を以仕来之様ニ申成候者之儀ニ御座候へ者、後々何角と差障之儀出来之程も気之毒ニ奉存候間、紛敷無御座候様ニ被仰付被下候様ニ奉願候、尤被相頼候而供シ候義(儀)ハ、此方相構申義(儀)無御座候事

一四月朔日ゟ同九日迄御旅相勤候儀、此度相止申度旨御願申上候所、願之通被為仰付難有奉存候、就夫伊予坊御願申上候ハ、神輿御出無御座候而も、年々護摩執行仕度旨御願申上候得共、神輿御出無御座、護摩執行仕候而ハ、弥以後々何角与紛敷差障多迷惑ニ奉存候間、護摩執行仕候義(儀)相止候様ニ被仰付被下候様ニ奉願候

右之通被為聞召分、願之通被為仰付被下候者、難有可奉存候、以上

享保廿壱辰年四月三ゝ

清水寺役人
藤林孫九郎(伊助)

地主権現神主社役人
田神権之進ゝゝ

氏子中

御奉行様

右之通、口上書差上候ニ付、大谷講中被召出御尋被成候所、講中之儀、委細様子不存候由申ニ付、罷帰り候而様子能存候者罷出候様被仰付候故、翌日口上書差上候、尤此方ゟ申上候口上書之趣故、無別条相済、遊行前年寄共も被召出様子御尋被成候上、伊予坊被召出、護摩之義(儀)相止候様ニ被仰付護神供・三す(御簾)備候事筋目無之段、急度被仰渡候上、孫九郎御召被成、願之通、伊予坊へ申渡候間、左様ニ相心得旨、首尾能被仰付候

四月晦日

一速水左衛門尉・河端右馬権助ゟ手紙来

一筆致啓上候、昨日年号元文与被改元候、此旨可申入旨本所御命候、恐惶謹言

四月廿九日
河端右馬権助
景輔
速水左衛門尉
頼益

成就院殿

此方ゟ返答

貴翰拝見仕候、然者昨日年号元文与御改元之旨被仰下奉得其意候、恐惶謹言

四月廿九日
成就院
清嶺

河端右馬権助様
速水左衛門尉様

五月廿七日

一奥之阿弥陀堂西之石垣崩候ニ付、此方支配石段之上へ崩懸り申候ニ付、慈心院ゟ為断使僧差越候口上、此度石垣其元御支配之地へ崩懸り申候、急ニ形(片)付候事難致

候間、先通筋早速ニ明（開）させ可申候、為御断以使僧申入
候旨申越候

口上之覚

一清水寺奥之弥陀堂前、宝性院・慈心院支配之石垣、先
月廿七日ニ崩候ニ付、此段御届奉申上候、已上

辰六月三日　　清水寺
成就院

御奉行所

口上之覚

一清水寺本堂為修覆、本堂之内勧化所弐ケ所しつらひ（拵）勧
化仕度旨、去ル享保十年御願申上、願之通被仰付候、
右勧化場弐ケ所之内、西之勧化所、当分取置申度、此
段御届奉申上候、已上

辰六月三日　　清水寺
成就院

御奉行所

七月晦日

一西門之下くりやう（公領）之場所へ宝きやういんとう（篋院塔）立申度、
尤西門之講（構）ニ成り不申様可致、くりやう（公領）之儀故、執行
慈心院へも相届候旨、六坊延命院ゟ使を以断申越候、
別条無之段申遣候

八月七日

一執行慈心院ゟ為使新助来、先達而弥陀堂前石垣崩候土
石、地主石垣之辺ニ取除ケ申度候間、御届申入候旨申
越候、役人共へ可申聞旨、市兵へ被申遣候

十一月七日

一来ル霜月十五日御入内ニ付、当九日ゟ一七ケ日御祈禱
仕様ニ大典侍様ゟ御文来ル、御撫物・白銀壱枚来ル、
御代参寺沢文治殿被参候、食酒出之、御文之返事被遣
候、別ニ文治殿へ請取差遣候

十一月

口触

一今度松平大和守(明矩)上京逗留中、寺社之面々見廻幷使僧等
差出候之儀可為無用候、乍然前々か様之節罷出候寺社
方ハ格別候之条、来ル十八日迄ニ此方被相伺可被得差
図候事
右之趣、洛中洛外之寺社方へ可相触候事
辰十一月
右之通、就被仰出申進之候、以上
元文元辰十一月　松尾左兵衛

十一月十二日
一今度御入内ニ付、為御上使松平大和守様御上京ニ付、
窺(伺)御機嫌罷出候義(儀)、御奉行所へ届之趣
口上之覚
一今度為御上使松平大和守様御上京ニ付、御見廻申上度
奉窺(伺)候、前々ゟ罷出候故、此度も御見廻申上度奉願候、
先例書別紙仕差上候、已上
辰十一月　清水寺
成就院印

御奉行所
先例書之覚
壱松平隠岐守様　弐酒井雅楽頭様　三松平讃岐守様
四伊井(井伊)掃部頭様　五榊原式部太夫(大輔)様　六松平下総守様
七阿部豊後守様　八松平讃岐守様　十酒井左衛門尉様
九松平出羽守様　十一酒井雅楽頭様　十二伊井(井伊)掃部頭様
右之外へも前々ゟ罷出候、以上
辰十一月　清水寺
成就院
右之通、使僧ニ而御奉行所へ御届申候、勝手ニ罷出候
様ニと有之候、両御奉行所へ相届申候
月番東御役所与力証文方真野久次郎殿へ相届相済申
候、西御役所ハ玄関取次中ニ相届申候
霜月十六日
一御入内ニ付、去ル九日ゟ一七ヶ日御祈禱被仰付、十五
日満座之所、御入内御当日故、御巻数・御撫物等今日
献上、大典侍様へ山薯蕷壱台進上仕候

十一月廿日
一松平（明矩）大和守様為御上使去ル十八日御上京ニ付、為（伺）窺御
　機嫌今日院代寿命軒参上
同
一右御機嫌伺相済候、為御届両町奉行所へ直参、尤口上
　覚書、左之通
　　口上之覚
　松平大和守様江今日御見舞申上候ニ付、
　右御届申上候、以上
　　　　　　　　　　清水寺成就院
　　十一月廿日　　　　院代寿命軒
　御奉行所
「（原裏表紙）
　清水寺
　　成就院」

「（後補裏表紙）文政五壬午九月
　表紙付仕立直シ
　　清水寺
　　　成就院」

成就院日記三十二

元文三年

「（後補表紙）元文三戊午年
御日記
従正月至十二月」

「（原表紙）元文三戊午年
御日記
従正月至十二月」

元日　寅　快晴

一卯刻若水御手洗相済、寺中為御礼参上、則於御書院御口祝、大福被下候也、相済御盃被下、其以後御雑煮御祝被遊、寺中御相伴

一辰半刻過、一山不残御礼御出、何茂被仰置候也、其後諸堂御参詣、本堂江茂御参詣被成候也、御供吉見主水・藤林孫九郎（伊助）・森本増十郎・中貝（海）伊右衛門・院代寿命軒・知（智）光坊也、午刻過、御帰寺

一御境内年寄其外御礼、於御書院御請被成也

二日　卯　晴　申半刻ゟ雨下

一卯刻過、本堂御出仕、其外諸堂御参詣也、御供主水（吉見成連）・伊右衛門・増十郎（森本）、院代智光ハ御先ニ参、辰半刻御帰寺

三日　辰　晴

一今朝茂如前日本堂御出仕、其後御出初ニ祇園社御社参、東寺へ御参詣、其外所々江年礼御勤被成候也、御出門辰半刻過、御供藤林孫九郎・森本増十郎・中貝（海）伊右衛門、今壱人、御帰寺申刻前

四日　巳　快晴

一今日二条諸司（所）代其外町奉行衆御礼御勤、御出門卯半刻、丹後守（土岐頼稔）殿御対面、御家老・用人方へ者御使僧被遣、其

外御出之所々左ニ記之、御供吉見主水・森本増十郎・
中貝（海）伊右衛門、今一人智光坊
一御出之所々如左
諸司土岐丹後守（頼稔）殿・町奉行嶋長門守（正祥）殿・同向井伊賀守（正暉）殿・小堀仁右（惟貞）
衛門殿・石原清左（正利）衛門殿・秋山吉右衛門殿・松波五郎（嘉基）
右衛門殿・御附松平石見守（忠一）殿・御附桑山下野守（元武）殿・中井主水
殿・三輪七之助殿
倉橋三位（泰章）様・広橋頭弁（兼胤）様・梅浜前中納言（通条）様・園様・冷伝奏
泉前大納言（為久）様・同葉室前大納言（頼胤）様、右御両卿江者武家伝
奏役御出被成候也、近衛様・一乗院宮（尊賞法親王）御里坊・甘露寺
様・倉橋二位（泰貞）様・綏心院（賢雅）様
右之御方様江者御直ニ御出
難波様・園池様・今城様・押小路様・飛鳥井様・高倉
様・二条御城番衆・両御番頭衆也、西之御門迄使僧遣
ス、奈佐清大夫殿・沢平八殿・海野源五郎殿・井上三
郎兵衛殿・諸司家老逢屋猶右衛門・同用人園部三郎兵衛・速水長門（頼益）
守・川（河）端右馬権助（景輔）
右之所々使僧智光坊相勤候也、当年始（初）而故、御供先ゟ
使僧遣候而殊之外間違候、仍而書分置也、町奉行用人
江茂使僧ニ而音物被遣候也
此外本間又右衛門江使僧被遣候也
一上御霊江御社参、十二燈被献、御札請、御帰寺申半刻、
今日方々御勤、甘露寺家ニ而夕御膳、御雑煮等出ル、
中通りへも同断、下部之分弁当持せ候也

五日　午　晴

一卯半刻御堂参、御供増十郎・伊右衛門

六日　未　晴

一卯半刻御堂参、御供増十郎・伊右衛門
一本間又右衛門参上、於御居間御逢、御口祝被下候也
一今日如例年大工左右衛門参、則竹ノ間ニ御出被成、御
逢被成候也、尤盃被下候筈ニ候得共、御名代寿命軒盃
いたし候也
一方内松尾左兵衛・沢与右衛門参、如例年御料理被下、
御逢被成候也

一広橋家速水長門守(藤蔵)・川(河)端右馬権助(景輔)両人ゟ諸礼之事申来
ル、如左

尚々否之御請、来九日迄可被仰聞候

来十三日辰刻諸礼候間、目出度御参可被成候、此段可
申入旨本所被為命候、恐惶謹言

正月六日　　河端右馬権助
　　　　　　　　景輔
成就院殿　　速水長門守
　　　　　　　　頼益

右返書被遣、如左

来十三日辰刻諸礼ニ付参内可仕之旨、御本所為御命被
之趣仰下候趣承候、未得度以後参内不仕候間、不参仕候、
宜預御沙汰候、以上

　　　　　　成就院
　　　　　　　　清巓
正月六日
速水長門守殿
川(河)端右馬権助殿

右杉原四つ折、上包美濃帋、上書如左

速水長門守殿　　成就院
川(河)端右馬権助殿

七日　庚申　曇

一卯半刻過、御堂参、御供増十郎・伊右衛門、七草之粥
御祝

八日　辛酉　晴

一無事

九日　戌　晴

一無事

十日　亥　曇　昼過ゟ雨下

一今日御誕生日ニ付朝小豆御飯、御霊江被備(供)、昼於御客
間ニそは(蕎麦)切、寿命軒・宥円・主水御相伴被仰付

十一日　甲子　晴

一今日御堂参、御供主水・増十郎・伊右衛門・求馬(水谷)、森本頼母被参、御口祝、御盃被下、御料理出ル

十二日　乙丑　曇

一今日高木喜平太為御礼参上、御口祝、御盃等申□候也

一御乳夫婦御礼参、右同断、主水儀今日ゟ甘露寺家へ参ル

十三日　寅　雨下

一今日諸礼也、未御官不被仰上候故御不参也

一正印(平瀬)権之進跡平瀬兵部・後見平瀬宗輔両人、御逢被成、扇・香箱差上ル、尤大床間ニ而御逢被成候也

十四日　卯　曇

一今日主水、甘露寺家ゟ帰ル

十五日　辰　雪降

一今日御堂参被成也、御供主水・増十郎・伊右衛門

一如例年之今日寺中其外御節被下候也、於御書院寺中御相伴也、御盃事者無之也、金蔵院・法成寺・来迎院・仲光(宝)院・法徳寺弟子、南蔵院ハ此節者忌中故不参也

十六日　巳　雨下

一無事

十七日　午　雨下

一今日就御縁日御堂参被遊、御供増十郎・伊右衛門、主水御跡(後)ゟ参、知(智)光坊御供、奥千(ママ)平諸堂之御参詣也

十八日　未　晴

一今日南蔵院入院御礼相勤、於御客間ニ御逢被成也

一倉橋三位(泰章)様ゟ年始御出被成御挨拶、御使源治御逢被成也

一御堂参御供増十郎・伊右衛門・知(智)光坊也

一高木藤四郎御礼ニ参ル、御口祝等被下候也

十九日　申　晴

一今宮佐々木甲斐守参、御逢被成候也

一七つ過ゟ増十郎（森本）母ニ参御逢、増十郎内用ニ而下宿

廿日　酉　晴

一今日大般若経転読、寺中相勤ル也

一甘露寺様ゟ年始御出之御挨拶、御使藤木要人、自分御礼申上度由、御逢、御口祝、御盃被下候也

廿一日　戌　曇

一今日御目付衆御巡見、当院如毎度御弁当也、院代寿命軒罷出ル、御院主御所労分ニ申置候也

一四つ時過増十郎帰ル

廿二日　亥　晴

一今日智（知）恩院江御参詣、御供主水・増十郎・慈忍坊也

廿三日　子　快晴

一無事

廿四日　丑　曇

一（ママ）

廿五日　寅　雨下

一今日寿命軒南都へ下ル、主水北野へ社参

廿六日　卯　晴

一（ママ）

廿七日　辰　晴

廿八日　巳　晴

一今日四条へ御出、御供主水・孫九郎（藤林伊助）・増十郎、暮過御帰り

廿九日　午　晴

一倉橋二位様(泰貞)ゟ御使宮崎源五、年始御成、此御方ゟ御出
候御挨拶、墨壱丁・筆一包被進候
右御直答也
一甘露寺様へ御使吉見主水、御口上御相応ニ而来二日何
茂様御揃御出被遊候様、綏心院(賢雅)様御方へも被仰遣候也
一右御返答何茂様御出可被遊候由也
一今晩南都ゟ寿命軒帰ル

二月朔日　未　晴

一寺田宮内参ル、御逢、御盃被下候也
一甘露寺弁(規長)様ゟ御使桂丹蔵来、御口上者、明日御出可被
遊被仰候得共、無拠御隙入之儀御座候間、三日ニ御出
可被遊候、若三日雨天ニ而候ハヽ、四日御出可被遊候者
也
右御返答御相応、御勝手ニ御出被進候様被仰遣候也

二日　申　雨下　昼ゟ晴

一早朝御内用、甘露寺様へ主水参ル
一御堂参、御供智光・増十郎・伊右衛門(中海)

三日　酉　晴

一今朝御風気(邪)故、御堂参無之

四日　戌　晴

一御堂参、御供増十郎・伊右衛門・宝全

五日　亥　晴

一寺田宮内参ル、開帳ニ付当院客殿江御判物等出し拝せ
候内談也
一御堂参、御供昨日之通

六日　子　晴

一寿命軒二条江罷出、御綸旨等拝せ候事相願候処御赦免、
尤書付之内当御代之御判物等者御免無之由也
一御堂参、御供昨日之通

七日　丑　雨下

一高木喜平太為御使参ル、則院内之事ハ院代其外役人江被仰渡候一紙持参、別紙写有之也

一御堂参、御供昨日之通

八日　寅　小雨　昼ゟ晴

一(ママ)

九日　卯　晴

一倉橋様へ去年借用弐拾貫返進、則左膳迄遣ス

十日　辰　雨下

一(ママ)

十一日　巳　晴

一浜田甚七為御礼参上、例格之外ニ御菓子一箱被差上、則御逢被成候也

一寺田宮内・高木喜平太同道ニ而参、開帳ニ付古筆之類為拝之付札等之為相談也、暮方被帰候也、増十郎灸治仕度由ニ而下宿、則両人同道也

十二日　午　晴

一今日増十郎出勤

十三日　未　曇小雨折々

一今日宮様(尊賞法親王)御留主居小倉主殿為見分参ル、於宝珠院料理等出ル也、其後於執行法事之座之申合有之

十四日　申　晴

一南都中蔵院坊官高天法印(好章)着

右者此度就開帳也、於当院落着、料理出ル、御院主御対面、一通御挨拶、御入院代取持仕候也、中蔵院ハ宝珠院江宿、高天法印者南蔵院止宿候也

一夜者於執行一山申合、則当院着座者東ノ高天法印之次と申儀ニ定処、最初申合ニ者西之方中蔵院向座ニて有之候得共、西之方へ者楽人列座故、右之通相定之由院

代被申候ニ付、則絵図を以御里元へ申上候処、前以申
入候儀有之候間、西之方可然ニ今更東座不可然之由、
仍而其旨院代へ申聞候也、座之図如左

仏前　中蔵院　高天法印　成就院　此度定之座

北　仏前　執行　児〻　六坊　同
目代　六坊　同

仏前　最初之申合之座　此座御着座候也
成就院楽人　同　同　同

右之通有之候処、弥西之座楽人之前可然之由申来候也
一右之座之事、十六日宮様御出京被成候上ニ而被入御覧
候処、成就院ハ前々申合之通、西之方ニ壱人着座候ニ
而可之然由ニ付、弥西之座御着座候也
（ママ）

十五日　酉　雨下
一
（ママ）
一今日端長兵衛・中嶋利兵衛両人参候ニ付、始（初）而御逢被
成候也、尤就開帳銘々持参有之也
金百疋　以上台ニ乗（載）
扇子　一箱
御手拭　一包
右之通持参候也

十六日　戌　快晴
一明日開帳就御戸開ニ付、夜中ゟ高天法印其外諸太夫な
と当院へ被参一宿也、森本頼母・高木藤四郎参宿
一朝倉堂・田村堂・弁才天・阿利帝（訶利帝母）・大黒・客殿之御本
尊開帳ニ付、今晩御修法ニ御出被成候也
一飛鳥伊織昨日御奉公望之由参ニ付、相談之上、則御院
主御逢、直ニ相務候様被仰付候也、衛守召連参、在所
重兵衛也

十七日　亥　快晴

一今日開帳御戸開也、辰上刻与申合也
当院ゟ中蔵院・高天(好章)法印出門　布衣弐人
御院主御出門卯刻過　森本増十郎
御歩行也　御供　高木藤四郎
七条法眼　素袍三人
御衣躰　御さしぬき(指貫)　中貝(海)伊右衛門
檜扇　清水
今壱人
白丁四人
森本頼母長上下、主水(吉見)半上下ニ而御供
本堂御着座前之図之通、御跡(後)ニ寿命軒着座、楽法事済、
巳刻首尾能相済御退出
一七つ時閉帳、御堂参、御供智光坊・主水・増十郎、御
立合(会)閉帳済御帰り、御衣躰素絹・御指貫
一内々陣ニ入之儀、方々ゟ頼来候故則入遣ス、大勢故不
記之、蓮井又右衛門方ゟ主水方へ手紙ニて明日参詣仕
度旨、尤在所ゟ上京之仁同道いたし度申来候故、御勝
手次第ニと申遣ス

十八日　子　晴　昼ゟ雨下　八つ過晴

一巳刻御堂参、御供主水・増十郎・藤四郎・宥栄坊、早(即)
刻御帰寺
一今日高木喜平太被参候、蓮井又右衛門子息又五郎御用
人隠居同道ニて参候故、則内陣ニ入

十九日　丑　晴

一卯刻過御堂参、今日御戸開当番故也、御供主水・増十
郎・宥円、即刻御帰寺
一林丘寺宮様(元秀女王)御参詣、為御安内(案)御堂参、奥千手へ御案内
被成、途中ゟ御帰ル、宮様ニも直ニ還御、宮様ゟ絵奉
書一包御拝領、到峯様ゟ御帯一筋被進候也
一園部三郎兵衛参詣ニ付御逢被成候也
一速水長門守(頼益)・水谷弾正参候付御逢成候也
一森本頼母忠吾相詰
一御堂参申刻、御供頼母忠吾・伊織・宥栄坊、閉帳ニ付

而也

廿日　寅　雨下

一辰半刻御堂参、御供宥栄・主水・増十郎、同刻御帰寺

廿一日　卯　晴

一卯半刻過御堂参、御供主水・求馬(水谷)・宝全、朝倉堂・田村堂・経堂へ御参詣、御帰寺、今日宮様(尊賞法親王)御参詣之筈候処、昨日之雨天故御延引也

一午半刻御堂参、仏前江御詰、御供主水・増十郎・智光坊、何茂替り合、申刻過御帰り

一甘露寺家ゟ桂丹蔵相詰也

廿二日　辰　雨下

一卯半刻御堂参、御供主水・増十郎・宥栄坊也、即刻御帰り、今日宮様御参詣雨天故又々御延引也

廿三日　巳　昼ゟ晴

一午刻過御堂参、御供主水・増十郎・宝全、此両人者度々替る、申刻過御帰り、仲蔵院旅宿ニ御見舞也、折節留主被仰置候也、明日弥宮様御参詣被遊候由申来ル也

廿四日　午　快晴

一卯刻前執行江御出御待合、彼方ニ而御茶漬出ル、目代・六坊・高天法印・仲蔵院何茂待合、此方御院主ハ執行御児御居間ニ御通り

一卯半刻過竹門之前北之方ニ六坊・目代列シ、南之方ニ御院主、宮様執行江御入、御斎出る、辰半刻御堂参、御院主ハ執行ゟ御帰り、此間ニ子細之儀有之、難記略之

一宮様当院御入、表門迄御迎ニ御出、前以二条江願有之、雑式(色)御先を払、当院客殿御参詣、其後庭御覧、早速還御、当院ニ而御菓子等之用意有之候得共不出之、執行江御出、唯今御成被遊候御礼被仰上候也、御供主水・増十郎、熨斗目・麻上下宥栄坊也

一■(智)(知)恩院宮様(尊統法親王)御成、客殿御拝相済御通り被遊、御茶・御
菓子等出ス、御院主ニも御対面被遊、還御之節ハ御院
主下座莚迄御出被成也
一戌刻過一門様・執行ゟ還御之由申来ル、今朝之ことく(如)
御供ニ而竹門迄御出、何茂今朝之ことく(如)
一修南院僧正今日宮様御相伴御出、御旅宿者子安也、御
旅宿へ御見廻旁御出、一山御同道也、御帰り
一宮様へ今日御成被遊候為御礼御出、■(酉)半刻、御供有
栄・増十郎・伊右衛門、戌半刻過御帰寺

廿五日　未　朝小雨降　辰半刻晴

一仲蔵院旅宿宝珠院へ御出、今日爰元引取被申候由ニ付、
御見廻旁也、在宿御対面、御帰り
一前大納言様(葉室頼胤)・綏心院様(賢雅)・金姫様御参詣、則本堂其外江
御案内、六坊なとへの案内者有栄ヲ遣候也、右御三方
様御帰ニ御立寄、御料理被差上候、暮方ニ御帰被遊也、
今日本堂○御参詣右之次而ニ被遊候也
一智(知)恩院宮様之御使僧被遣、宥栄、昨日御成始(初)而御対面
之御礼被仰上候也
右御返答御相応也
一仲蔵院被参候、為御暇乞也、御対面、院代及挨拶候也

廿六日　申　曇

一卯刻前御堂参、御供主水・求馬・智光坊、今日御当番
也、午刻円養院御代り、御帰寺
一倉橋中務権少輔様(泰孝)其外御姫様等御参詣、諸堂為御案内
御出、御帰り、此方ニ而御料理出ス
一広橋様奥方様御参詣、当院ニ而御料理等出ス、本堂御
案内智光坊相添ル
一寺田宮内家内何茂被参候、料理出ス
一高天法印(好章)参ル、料理出ル、御院主御挨拶御出被成候也

廿七日　酉　晴

一卯刻過御堂参、御供主水・伊織・宥栄坊也、暫ク御詰、
御帰寺
一主水延命院江参、内談之儀也、委細別帳ニ有之

一智(知)恩院宮様ゟ御吏(使)黒瀬源五
御口上之趣如左
此間者御成被遊、始(初)而御対被為有、御満足思召候、御
取込之時節何かと御取持被進被成而御悦思召候、右為
御挨拶以御吏(使)被仰入候、仍而此品被遣候由
まんちう(饅頭)　百来ル
右御書答御礼被仰上候也、宥栄口上申也、取次主水
一申刻開帳御堂参、御供主水・求馬・智光坊也、同刻御
帰寺

廿八日　戊　曇

一西本願寺大門(住如)・新門(湛如)御参詣、御院主御案内御出、奥千
手迄御案内御帰寺、御供主水・増十郎・宥栄坊、当院
御立寄無之、直ニ還御、仍而宥栄坊使僧ニ被遣也
一午刻過御堂参、御供右同、今日昼ゟ御番ニ付而也、申
刻前寿命軒御代りに参、御帰りかけ南蔵院江御出、高
天法印御暇乞、留主故被仰置候也
一今日端弥五郎・谷口三右衛門、始(初)而御逢被成候也
一玉松院殿ゟ御使、此間御出、内々陣之御案内被成下忝
存候由ニ而、岩茸一箱被進候也、御吏(使)松本又兵衛、右
御返答御相応申遣ス、主水江方金百疋・智光和紙二束
被下之也
一栗山下野守殿奥方御参詣被成、則当院ゟ御案内相添ル、
主水罷出、用人ニ逢御取持申候也

廿九日　亥　晴

一辰半刻御堂参、御供主水・増十郎・智光坊、早速御帰
寺、途中ニ而智積院僧正御逢被成候也、当院へ僧正御
出、御帰ニ御門内ニ而始(初)而御逢ニ被成候、則宥栄坊御引
合申候也
一午刻過六坊ゟ御番代之儀頼来候故、則御参勤被成也、
御供主水・伊織・宝全也、申刻御帰寺

卅日　子　雨下

一巳刻御堂参、御供主水・増十郎・慈忍也、早速御帰院
一小笠原右近将監(忠基)殿留主居妻木治大夫被参候故、則御逢

被成候也、宥栄罷出ル
一院代寿命軒御里坊江参ル、子細者別ニ記之畢
一野々山小東太ゟ明日主膳正(本多康敏)殿御参詣被成候旨申来候ニ
付、甘露寺様へ其趣申遣ス也

三月朔日　丑　雨下

一今日御当番御堂参、辰刻過朝之内ハ院代宿番ゟ直ニ相
務、御供主水(吉見成連)・伊織(飛鳥)・宝全也、午刻過御帰寺
一本多主膳正(康敏)殿御参詣、本堂ニ而御知人ニ御成(逢)被成、尤
後門迄御迎御出、御帰之節茂同所迄御出被成、地主其
外御参詣、宥栄(坊)被遣候也
右御先ニ荒川元右衛門と申者参候ニ付、房ニ而御逢被成
候也
一小笠原右近将監(忠基)殿御代参、智光坊案内ニ而内陣へ参、
則仏前ニ而御挨拶被成候也
一烏丸大納言(光栄)殿御参詣、宥栄御案内、内陣ニ而御逢、後
門迄御送被成候也
一甘露寺様ゟ主膳正殿へ御係使者頼母(森本)被参候得共、御出
候跡(後)ニ而間違候也
一曇華院宮(聖珊女王)様御内結城帯刀方ゟ明日辰刻御参詣、当院江
向御成被遊候旨、主水方迄申来ル也
一櫛笥前大納言(隆成)殿奥方御参詣被成候ニ付、藤木要人方ゟ
手紙ニ而申来ル、則当院ゟ御案内相添
一申刻御堂参、御供主水・伊織・慈忍也、閉帳御帰り欠(掛)
ニ宝珠院へ御出、宮(尊賞法親王)様留主居小倉主殿為見分参候ニ付、
御逢被成候也

二日　寅　雨下

一曇花(華)院宮様御内結城帯刀ゟ主水方江手紙ニ而、今日雨
天故、宮様御参詣御延引之旨申来ル也
一女二宮様御参詣被遊候由御案内頼思召之旨、北川道察
御先ニ参、則南蔵院御案内ニ遣ス、御堂参以後当院御
立寄、御弁当也、御茶・御菓子上ル也
一申刻前御堂参、御供増十郎(森本)・伊右衛門(中海)・宥栄坊也、閉
帳過御帰寺
一主水御内談之御用ニ付甘露寺家へ参ル、宮内(寺田)対談、五

つ時過帰ル

一女二宮様御帰之節、御家来初川大学御院主江御目ニかゝり度由、則御出之処、御目録百疋被下之由相渡ス也、則御礼申上ル

三日　卯　快晴

一御堂参、御供主水・増十郎・慈忍也、諸堂御参詣、御帰寺辰刻過

一今日昼ゟ御当番之処、去廿九日為廻番少納言被相勤筈也

一昼過本堂無人之由申来、則寿命軒出勤、未刻過御院主御参詣、閉帳迄御勤被成候也、御供主水・増十郎・宥栄也

四日　辰　快晴

一今日曇花(華)院宮御参詣、先達而御家司結城帯刀参、主水罷出、辰半刻当院江御入被遊御休被成、其間ニ帯刀同道ニ而本堂へ参見繕也、御輿東之局ゟ御上り、御拝相済、直ニ還御、帯刀参、御院主御先へ御出被成候也宮様ゟ御口上申、其趣如左

今日者御参詣当院被為成候処、御取込之内何かと御心遣御案内被成候を寛々尊躰御拝被遊、別而御満足思召候、姫宮之御事故、於本堂御挨拶不被遊候、此旨宜申上候様申也

右御院主御出御請被仰候也、帯刀江盃等出ス也

一本堂ゟ唯今御寺務宮御納経拝見候間、早々御出被成候様院代ゟ申越、早速御堂参、御供主水・増十郎・宝全也、於本堂一山罷在、宮様ゟ生田播磨介(忠音)参相済候節、執行へ御供いたし候様院代申候故、直ニ執行江御出、延命院・目代・宰相・生田も参ル、御料理等出候由、昼半御帰寺、主水子細有之執行御入之後帰ル

五日　巳　曇　巳刻前ゟ小雨

一御堂参、今日御当番也、卯刻前御参、御供主水・増十郎・智光也、御飯替り御帰、又々御参、御供同断

一大聖寺宮(永応女王)御参詣、執行江御入、当院へも御成被遊候、暫客殿御拝、庭など御覧、執行へ向還御、早速御院主

為窺（伺）御機嫌御出、執行院代を以小倉主殿呼出し被仰置候也、御供宥栄坊・孫次郎・伊織也、御帰、直ニ本堂へ御参、午刻過御代り御帰り被成也

一広橋殿ゟ御使、今日御姫方御出被成候様昨日申入置候得共、今日も御延引被成候、左様御心得可被成候、且又今晩事申入度儀御座候間、寿命軒・其元両人之内御出候様雑掌共申之由申也

右委細承候、晩方院代参上可仕候由申出候也

一曇花院宮（聖珊女王）御内結城帯刀方ゟ御院主へ手紙来ル、如左

依曇（華）花（華）院宮仰、一筆致啓達候、昨日者御参詣被遊、以御案内寛々被為遊御拝、御満足御事ニ御座候、御引上之節何かと御世話之段、御苦労ニ思召候、随而不珍敷候へ共、求肥一箱被為贈候、右之趣相意得可及御挨拶与之御事ニ御座候、恐惶謹言

三月五日　　結城帯刀

〆　成就院様

右御返書遣ス、如左

宮様（マヽ）為

為宮様（尊賞法親王）仰貴札致拝見候、昨日者御機嫌能御参詣、御拝被為遊、奉恐悦候、仍而求肥一箱拝領仕、忝仕合ニ奉存候、御請之段、兼頼入存候、恐惶謹言

三月五日　　御判

六日　午　快晴

一寿命軒今日広橋殿へ参ル、昨日被召候、仍而也

一辰君様御参詣被遊候、当院ゟ御案内仕候様ニ北川道察参、主水へ申、尤当院ニ而御弁当御遣ひ被成度候へ共、開帳取込故、執行方ニ而御弁当被成候由、則宥栄坊御案内ニ遣ス、執行ゟも真福寺罷出候、当院客殿へも御参詣、庭御覧被遊候故、御菓子等出ス

一御堂参、未半刻過、御供増十郎・孫次郎・智光坊也

七日　未　快晴

一今朝開帳御立合（会）之御当番也、卯刻御堂参、御供主水・伊織・智光坊也、相済御帰寺

一昼ゟ御当番、午刻ゟ院代相勤、未刻過御代り御出勤也、

閉帳後御帰寺、御供伊織・孫十郎・智光坊也
一甘露寺様へ御文　　森本増十郎
右者嘉代姫様御不快被為有候旨ニ付、為御見廻右御返
答、御流産被遊候処、御跡（後）者御機嫌克候由

八日　庚申　快晴　昼ゟ曇天

一今日六坊ゟ御番代相願候ニ付、則院代相勤、四つ時御
当参、午刻過迄御勤被遊候也、御供伊織・伊右衛門・
智光坊也
一甘露寺様へ御使吉見主水、御姫様御機嫌・御容体為御
窺（伺）也、乍序宮内へ内談之儀有之
一右御返答御相応、弥御心易被為有候之由也
一曇（華）花院宮様へ御使主水、先日御菓子被進候ニ付為御礼
也、御口上相応申也、帯刀迄主水時分御請申上候旨申
置也

九日　酉　雨下

一今朝御当番之処、昨日之為返番六坊ゟ罷出相務候也
一未刻過御堂参、御供主水・増十郎・智光坊也、即刻御
帰り

十日　戌　晴　未半刻ゟ雨下

一卯刻御堂参、今日開閉立合（会）御当番也、御供主水・増十
郎・宝全坊也、開帳済御帰り
一綾小路前（有胤）中納（言）殿・同少将殿御出、御院主御対面、御菓
子御茶出ス、内陣へ宝全御案内ニ遣ス、直ニ御帰り
一甘露寺様奥方様為窺（伺）御機嫌、寿命軒参ル、御里坊江参、
序なから也
一広橋様御姫様方御出被遊、御当院ニ而御料理等差上候
也、夜ニ入御帰被遊
一中条六郎右衛門・寺田宮内同道ニ而被参候、料理・御
酒等出ス
一申刻前御堂参、閉帳過御帰り被遊也、御供増十郎・伊
右衛門・宝全坊也

十一日　亥　晴　未半刻ゟ雷雨氷降、申半刻ニ至晴

一御堂参卯半刻、御供主水・伊織・宝全也

一午刻ゟ御堂参、今日昼ゟ御当番也、申刻過御帰り、御供宝全・智光替ル主水・伊織也

一甘露寺様へ御使宝全、嘉代姫様御機嫌克為窺(伺)也、粽十把一折被遣之、弁様(甘露寺規長)へ御口上計

右御返答御相応、弥御心能被遊御座候由也

十二日　甲子　晴

一今日禁裏御所ゟ為御代参大御乳人様・大典侍様御出、外ニ御内々ニ而御一宮様・右京大夫・新大夫被参候也、巳半刻過当院へ御入、御院主田村堂之前迄院代被召連為御迎御出、御先ニ孫九郎(藤林伊助)棒(突)つき召連、人を払、暫書院御休息

一本堂御参詣、東之局口ゟ御輿上ル、御院主御先御案内、院代も参ル、内陣人払、御拝相済、奥院御立、輿ニ而御参詣、御案内被遊、直ニ当院江御入、二汁七菜之御料理御■《茶》等出ス、御膳部御三方、次両人足打木具、其外者ぬり(塗)木具等用ひ候也、未刻過御帰り、御院主当院御門前迄御送り、院代被召連、主水熨斗目着用仕也

十三日　丑　曇

一開帳御立合(会)番、卯刻前御堂参、御供主水・伊織・智光也、直ニ御当番御勤、朝御膳御帰り、又々御参、午刻前院代御代りニ参ル、御帰り

一今日綏心院(賢雅)様・五百姫様・金姫様御出被遊也、本堂へ御案内御出、御先孫九郎人払、奥ノ院・地主・朝倉堂・田村堂・経堂・随求堂へ御参詣、何茂御院主御案内、当院へ御入、御料理差上ル、暮方御帰被遊也

一閉帳院代罷出相済也

十四日　寅　雨下　昼ゟ晴

一御堂参午刻、御供主水・増十郎・宝全也、六坊ゟ無人故暫御勤被下候様申来候由ニ付、暫時御勤御帰り

一今日御隙故、竹田芝居へ御出也、御供主水・孫九郎・増十郎・伊織・義堪・義運也

十五日　卯　曇

一今日昼ゟ御当番之処、六坊ゟ差替之儀願来、朝之内院代相務、四つ半時分ゟ御参、未刻御帰、御供増十郎・孫次郎・智光坊也

一今日甘露寺様江御姫様為窺（伺）御機嫌、主水参ル也、乍序内談之儀宮内申談候也、未刻過帰ル

十六日　辰　曇　昼ゟ晴

一卯刻御堂参、開帳御立合（会）御当番ニ付而也、御供主水・増十郎・智光坊也

一倉橋様奥方様・御姫様方御出被遊、本堂御参詣、御案内御出、御帰り御料理等差上ル也

一今日寿命軒、甘露寺様・倉橋様へ参ル、御里坊へも参候由也

一閉帳前御参、御供増十郎・孫次郎・宝全坊也、即刻御帰り

十七日　巳　快晴

一卯刻御堂参、今日昼迄依御当番也、暫御勤、御帰り、諸堂御参詣、御供主水・伊織・宝全坊也

一高辻殿督様御参詣、当院ニ而御弁当・御酒差上ル

一飛鳥井殿督様右同断

一土御門様御姫様・光照院（尊乗女王）宮御上﨟様御出ニ而、御院主御対面、御吸物等差上ル也

一執行江妙法院（堯恭法親王）宮御成被遊、尤本堂へ御参詣被遊候、為窺（伺）御機嫌執行へ御出、御菓子一箱被差上候、御供宥栄坊・増十郎・孫二（次）郎也

右松井民部罷出御挨拶申候由也、尤いまた御本坊ニ而ハ御対面無之故、今日御逢不被成候由也

一二条目付[redacted]《森孫六》御逢被成候也

一土岐（頼稔）丹後守殿内園部三之丞ニ御逢被成候也

一申刻閉帳御堂参、御供孫次郎・伊織・慈忍坊也、早速御帰寺

十八日　午　雨下

一午半刻御堂参、御供伊織・伊右衛門・智光坊也、即刻

御帰寺

十九日　未　雨下　昼ゟ晴

一卯刻御堂参、御供主水・伊織・智光坊也、今日開帳御立合(会)御当番也、諸堂参詣御帰り

一午刻御堂参、昼ゟ御当番也、御供増十郎・孫二郎(次)・宝全坊也、未刻過御帰寺、御代りニ院代参ル

一申刻前御堂参、御供伊織・伊右衛門・智光坊、閉帳ニ付御参り、院代ニ御代り被遊也

廿日　申　快晴

一二条御番頭酒井紀伊守(城)殿御参詣、当院御立寄、本堂御案内宥栄坊参ル、於客殿御吸物・御酒等出ス、院主御出御対面、御帰之節式台迄御出被成也、外組頭衆両人御同道

一松平伊賀守(忠周)殿御留主居参詣いたし、当院ニ而御酒・料理等出ス、御院主御逢被成候也

一宮様(尊賞法親王)ゟ生田播磨介(忠音)為見分参候由本堂ゟ申来ル、早速本堂へ御出、御供宥栄坊・増十郎・伊織也、間違御逢不被成御帰り

一生田播磨介客殿へ参ル、宥栄坊罷出ル、其後御院主御出、宝珠院へ御同道被成、彼所ニ而料理出ス也、御院主ハ御帰り被成

一右御帰欠(掛)ニ谷口左輔ニ御逢被成候也

一寺田宮内今日森孫六参候筈ニ付参会可申候由ニ而被参候処、孫六今日不参ニ而七つ過迄見合被帰候也

廿一日　酉　快晴

一今日ゟ本堂御当番、御厨子之鎰請取、開閉被成候也、卯刻院代参相勤、午刻迄御当番候得共、六坊差替、明日御勤被成筈也

一申刻御堂参、閉帳ニ付而也、今日者別而参詣多候故、閉帳申半刻ニ延引也、御供主水・伊織・智光坊也

一五百姫様近々勢州神辺迄御下り被成候ニ付、為御祝儀御使僧被進、御口上御相応也
こんふ(昆布)　三十本

白銀　弐枚
以上
成就院
せい（清）巓
右立目録ニ相認也、外ニ御道中御無難之御祈禱御礼被
進之
一綏心院（賢雅）様へ右御歓御口上ニ而
まんちう（饅頭）　一折　包こんふ（昆布）　のし（熨斗）添
一弁（甘露寺規長）様へ右同断
御菓子　一折一箱右同断
右之通被進候也　御使僧宥栄坊
一右御返答御相応也
廿二日　戊　晴
一卯刻御堂参、御供主水・増十郎・宝全也、今日御当番
ニよつて也、院代御代りニ参、御帰り、御膳過又御参
り
一松平安芸守（浅野吉長）殿御参詣、本堂ニ而御対面、御案内院代相
務、当院へ御寄被成候処、俄御急之由ニ而、御玄関前
ゟ御帰り、御院主御出迎被成候へ共、右之通故又々本
堂へ御出、巳半刻院代ニ御代り御帰寺
一申刻閉帳ニ付御堂参、御供主水・増十郎・宝全也
一今日小倉主殿参、延命院江申置候者、明日御用□□（ニ付）一
山罷出候様申候由
廿三日　亥　雨下
一今朝之閉（開）帳、寿命軒直ニ相勤候也
一巳刻御里坊江御出、御供増十郎・伊右衛門、御輿被召
也、院代寿命軒も参ル、酉刻御帰寺、院代者少御先ニ
帰ル、右御用之趣者、先達而之間違御免被成候由被仰
渡之由、仍而甘露寺様へ御里坊ゟ直ニ御出、如例年之
はりこ（張子）一折・御菓子等取ニ来、相認遣候処、御里坊へ
御持参相済候也、尤宮様（尊賞法親王）御対面可被遊候処、御参内被
遊候由ニ而、則坊官へ被仰置候也、甘露寺家江御帰り、
御膳等被■（召）上候由
一夜ニ入、六坊・慈心院・執行院代江御使僧被遣、今日

宮様方首尾能相済之為御挨拶也、何茂返答相応也

一円養院ゟ使、唯今御使僧之御挨拶也

廿四日　子　雨下　昼ゟ晴

一卯刻過御堂参、今日開閉御立合（会）御当番也、御供主水・増十郎・慈忍坊也、早速御帰り

一一山江昨日之為御挨拶御出、御供寿命軒・増十郎・伊右衛門、何茂被仰置候由

一執行ゟ御使僧真福寺、唯今御出被成候、御挨拶御口上申置候也

一御里坊江御使僧宥栄坊、御口上之趣者、昨日首尾能被仰出候為御礼也、尤御出可被成候へ共、御不快ニ而、先以後御家老中迄被仰候由也

一今晩一山之輩当院寄合、開帳増日之相談有之也、御院主御出、一通り御挨拶被成御入被成、今晩ゟ主水不快相臥

廿五日　丑　快晴

一今日鳴物御停止也、昨日ゟ明日迄三ケ日之間也、日光（公寛法親王）御門跡薨去ニ付而也、依之開帳之儀見合有之、巳刻開帳、閉帳平日のことく（如）御院主御立合被成候也、御供伊織・伊右衛門・智光坊也、此方客殿戸開正面通り障り明ル

一宝珠院へ中沼兵部少輔（秀延）参之由ニ付御出、御逢被成候也、御供同断

廿六日　寅　晴

一卯刻御堂参、開帳相済御帰り

一今日御里坊江御出被成候也、寿命軒少御先ニ参ル、宮様今日迄ハ廃朝之時節故、御対面不被遊候由也、甘露寺様へ御出、五百姫様御歓被仰上、倉橋様へも御寄被遊、暮前ニ御帰寺、御供増十郎・伊右衛門

一御出前ニ中沼兵部少輔参ニ付御逢被遊也

一五百姫様御発駕ニ付孫九郎（藤林伊助）大津迄為御見立被遣、御菓子被遣候也

廿七日　卯　晴　未半刻ゟ雷雨

一卯刻御堂参、今日開閉御立合（会）御当番也、御供伊右衛門・伊織・宝全也、諸堂御参詣、御帰寺

一今日ゟ御堂番ハ為御名代寿命軒相勤候様ニ申談候也

一申刻御堂参、開帳ニ付而也、御供増十郎・伊織・宝全也

一今晩執行・目代・六坊中御料理有之、暮方過ニ何茂参、御院主御出、御挨拶相済御入、其後料理出ス、一汁五菜、膳之上ニ而一通御挨拶御出被成、相伴ニ者院代罷出ル、今夕御振舞者此間宮様（尊賞法親王）江度々為御断参候右謝礼也、一山中乍序増田等又々密々相談有之、委細者別記有之也

廿八日　辰　晴

一卯刻過御堂参、御供増十郎・伊右衛門・智光坊也、諸堂御参詣、御帰院

一今日ゟ主水出勤、甘露寺様へ五百姫様御歓ニ参上、綏（賢雅）心院様へも広橋様へも参ル、尤一分之為御歓也、倉橋様へ参、内々之御用御留主故、督様へ御目見へ申上ル、甘露寺様ゟ五百姫様御祝之強飯幸便□主水持せ□帰ル、御口上申上ル也、未半刻帰ル也

一申刻御堂参、就閉帳也、御供伊右衛門・増十郎・智光也、早速御帰寺

一延命院へ主水一分之礼ニ参ル、是者先達而相頼置候付而也、兵部少輔（中沼秀延）旅宿へ一分ニ見舞ニ参ル也

廿九日　巳　快晴

一卯刻御堂参、御供伊織・伊右衛門・宝全也、寿命軒支度ニ帰候内暫御勤御帰院

一閉帳ニ付申刻御堂参、御供主水・伊織・智光坊、相済御帰寺

一子安ニ御出、倉橋様御家内御出被成候付為御見廻也、閉帳故早速御帰り、御供同断

一森本頼母参、内用之儀付而也、別ニ記之

晦日　午　快晴

一卯刻御堂参、御供増十郎・伊右衛門・智光坊也、諸堂
へも御参詣、御帰寺
一広橋様雑掌中ゟ寿命軒・主水方江手紙参ル、其趣ハ明
日頭弁（広橋兼胤）様御参詣被遊候由申来ル也
一右御返答あり、御参詣被遊候様申遣ス也

四月朔日　未　雨下

一卯刻御堂参、今日開閉就御立合（会）也、今朝ゟ御厨子鎰光
乗院へ御渡被成候也、御供伊右衛門（中海）・増十郎（森本）・智光、
諸堂へ御参、御帰寺
一御里坊へ御出、御輿、御供増十郎・伊右衛門、御先ニ
宥栄参ル也、宮様御対顔被遊候由也、右御待合ニ甘露
寺様へも御出被遊候由也、午半刻御帰寺
一倉橋三位（泰章）様御出、御内談之儀也、則執行内岡本内記呼
ニ遣ス、寿命軒・主水・内記等御内談有之
一広橋様・烏丸弁（清胤）様御同道御出、御院主御留主故、院
代・主水式台迄御迎罷出、尤御先ニ水谷弾正御初尾等
持参、御堂参倉橋様も御同道ニて諸堂・六坊其外不残
御参詣被遊、御案内御留主故、院代・主水罷出ル、御
帰当院ニ而、一汁五菜之御料理出之、暮前ニ御帰り
一今日宝徳寺後住良也為御礼扇子等上ル、御留主故主水
対談いたし候也

二日　申　雨下

一卯半刻御堂参、御供増十郎・伊右衛門・宝全也、諸堂
御参詣、御帰寺
一倉橋様ゟ急ニ御逢被成度候、寿命軒・主水・執行内記
三人同道ニて唯今参候様申来、奉畏候旨申上、即刻参
ル、御対談相済、主水儀者直ニ甘露寺様へ参、寿命
軒・内記ハ直ニ帰ル、土山駿河守倉橋様ニ而委細申聞
候也、密々故不記之
一広橋様へ昨日御出之御挨拶、御使僧被遣候也
一生田播磨介（忠音）此方へ内々御頼申入候銀子弐百目、則取替
被遣候、宥栄坊参、主殿へ渡、請取手形取候

三日　酉　雨下

一御堂参、御供伊織(飛鳥)・伊右衛門・宝全坊也、諸堂へも御
参詣御帰り也
一中沼兵部少輔(秀延)今日ゟ御里坊へ参候由、仍而宝珠院へ御
見廻旁御出、留主故被仰置候、宥栄坊参ル
一川端(河)右馬権助(景輔)ゟ為御見廻まんちう(饅頭)一折差上ル、手紙相
添、御返事御相応申遣ス也

四日　戊　晴

一今日開閉御立合(会)日也、仍而卯刻御参詣、御供主水・増
十郎・宝全坊也、諸堂へ御参り
一二条権上座参ル、御対面被遊也、尤料理等出ス
一高辻様・風早様御同道ニ而御出、折節阿野大納言(公緒)様・
宰相(実惟)様御家内御出被成候ニ付御断申上候処、不苦由ニ
而阿野様へ御逢被成、其後内陣へ宥栄坊御案内申上ル、
御院主御両所様へ御対面被成候也
一八十宮様御参詣、当院御立寄御休、其後本堂へ御院主
御案内被遊也、則宥栄坊御輿之先ニ参ル、御院主ハ東
之局ニ御出被成候也、御供主水・増十郎・慈忍坊也、
直ニ御帰り、宮様(尊賞法親王)本堂ゟ還御
一園部三郎兵衛被参候、御院主御逢被成候、料理等出ス
一閉帳ニ付申刻御堂参、御供増十郎・伊右衛門・宝全、
相済御帰寺

五日　亥　雷雨　巳刻ゟ晴　又申刻雷雨

一御堂参、御供主水・伊織・宝前(全)坊也、未刻諸堂へも御
参詣、御帰り
一今日御目附衆見分御出之筈、昨日方内ゟ申来候へ共、
雨天故延引也
一小倉主殿為見分参候、宝珠院ゟ宥栄坊呼ニ遣対面、此
間播磨介借被遣候銀子手形引替延引之断之由、尤御院
主不及御出也

六日　子　快晴

一禁裏為御代参姉小路中将(公文)様御出、本堂へ直ニ御出、則
寿命軒詰合御案内、当院御立寄、御弁当御遣、仍而御
吸物・御酒差上ル、何茂三方ニ而、御院主御出御挨拶、

御帰之節、式台迄御出被成、主水・幸八(奥田)下座莚江罷出ル

一御堂参、御供増十郎・伊織・宝全也、諸堂へ御参、御帰

一今城(定種)中納言様御出、執行御児御案内、御院主御出御対面、早速御帰被成候也

七日　丑　快晴

一卯刻御堂参、今日開閉御立合(会)日ニ付而也、御供孫次郎・伊織・智光也

一今日二条御城番頭酒井紀伊守殿御出、本堂へも御参詣、宥栄坊御案内仕、当院御入、山江御登り、寿命軒御案内、御帰、二汁五菜御料理・御茶等出ス、御院主御出御挨拶、巳刻ゟ午刻過御帰り、御院主式台迄御出、御供太田文左衛門・坂巻善蔵両人江主水近付ニ成

一脇坂様御内船越治部右衛門参、内陣案内差添

一申刻閉帳御堂参、御供孫次郎・伊織・宝全也

一桑山下野守(元武)殿御内室様御参詣之由、御案内申候様、和助方ゟ申来、慈忍坊遣ス

八日　寅　晴　未刻過雨下

一今日地主権現江御湯被上、例年当日ニ候得共、当年開帳故、神輿朝之内御渡被成候故、今日ニ相成、則本堂へ御堂参ゟ直ニ地主江御社参、御湯上ル也、御拝見相済御帰寺、御供文内(牧山)・増十郎・宝全也、主水・幸八・伊織御先ニ参ル

一本間又右衛門夫婦連参候付御逢被成、梅次郎へも御逢被成也、尤梅次郎・又右衛門妻江者始(初)而御逢被成候

一中沼兵部親父善治被参候ニ付御逢被成、連ニ真珠院と申出家ニも御逢被成候也

九日　卯　曇　昼ゟ雨下

一今日地主御祭礼也、藤四郎(高木)被召寄也、辰半刻二条ゟ与力・同心参ル、如例年御院主田村堂江御出、御供主水・増十郎・伊織、藤四郎も御供仕也、御輿御渡相済、本堂へ御参詣被成、直ニ御帰院

一宮様（尊賞法親王）ゟ御用ニ付小倉主殿参、本堂ゟ呼ニ来、院代早速参、跡（後）ゟ御院主御出、早速御帰り、右御用之趣者、来十一日中御門院様御法事ニ付開帳之儀者子細有之間舗候、随分穏便ニ仕候様ニ被仰渡候由也、申渡相済、主殿此御方へ参、盃等出ス、御院主帰欠（掛）ニ御逢被成候也

一倉橋様ゟ寿命軒・主水両人江女中ゟ之状来ル、其趣者開帳之事ニ付而也、別ニ記之

十日　辰　曇　昼ゟ晴

一今日開閉御立合（会）御当番、卯刻御堂参、御供藤四郎・増十郎・伊右衛門・智光坊也、諸堂へも御参詣、御帰院

一今日ゟ明十一日迄中御門院様御法事ニ付鳴物御停止也、開帳ハ構無之、鳴物ハ十一日計也

一開帳増日願ニ付御里坊へ一山参ル也、当院ゟ寿命軒罷出候也、願之通可被仰出候由也

一開帳ニ付申刻御堂参、御供増十郎・伊右衛門・慈忍也、早速御帰寺

十一日　巳　快晴

一今日昼迄当番院代相務候処、一山寄合有之由、御院主暫御務被成候也、午刻過御帰寺、御供伊織・伊右衛門・宝全也

一今日主水、甘露寺様へ参、夜ニ入帰ル

十二日　午　快晴

一今日開帳増日之願一山罷出ル、当院ゟ寿命軒罷出ル、追而可被仰付之由、願書等委細別帳ニ記之、仍而略畢

一松平信濃守殿御代参、留主居野田佐五右衛門参ル、丹後守殿（土岐頼稔）ゟも御初尾有之、当院ゟ案内慈忍坊参ル、帰りニ料理・御酒等出ス、御院主御出御逢被成候也

一御堂参、御供増十郎・伊右衛門・宝全也、早速御帰寺

一今日申刻ゟ増十郎下宿仕候也

一御袷壱ツ伊織江被下候也

十三日　未　雨下　昼ゟ晴　未刻過又降

一卯刻御堂参、今日開閉立合（会）御当番也、御供伊織・伊右

衛門・智光坊也
一昼前増十郎帰ル、伊織在所祭礼ニ付御暇被下参
一寺田宮内被参、御内用不及記、略之畢
一申刻前御堂参、御供増十郎・伊右衛門・智光坊也、早
速御帰り、就閉帳也

十四日　申　雨下

一今日二条政所様御参詣、当院御入、御院主本堂江為御
案内少御先ニ御出、御拝相済、奥千手江茂御参詣、寿
命軒御案内、御院主本堂ゟ直ニ御帰、奥千手ゟ当院御
入、暫御休還御
一御目附松平庄九郎殿・加藤右近殿今日御巡見、御案内
寿命軒、当院御入、御院主御出御対面、御帰之節式台
迄御出被成候也、毎度者当院御弁当ニて候得共、開帳
ニ付御弁当御遣不被成候也
一開帳増日廿日、願之通被仰付候由也

十五日　酉　曇

一御■（堂）参、御供増十郎・伊右衛門・宝全也、御帰り、長
楽寺へ御参詣、宥栄坊御供也、暮方御帰り
一倉橋（泰章）三位様・桜井（氏敦）三位様御出、夕御料理等出ス、寿命（軒）
遣御挨拶申上候也
一主水儀甘露寺様へ参ル
一伊織在所ゟ帰ル、御土産坂本きせる（煙管）一対差上ル

十六日　戌　曇

一今日開閉御立合御当番、卯刻御堂参、御供増十郎・伊
右衛門・智光坊也、直ニ御帰り
一主水、甘露寺様ゟ帰ル
一金勝院僧正ゟ御吏（使）、今日漸御参詣被成候、只今延命院
迄御出被成候、後刻御出可被成候、且又此一折被進之
候由、まんちう（饅頭）一折被進候、申置帰ル
一金勝院僧正御出、御料理等出ス、本堂へ御院主御同道、
直ニ閉帳御立合相済、又御同道ニ而御帰り暫御休、金
勝院様御帰被成候也
一飛鳥井宰相（雅香）様御参詣、当院御出、御院主御対面被成候

也

十七日　亥　快晴

一卯半刻御堂参、御供伊織・伊右衛門・宝全也、諸堂へも御参詣、御帰寺

一今日宮様(尊賞法親王)ゟ一山江被仰渡儀有之由、仍而御里坊へ御出、御供増十郎・伊右衛門、寿命軒参候也

一右御待合甘露寺様へ御出、倉橋様へも御出被成候也

一土岐丹後守(頼稔)殿へ御出、近々関東へ下向ニ付為暇乞、尤被仰置候也、寿命軒附添也、昼過御帰り

一速水長門守(頼益)家内召連被参候、御院主御出御対面也

一松平大膳大夫殿ゟ御代参、留主居平川長左衛門相務、御初尾等有之、御院主御留主故宥栄挨拶、案内智光坊也、尤盃出ス

十八日　子　快晴

一御堂参、御供伊織・直八(泥谷)・智光也、昼ゟ当番故、申刻閉帳迄御務被成候也

一土山駿河守参、主水挨拶、寿命軒本堂へ参候を呼ニ遣、岡本内記も呼寄、盃等出ス

十九日　丑　雨下　夜中大雨

一卯刻御堂参、御供伊織・伊右衛門・智光也、今日開閉御立合(会)ニ付而也、早速御帰院

一御里坊江御出、御供伊右衛門・増十郎、寿命軒も参ル、右者本尊後光之事ニ付而被召候也、一山も参ル也、書付等差出ス、控別ニ有之、相済、綏心院(賢雅)様御引取被成、又御里坊へ為御暇乞御出、蓮・竹子被差上候也、申刻過御帰被成候故、閉帳御立合(会)者無之候也

廿日　寅　雨下

一御当(堂)参、御供伊織・伊右衛門・宝全也、昼ゟ当番故寿命軒相務候処、一山相談之儀有之由ニ付、未刻過ゟ閉帳迄御務、御帰寺被成候也

廿一日　卯　曇

一今日土岐丹後守(頼稔)殿関東江下向之由、一乗院宮(尊賞法親王)様南都へ
還御
一御堂参、御供直八・伊織・慈忍也、早速御帰寺

廿二日　辰　快晴

一卯刻御堂参、開閉立合(会)就当番也、御供増十郎・伊右衛
門・智光也、諸堂へも御参詣、御帰寺
一光照院宮(尊乗女王)様御参詣、当院江御入、御弁当被遊、本堂奥
院江御院主御案内、御参詣相済、又々当院御入被遊、
閉帳過迄御座被遊、御院主江御対面被遊候也、御上﨟
御方と御院主御由緒有之候也
一閉帳御堂参、御供伊右衛門・増十郎・宝全也、早速御
帰寺
一寺田宮内被参候、内談之儀有之付而也

廿三日　巳　晴

一今日主水甘露寺様へ御用有之参
一御堂参、御供伊織・伊右衛門・智光、早速御帰り
一綏心院(賢雅)様御忍御参詣被遊候得共、当院へ者御立寄無之、
宝珠院へ御立寄被遊候由也
一光照院宮様江御使僧ニ而御礼被進之、昨日御成御対面
被遊御礼被仰上候也
右御返答御相応候也

廿四日　午　曇　折々小雨降

一御堂参、増十郎・伊右衛門・宝全也、早速御帰り
一中井主水(嘉基)参詣、客殿ニ而御対面、寿命軒付添罷出候由、
尤吸物・御酒等出ス
一大沢又右衛門江御逢被遊候由也

廿五日　未　雨下

一卯刻御堂参、御供伊織・伊右衛門・智光也、今日開閉
御番也、早速御帰り
一昼ゟ当院当番之処、寿命軒・中沼善治同道ニ而芝居参
候由、仍而御院主御番御務被成候由、閉帳相済御帰寺、
御供増十郎・伊織・宝全也

一小堀二(仁)右衛門(惟貞)参詣、本堂ニ而御逢被成、案内宥栄相務
也、当院ニ而出来合之料理出ス
一申刻過、主水罷帰ル也

廿六日　申　晴　未刻過少々雷雨　□□晴

一中沼兵部(秀延)参候、寿命軒対談、帰欠(掛)ニ御院主御出、御逢
被成、主水付添罷ル
一御堂参、御供増十郎・伊右衛門・宝全也
一今日ゟ主水甘露寺様へ参

廿七日　酉　快晴

一御堂参、御供伊織・伊右衛門・宝全也

廿八日　戊　快晴

一卯刻御堂参、御供増十郎・伊右衛門・智光也、今日開
閉御立合(会)御当番也
一禁裏御所ゟ御代参御使番参ル、大典侍様御内村井方ゟ
文来、其趣者、来月七日上様御有卦御入被遊候、仍而
来三日ゟ一七ヶ日之間御祈禱之儀申来、御檀(壇)料如例、
御撫物来ル也
一倉橋様・督様・智覚院様御出、本堂御案内、御院主御
出、其後当院御立寄、御料理等出ス、暮方御帰り
一閉帳ニ付御堂参、御供増十郎・伊右衛門・宝全也、早
速御帰院
一今日主水甘露寺家ゟ帰ル

廿九日　亥　快晴

一御堂参、御供伊織・直八・智光也、今日昼ゟ当番、院
代用事ニ付他行故、閉帳迄御勤被遊也

五月朔日　子　晴

一御堂参、御供伊織(飛鳥)・伊右衛門(中海)・慈忍也、諸御(堂)参詣被成
御帰院
一今日上加茂江御出、御供主水(吉見)・増十郎(森本)・伊織・伊右衛
門、甘露寺様江御出、此間葵祭之御歓被仰之処、綏心
院様ニも俄ニ思召被立御出被遊候由ニ付、則□同道、尤

少御先ニ御院主ハ御出、加茂ニ而御弁当□□度等者御
一所(諸)也、暮方加茂御立(発)、綏心院(賢雅)様へ立寄、御帰り被成
也

二日　丑　雨下

一今朝開帳御立合(会)御番、為御名代寿命軒相務
一松平大膳大夫(毛利宗広)殿留主居平川長左衛門ゟ手紙来、其趣者
来ル四日大膳大夫殿大津之駅御止宿候、御出被成候て、
御相対可被成候由申来ル、右御返答御相応ニ而、四日
之事被得其意、弥御出可被成候由也
一宮内被参候、内用ニ付而也、幸ニ右之趣及相談、弥御
出可然由ニ付、其旨相極候也、右之段為御窺(伺)宥栄坊・
長左衛門手紙持参候処、宮内留主故(森本)頼母へ申置候由也
一御堂参、御供伊織・伊右衛門・宝全(坊)也、閉帳相済御帰
り

三日　寅　曇

一御堂参、御供増十郎・伊右衛門・宝全也、諸堂へも御
参詣、御帰り
一今日俄ニ寿命軒南都へ下ル、後光之儀ニ付而也、委細別
記有之

四日　卯　晴

一卯刻過御堂参、御供伊織・伊右衛門・智光也、御帰り
一卯半刻過大津江御出、御供如左

宥栄坊
吉見主水
森本増十郎
泥谷直八
中貝(海)伊右衛門

御輿四人

御長櫃　片挟箱　御沓持　笠籠

右之通、大津八町小坂小松屋九兵衛所へ御宿相定、大
膳大夫殿留主居平川長左衛門旅宿へ宥栄坊使僧ニ被
遣、其趣者、唯今令着候、宜時分為御知可給候由
右御返答、委細承知仕、暫間も可有御座間、時分能自
是可申上之由也
一未刻過長左衛門方ゟ大膳大夫殿被致着候間、御本陣へ

唯今御出可被成候由申来ル、右被得其意候由御返答
一御先ニ宥栄坊被遣、御札二重くり（曲）台、但包札也、煮梅
一器右同断、こんふのし（昆布熨斗）添玄関へ持参、追付御出、御
供右之通、尤主水・増十郎ハ御麻上下着仕也、御相対
相済、旅宿へ御帰り欠（掛）ニ宥栄・長左衛門旅宿へ為挨拶
被遣候也
一御旅宿ゟ御衣躰被改御立（発）被成也、暮方御帰り

五日　辰　曇　朝之内小雨　巳刻ゟ晴

一卯刻御堂参、御供増十郎・伊右衛門・智光也、諸堂へ
御参り、御帰り
一今日為御祝儀所々御使僧被遣、如左
土岐丹後守（頼稔）殿・向井伊賀守（政暉）殿・嶋長門守（正祥）殿・小堀仁右（惟貞）
衛門殿・甘露寺様・倉橋様・広橋様
右之通被遣、御口上何茂御相応也、宥栄坊相務、乍序
大膳大夫殿家老毛利宇右衛門・桂主殿両人江、昨日於
大津大膳大夫殿御逢被成候ニ付御挨拶、御使僧也、二
条御城御番頭衆へも参ル也

一今日昼ゟ当番、院代留主故御院主御務被成候也、申刻
閉帳□、御帰院
一南都ゟ一山へ書状来、後光之儀いまた被仰出無之候、
一両日延引可仕候、八日頃被仰出候而も、廿七日閉帳
迄出来候哉、若出来不申候ハヽ、願書申卸罷帰り可申
由、寿命軒・真福寺・光乗院ゟ申来ル也
右返事一山ゟ遣し候由、尤後光施主へ承入候処、慥ニ
出来申候由申遣ス由也

六日　巳　快晴

一今日御所労ニ付御堂参無之

七日　午　快晴

一禁裏御附衆桑山下野守（元武）殿御参詣、当院御立寄、御院主御出、御対
面御茶等出ス、其後本堂江御案内被成、宥栄坊御供ニ
参ル、本堂ゟ直ニ御帰り、御院主ハ御当番故、直ニ御
務被成候也
一二条御番頭菅沼織部正（定用）殿御参詣、当院御出、御通り組

頭衆御同道也、則智光坊案内ニ相添、於本堂御院主御
対面
一甘露寺様へ御吏(使)、吉見主水御有卦入御経儀被進之、唐
燭壱つ箱入、弁(規長)様へ綏(賢雅)心院様へ唐ちやかし(茶菓子)箱入壱、金
姫様へ香敷銀細工壱つ
右之通被遣之、主水直ニ宿仕候也
一寿命軒南都ゟ帰ル、後光之事仏勅次第と被仰候、仍而
今晩窺(伺)仏勅御鬮上候由也、委細者別帳ニ記之
一酉刻過御堂参、御供増十郎・伊右衛門・寿命軒、今晩
一山立合(会)御鬮上ル、則目代慈心院相窺(伺)也、戌刻過御帰
り、委細別帳ニ有之

八日　未　雨下

一卯刻過御堂参、御供伊織・伊右衛門・智光坊也、諸堂
御参詣、御帰寺
一禁裏御附衆松平石見守(忠一)殿御参詣、当院御立寄、御院主御対面、本
堂江御参詣、寿命軒御案内仕候也
一今日主水甘露寺様ゟ帰ル、昨日之御返答申上ル
一閉帳ニ付御堂参、御供伊織・伊右衛門・宝全也

九日　庚申　雨下

一未半刻過御堂参、御供増十郎・直八・慈忍也、今日昼
ゟ当番故、院代相務候を御替り御閉帳迄御務被遊候也

十日　酉　曇　巳刻ゟ晴

一御堂参、御供伊織・伊右衛門・宝全也、早速御帰り
一西洞院様・尾張様御出、御院主御対面、本堂へ御案内、
智光坊被遣、御帰りニ御寄、御酒等出ス

十一日　戌　雨下　午刻ゟ晴

一今日ゟ本堂御当番也、卯刻御参り、尤開閉御立合(会)也、
本尊鎰御預り御帰り、御供増十郎・伊右衛門・智光也
一甘露寺弁(規長)様・奥方様御出、本堂へ御参詣被成也、弁様
為御案内主水、奥方様へ御院主御案内、六坊なとへ御
参詣被遊御帰り、御料理出ス、初夜過御帰り
一閉帳之砌御膳出候故、為御名代寿命軒罷出相済

十二日　亥　曇　昼ゟ雨下
一御堂参、御供伊織・伊右衛門、開帳相済、諸堂へも御参り、御帰寺
一閉帳ニ付御堂参、御供伊織・伊右衛門・智光也、申刻過御帰り

十三日　甲子　雨下
一卯刻御堂参、御供増十郎・伊右衛門・智光也、開帳済御帰り、今日開閉御立合(会)番也
一未半刻御堂参、御供増十郎・伊右衛門・智光也、申刻閉帳相済御帰り、今日昼ゟ当番故也

十四日　丑　晴
一卯刻御堂参、御供伊織・伊右衛門・智光也、開帳済御帰寺
一小倉主殿為見分参候由、宝珠院へ御出被成、早速御帰り
一申刻閉帳御堂参、早速御帰り、御供伊織・伊右衛門・宝全也

十五日　寅　曇　申刻過ゟ雨下
一卯刻御堂参、御供増十郎・伊右衛門・智光也、暫御勤御帰寺
一申刻前御堂参、御供増十郎・牧山文内・慈忍、閉帳済御帰り

十六日　卯　雨下
一卯刻御堂参、御供伊織・伊右衛門・智光也、今日開帳御立合(会)番也
一申刻御堂参、御供同断、閉帳ニ付而也

十七日　辰　雨下　未刻ゟ晴
一卯刻御堂参、御供増十郎・伊右衛門・智光也、諸堂御参詣御帰り也
一未刻御堂参、今日当番故也、寿命軒昼ゟ相勤御代り被成、閉帳迄御勤被成也、御供同断、申半刻御帰り

十八日　巳　雨下

一卯刻前御堂参、御供伊織・伊右衛門・智光也、諸堂御参詣御帰り

一今日御里坊二条へ為惣中書付差出ス、其趣者後光再興ニ付、廿三日ゟ廿七日迄内陣江札なしニ諸人入申度由也、則控記ニ有之、何茂首尾能相済候由也

一倉橋三位様ゟ御使《(泰章)》　小野左膳

御有卦入之御祝儀、御口上ニ而

おらんた《(オランダ)》

こつふ《(小粒)》　一箱　昆布　三十本

右之通被進之由也、則左膳御酒・夕飯等被下、御直答御礼被仰上候也

一綏心院様ゟ御吏《(使)》《(賢雅)》　高木藤四郎

御有卦之御祝儀、左之通被進候由

御たはこ《(煙草)》　十五抱　御たはこ入《(煙草)》　二

右綏心院様ゟ

長命酒　一器箱入　一御盃　一重　箱入

右金姫様ゟ被進候由也

一御たはこ入《(煙草)》壱つ　藤四郎時分為御祝儀差上ル也

一藤四郎儀今晩ゟ被召寄候付、御使者相務直ニ宿仕也

一有馬細工かこ《(籠)》一　森本頼母内室ゟ被差上候

一御ぬりはし《(塗箸)》二膳　妙迎差上ル也

一御印籠　一ツ　孫九郎《(藤林好房)》差上ル也

一印籠紐　一掛　主水差上ル也

一緒〆　二つ　増十郎差上ル也

一閉帳ニ付御堂参、御供伊織・文内・智光也、早速御帰り

十九日　午　雨下

一卯刻御堂参、御供増十郎・藤四郎・伊右衛門・智光也、開帳相済、諸堂へも御参詣、御帰り也、尤今日開閉番也

一今日御院主様御有卦入、為御祝儀寺中被召寄御料理被下候、仍而於護摩堂大般若経転読有之也

一大仏餅　差上ル　宥円坊

一今日御有卦入御祝儀、寺中正印宗輔《(平瀬)》被下、夕御料理被

下候也、水谷求馬被召寄也
一閉帳ニ付御堂参、御供求馬・増十郎・伊右衛門・智光也、早速御帰り

廿日　未　雨下

一卯刻御堂参、御供藤四郎・伊織・伊右衛門・智光也、暫時御詰、昨日御番之処、御有卦入故、御差替被成、仍而今日昼迄御番也
一閉帳御堂参、御供藤四郎・伊織・直八・智光也、於本堂鎰光乗院へ御渡し、御帰り被成候也、申半刻
一藤四郎・求馬帰ル、藤四郎へ一昨日之御返答御礼被仰遣候也

廿一日　申　雨下

一御堂参、御供
一御有卦之為御祝儀御酒一樽差上ル、則持参也おうは（御乳）夫婦
右御料理・御酒等被下候也

廿二日　酉　晴

一卯半刻御堂参、御供伊織・伊右衛門・宝全也、今日昼迄当番、院代飯後ゟ相勤也、辰刻過御帰院
一禁裏様御代参、御使番参ル、月次之御代参也、御院主御逢被成候也、如例飯・酒等出ス也
一本多伊予守（忠統）様御家老中条権右衛門・寺田宮内同道ニ而被参候、則御酒等出ス
一宝珠院江生田播磨介（忠音）着いたし候ニ付御出逢被成、直ニ有卦神江御社参被成候也、御供主水・宥栄坊・増十郎・伊織・伊右衛門・文内也、二軒茶屋へ御立寄、初夜過御帰り

廿三日　戌　晴　折々白雨

一今日ゟ内陣入切手なしニ諸人拝せ候也、仍之御開帳七つ時ゟ御戸開也、寅刻過御堂参被成也、御供宥栄坊・増十郎・伊右衛門也、参詣群集仕候也
一二条御番頭本庄大和守（道矩）殿御組頭衆三人御同道ニ而御出、客殿暫御休足被成候而、本堂へ御参詣、宥栄坊御

案内仕、御院主客殿ニ而御対面、御帰り之節、式台迄
御出被成候也
一庭田（重孝）前大納言様・高倉（永房）前中納言様・綾小路（有胤）前中納言
様・倉橋（泰章）三位様御同道ニ而御出、則一汁五菜之御料理
出ス、本堂へ御参詣之節、御院主様へ宥栄坊相添御案
内也、初夜過当院ゟ御帰り
一櫛笥（隆成）前大納言様御参詣、十畳敷へ御通り被成候、御院
主御出御対面、本堂へ宥栄坊御案内、閉帳済御帰り
一生田播磨介参ル、客殿ニ而御逢被成候也、早速帰ル
一甘露寺様ゟ頼母参ル、来廿五日御有卦之御祝儀、丸（円）山
へ御出被遊候、御院主様へも御出被遊候様御口上也、
午序時分御祝儀物等差上候
　小刀　　壱本　森本頼母
　可有御細工
　硯ふた（蓋）　一　高木喜平太［　］
右御返答、御出可被成候由被仰上［　　］
御礼被仰候也
　廿四日　亥　晴
一卯刻前御堂参、御供伊織・伊右衛門・宥栄坊・智光坊
也、早速御帰院
一今日御番役、暫本堂江御参り、御供伊織・伊右衛門・
智光坊也
一高辻様・桜井様・倉橋様・金蓮院僧正・金勝院僧正御
出、御料理等出ス、夜入御帰り
一■（初）夜過御堂参、後光再興ニ付而也、子ノ刻過御帰り
　廿五日　子　晴　昼ゟ曇　申刻ゟ雨下
一卯刻前御堂参、御供増十郎・伊右衛門・宥栄也、早速
御帰り
一巳半刻本堂へ御参詣、暫御詰、御供増十郎・伊右衛
門・宝全也、主水御供いたし後光奉拝、直ニ丸（円）山江参、
今日御有卦為御祝甘露寺様御出被遊ニ付而也、御院主
御出被成筈之処、閉帳ニ付殊之外御多用故、御断被仰
進候也、夜半過主水帰ル、御菓子一包被進之、則差上
ル也
一生田播磨介参候由、御院主御逢被成候由也

廿六日　丑　雨下

一丑刻御堂参、今日開閉御立合(会)日付而也、御供宥栄・伊織・文内也

一申刻御堂参、御供伊織・伊右衛門・智光(宥栄)也、閉帳過御帰り欠(掛)ニ子安江御出、中蔵院着被致候付而也

一森本頼母・高木藤四郎被参候也

廿七日　寅　雨下

一廿六日之夜子刻ニ開帳、参詣之諸人宵之内ニ而群集仕候也

一子半刻御堂参、御供頼母・藤四郎・増十郎・伊右衛門・宥栄坊也

一中蔵院御出、生田播磨介(忠音)被参候也、御院主御出御逢被成候也

一出仕鐘突御院主御出仕、御供如左、棒つき(突)両人、御先払素襖三人(伊右衛門・嘉兵衛・今一人)・布衣両人(高木藤四郎・森本増十郎)・白丁四人(森本頼母・吉見主水)麻上下ニ而御供仕候也、東ノ局ゟ御進被成、御着座等者開帳之節之通り也、委細別ニ記有之

一未ノ下刻ニ御帰院、中蔵院殿・播磨介殿(生田)当院へ帰着、両人共ニ装束ノ儘にて一山何も首尾能相済候、宮様御(尊賞法親王)礼被請候也、御院主御礼被仰上、其後執行・目代・六坊之面々何も当院へ参、中蔵院・播磨介へ御礼申上也

一西御奉行所西尾左兵衛へ今日首尾能閉帳仕旨御届申上ル、口上書等別紙ニ有之、両奉行・松尾左兵衛へ宥栄参ル

一中蔵院・播磨介(生田忠音)へ御酒、其後麁相之料理出ル也

廿八日　卯　雨天

一巳ノ刻ニ戒名供養有之、御院主御出仕、御装束一山被仰合にて白直綴、覆肩なしの七条、金の中啓、御供寿命軒・森本増十郎、御履《クツ》持・長柄、午ノ下刻御帰院

一戒名供養相済、一山不残両奉行へ昨日首尾好閉帳仕忝存候、右御礼申上ラル旨、御院主御供宥栄・増十郎・伊右衛門、宥栄儀ハ暫ク御先キへ付申、桔梗や伝右衛門方にて御待請申也、御院主伝右衛門方へ御出被成、追而真福寺参ル、一山被仰合御一所(緒)ニ両奉行へ御出之

被仰合ニ候得とも、御途中ゟ御腰痛ニ付、宥栄真福寺
へ断り申置、先キへ御勤被成候、宥栄義（儀）ハ諸役人廻り、
目付別紙之通り廿二軒相勤罷帰り候也
一甘露寺様頭弁（規長）勅許ニ付、主水義ニ御召にて参ル
一（ママ）

廿九日　辰　雨天

一卯ノ刻御堂参、御供宥栄・増十郎・伊右衛門、御堂参
了、直クニ子安へ御出、中蔵院今日下向ニ而御挨拶被
仰候也
一谷口三右衛門・端長兵（衛）へ首尾能万端相済候御祝義（儀）ニ被
参□書院にて御院主御対面
一寿命軒六坊へ相談事有之由にて参ル
一宝珠院へ播磨介（生田忠音）見舞ニ提重被遣候、御使僧慈忍房
一播磨介寿命軒へ被申候ハ、今日宮様（尊賞法親王）御書にて明日此度
世話之講中へ一往御挨拶有之候間、何も講中頭分之
面々宝珠院へ参り候様ニ可申遣之旨寿命軒承り（ママ）

卅日　巳　雨天

一御堂参、御供宥栄・伊織・伊右衛門
一甘露寺様へ頭弁拝賀之御祝義（儀）被仰上、金子三百疋御樽
代・昆布三拾本、御使僧宥栄、綏心院様（賢雅）奥方様へも御
祝義（儀）御口上、御返答御相応也、後日御拝賀ニ付孫九
郎（藤林伊助）・直八・増十郎御用ニ付夕方参ル

六月朔日　午　雨天

一御堂参、卯ノ下刻、御供宥栄・伊右衛門（中海）
一明二日一山被仰合、御同道ニ而宮様へ為御礼御下向之
筈ニ候得とも、就御所労御使僧を以延命院へ御断被仰
遣、先ツ寿命軒一山同道にて参ル、延命院・慈心院・
真福寺・円養院・寿命軒同道也

二日　未　雨天

一御所労ニ而御堂参なし
一寿命軒未明ニ発足延命院・慈心院・真福寺円養院同道宮様へ御礼
白銀百枚　昆布一箱

銀五枚ツヽ　御家老三人
同弐枚　小倉主殿
一山格(各)院よりも宮様其外家老中へ御祝義(儀)差上ル、当院
より宮様へ白銀三枚・昆布三拾本
金子三百疋ツヽ　高天法印(好章)
　　三人　中沼兵部(秀延)権少輔
　　　　　生田播磨介
金子弐百疋　二条寺主
　　　　　小別当中蔵院へ
一中京一条組白かべ(壁)町講中へ開帳中取持為御挨拶御使僧
被遣、知孝(智光)房・宝全房、別ニ記ス
　　　　　今日土用ニ入
　三日　申　雨下　昼之間天気晴　又七つ比降
一御所労ゆへ御堂参なし
一禁裏様臨時之御祈禱被仰付、大典侍様より御文、明四
日ゟ一七ケ日、上様(桜町天皇)御機嫌よく御長久之御祈禱御務、
満座之節、御撫物・御巻数御上被致候様ニと、御請左
之通り
一御撫物・御壇料白銀壱枚
御院主御出、御使へ御挨拶被致候
　　　　　　　　　　御使伊地知木工
　なを／＼よろしく御とりなしたのミ入存候、か
　しく
大典侍様より仰とし而御文のやう拝見致し候
上様倍御機嫌よくならせられ恐悦ニ存奉り候、なお／＼
御機けん(嫌)よく、何の御さわり(障)もあらせられす御□(さ)いな
んなく御寿命御長久の御事にて、てん(天)下太平ニおわし
まし候やうニと、明四日より一七ケ日御祈禱仰付させら
れ、畏り奉り候、御撫物・御たんりやう(壇料)白銀壱枚、め
てたく拝受仕り候、明四日ゟ御きとう(祈禱)はしめ(始)、一七ケ
日まん(満)座のせつ(節)御撫物御巻数さし上申へく候、此よし(由)
よろしく御とりなし御申上たのミ入存候、めてたくかし
く
　六月三日　　　　　　清水寺
　　　　　　　　　　　　成就院

大典侍様御内
むら（村）井殿
御返事

一今日甘露寺様ゟ増十郎（森本）・直八（泥谷）罷帰ル、孫九郎（藤林伊助）・主水（吉見成連）も帰候也

一□（頭）弁様ゟ御拝賀御祝儀被進候、為御挨拶まんちう（饅頭）折籠一組被進之、則主水持せ来ル也

四日　酉　朝之内晴　昼ゟ雨下　未半刻晴

一就御所労御堂参無之

一寿命軒南都ゟ御礼首尾能相勤罷帰ル

五日　戌　晴天　夕方雨下

一就御所労御堂参なし

六日　亥　晴天

一就御所労御堂参なし

一寿命軒六坊へ参ル、相談事

一今日甘露寺様奥方様御本復為御祝義（儀）三本木へ何茂様御出被為遊候ニ付、主水・増十郎義（儀）も被召、於彼所御料理被下候ニ付、五ツ時ゟ両人共ニ参ル、増十郎儀者暮方ニ帰ル也

七日　子　快晴

一今日祇園会鉾為御見物四条通御出、上田利兵衛世話ニ而右之所へ御出被成候也、御帰りニ二軒茶屋江御出被成候也、御供宥栄坊・増十郎・伊織（飛鳥）・孫九郎・伊右衛門也

一主水夜ニ入罷帰ル

一御院主様御不快ニ付山本立安申遣ス、明日可参之由也

八日　丑　快晴

一御不快故御堂参無之、山本立安参ル、御脈窺（伺）、御薬差上ル、二貼

九日　寅　晴　未半刻夕立雷鳴也

一山本立安参、御薬弐貼上ル

十日　卯　快晴

一今日甘露寺様嘉代姫様御出被遊、開帳首尾能相済候御祝儀也、野村五郎兵衛其外役者被召連舞拍子有之、夜ニ入御帰り

一山本立安御様躰相窺（伺）、御心能候故御薬不上帰ル也

十一日　辰　快晴

一無事

十二日　巳　快晴

一今日一条組講中開帳中大儀いたし候ニ付御料理被召寄也、則何茂参候衆中へ御逢被成也

一森本頼母被参候
右者従弁様（甘露寺規長）御意之趣、此度御開帳諸勘定何茂立合（会）帳面等差出候様、且又是迄之記録等も御書入御覧候様被仰渡候也、何茂御請申上ル

十三日　午　晴

一頭弁様ゟ御使藤木要人参、御口上之趣如左
弥無御替（変）珍重思召候、此節者御出被遊候処、種々御馳走忝思召候、且又御開帳も相済申候間、増十郎儀御暇之儀、頼母相願候、御戻被成可然思召候、仍而以御吏（使）被仰進候由也
右御返答御相応ニ而、増十郎儀委細御承知被成候由也

十四日　未　晴

一明日仲光院入院御料理差上候ニ付、則如先格之鳥目百疋被下置候也、右之御請院代方迄申越候

一幸八（奥田）儀児病気以之外之由申来候由、御暇御願申、夜前ゟ下宿、今朝南都へ下ル也

十五日　申　晴　雷雨　暮方晴

一御堂参、諸堂御廻り、御供伊織・伊右衛門・宥栄坊也

一今朝増十郎へ御暇被下候也、白銀壱枚被下置候也

一仲光院江御出、御供主水・伊織・伊右衛門・慈忍坊也、

今日入院振舞也、御出欠(掛)ニ槌屋九兵衛参、右ニ付御逢
被成、暮方ニ仲光院ゟ御帰り
一妙法院宮(尭恭法親王)様へ暑気為御見廻瓜一籠被進候、御使僧智光
相務候也

十六日　酉　晴　夕方雷鳴

一甘露寺様へ暑気之為御見舞御使、宥栄坊
真瓜　一籠
綏心院(賢雅)様へも右同断被進之、御口上御相応也、右御返
答御相応也、乍序嘉祥之御祝儀来ル也
きんとん　一包
一仲光院参上、昨日御出忝奉存候旨、為御礼参ル、御逢
被成候也

十七日　戌　晴

一御堂参卯刻過、御供伊織・伊右衛門・宥栄坊也、諸堂
御廻り、御帰り

十八日　亥　晴

一御堂参辰刻、御供伊織・伊右衛門・慈忍也、諸堂御参、
御帰り
一今日御輿払為御見物、二軒茶屋へ御出、御供主水・伊
織・伊右衛門・直八・文内(牧山)・宥栄坊、孫九郎(藤林伊助)御跡(後)ゟ参
ル、夜ニ入川原へ御出、御帰り也

十九日　子　晴

一無事
一二条右府(宗熙)様薨去ニ付今日ゟ三日之間鳴物停止也

廿日　丑　晴

一今日甘露寺様を始(初)諸方暑気御見廻御出、如左
一倉橋様御通り、素麵廿把一折、御持せ被成候也
一広橋様へ開帳無滞相済候ニ付如左被進、則持せ
金子三百疋　川(河)端(景輔)・速水(頼益)・雑掌方へ何茂百疋ツヽ、
外ニ
和紙十束一折　是ハ此度宰相(広橋兼胤)御拝賀之御祝儀被進之、

尤是迄御拝賀等之節ニ当院ゟ付届無之
候へ共、御院主様御里元御由緒有之故、
以別紙被進也
一御里坊へ御出、開帳無滞相済候為御礼一山罷下候へ共、
御所労故院代罷下り候、右御断旁宥栄坊御供、委細書
付置候也
一甘露寺様ニ御出、主水儀広橋様ゟ直ニ甘露寺様へ参り、
待請申也
　白銀　五枚
　さらし　一疋
右之趣、開帳中幕・屏風其外御借用物之御礼旁也
綏心院様へ
　金子弐百疋
右同断
　金弐百疋ツヽ、宮内（寺田）・頼母（森本）・喜平太（高木）へ被下候也
　銀（ママ）弐両　藤四郎（高木）被下候也
綏心院様へも御出、夜四つ時御帰院、御内用有之候而
藤四郎御供ニ而参ル　　御供　宥栄坊

主水
宥栄坊ハ甘露寺様ゟ御先江帰ル也　伊織
伊右衛門
一森本頼母参、御酒一樽持参、増十郎半元服之祝差上候
由也、御出欠（掛）ニ御逢被成候也
　廿一日　寅　晴
一森本増十郎参ル、此間之御礼旁也、藤四郎同道ニ而帰
ル也
　廿二日　卯　晴
一無事
　廿三日　辰　晴
一八幡閼（伽）井坊被参、龍田茶一袋持参、御院主御逢被成、
是者宥栄坊事ニ付被参候也
　廿四日　巳　晴

一南蔵院参、来ル廿七日入院、御料理差上申度旨、御障
も不被為有候哉相窺(伺)被申、何之御差合無之由被仰、仍
而弥廿七日御招請仕□(筈)也

廿五日　午　晴

一今日北野之御代参主水参ル、甘露寺様へも立寄、御機
嫌相窺(伺)、初夜ニ帰ル
一高台寺天神江御供宥栄坊・幸八・伊織也、初夜過御帰
り

廿六日　未　曇　朝之内雨下

一無事

廿七日　申　風雨

一今日南蔵院江御出、御供主水・孫九郎(藤林伊助)・伊織・伊右衛
門、御料理等出、七つ半過御帰寺、南蔵院兄へ始(初)而御
逢被成也
一南蔵院参、前刻御出被下候御礼、御居間ニ而御逢被成

廿八日　酉　晴

一御堂参、御供宥栄坊・伊織・伊右衛門也、諸堂御参詣
御帰寺也
一松平伊賀守(忠周)殿ゟ御使者　　尾崎次郎兵衛
去五月之御札・御書等被進御返書、正月ニ中根次郎右
衛門へ御状被遣候返書持参、但開帳之御代参御在所御
遠国故、今日ニ相成候由ニ而
　白銀　一枚来ル
右御院主御逢被成候也、宥栄坊挨拶、御酒等出ス也、
本堂へも同人案内、直ニ帰ル
一二条御城内布施宗十郎殿ゟ御使来ル
右者此間暑中為御見廻御使僧被遣之御挨拶、且残暑御
見舞旁葛切一箱被進候也
右御返答御相応、宥栄坊申遣ス也

廿九日　戌　晴

一寺田宮内被参候、就内談之儀也

七月朔日　亥　晴

一宝徳寺隠居為窺(伺)御機嫌参ル、御逢被成候也

吉野くす(葛)　五箱持参

一御堂参、諸堂へも御参詣、御供宥栄坊・伊(飛鳥)織・伊(中海)右衛門、今日ゟ当院当番也

二日　亥(子)　晴

一御堂参、御供宥栄坊・伊織・伊右衛門、諸堂へも御参り、直ニ廟参被成也、寺中不残如例年被参候、当院ニ而御斎被下候也

三日　子(丑)　晴　暮方夕立雷鳴

一御堂参、御供智光・伊織・伊右衛門、諸堂へも御参詣、御帰院

一為御機嫌伺参上、水谷求馬

四日　丑(寅)　晴

一御堂参、諸堂へも御参詣、御帰欠(掛)ニ慈心院へ御立寄被成、親父死去之由ニ付為御悔也、御供伊織・伊右衛(文内・宥栄)門・智光也

一松平(毛利宗広)大膳大夫殿ゟ御代参、五月御返書・白銀壱枚如例来ル、堅田安房ゟ書状、桂主殿儀今般役儀被免候、仍■同人ゟ御返書申入旨申来ル也

五日　卯　晴

一御堂参、御供宥栄坊・伊織・伊右衛門也、諸堂御参詣御帰り

六日　辰　晴

一今日御風(邪)気有之故、御堂参無之也

七日　巳　晴

一今朝茂御不快故、御堂参無之

一二条其外当日御祝儀御使僧被遣、如左
　　　　　　　　　　　　　宥栄坊
二条土岐丹後守(頼稔)殿・町御奉行向井伊賀守(政暉)殿・嶋長門守(正祥)
殿・御城御番頭小堀仁右衛門(惟貞)殿・堂上方広橋宰相(兼胤)殿・
甘露寺様・綏心院(賢雅)様・倉橋様・御城内武藤義助殿 布施宗十郎殿右之
通相務候也
一寺中何茂為御礼参上、正印(平瀬)・宗助(輔)父子共参ル也、右何
茂風(邪)気故、御逢不被成候也
　　八日　午　晴　夜ニ入雨下
一二条御城内武藤義助殿ゟ御使者、昨日為御祝儀御使僧
被遣候、且暑中ニ茂御見廻之御使者被遣候、為御挨拶
也　　　　　　　　　　　御使者
一右御返答御相応申遣ス也　　取次奥田幸八
　　九日　未　晴
一御堂参、諸堂へも御参詣、御供伊織・伊右衛門・宥栄
也

一禁裏御所ゟ御代参、御月次之御代参也、如例御院主御
逢被成也
一町廻り与力・同心如例年参候、則智光坊御吏(使)僧被遣
　　十日　庚申　晴
一御堂参、諸堂へも
一夜ニ入八坂庚申江御参詣、御供主水(吉見成連)・伊織・直八(泥谷)也
　　十一日　酉　朝之内雨下　昼ゟ晴　夕方又降
一二条御城内武藤儀(義)助殿ゟ御使、為御見舞そうめん(素麺)一箱
来ル、御返答宥栄御相応申遣ス也
一主水御内用ニ付甘露寺家へ参ル、夜ニ入帰ル
　　十二日　戌　晴
一中田三郎左衛門方ゟ手紙ニ而御供料金子弐両来ル、右
御返書相認遣ス也
　　十三日　亥　晴　朝之内雨下　辰刻晴

一無事

十四日　子　雨下　巳刻ゟ晴

一無事

十五日　丑　雨下　雷鳴

一中元為御祝儀、法成寺・金蔵院・南蔵院・来光（迎）院被参
候也

十六日　寅　晴　暮方ゟ夕立

一今朝寿命軒甘露寺様へ窺（伺）、書持参候也、別紙記之、御
修覆之事、是迄之通、講中江聞せ可申哉、当院へ引請
可申哉之事也

一御廟参、御供宥栄坊・伊織・伊右衛門也、直ニ御帰り

十七日　卯　晴　折々雨下

一御堂参、宥栄坊・伊織・伊右衛門、如例諸堂御参詣、
御帰院

一宮（寺田）内被参候、則御修覆勧化等之内談有之、金蔵院・宥
円坊も被参候也

十八日　辰　晴

一御堂参如例、御供伊織・伊右衛門・宥栄坊候也

一六坊江寿命軒被参候而内談之書付持参候也、右書付之
趣如左

此度開帳中取持被申候講中、修覆相済候迄世話可仕之
旨被申候、仍而当院所存之趣可申入旨ニ付、左之趣得
御意候

一勧化所へ当院役人壱人ツヽ、差出可申候事

一寄進物等日々致勘定、講中判形之上、右附置候役人致
加判、納金銀勘定一山江申聞、預ケ所相極可申候事

一勧化幷修覆之儀、講中相談之儀有之候ハヽ、成就院江
熟談之上一山江相談可申候事

一格別之御人有之節者於成就院相応之饗応等可申付候事

一講中参会等之儀、於成就院可有之事候

一勧化所ニ奉加御請取所成就院と書付候札相立可申事

一下部一人ツヽ毎日当院ゟ差出置、講中諸用相弁させ可
申事
一此度御修覆相済之上者、成就院一分前々通紛敷儀無之
様可仕候事
右之通御相談申度候、於御同意ハ新ニ勧化所相立不及
申、是迄之勧化所相用勤可申様被存候間、先此節者物
入等無之様致置、追而者建直し候様可致候事
一(ママ)

十九日　巳　晴　暮過大雨雷鳴

一(ママ)

廿日　午　晴　朝之内雨下

廿一日　未　雨下

一正印平瀬宗輔来、明後廿三日家督相続之御祝儀御料理
差上申度由、御差合不被為有候哉窺(伺)ニ来ル也、右何之
御差合も無之旨、幸八を以被仰出候也

廿二日　申　晴　昼ゟ雨下

一今日宮様(尊賞法親王)御里房へ寿命軒参、此間六坊へ遣し候相談之
書付写し持参、小倉主殿へ見せ置候也
一禁裏様ゟ如例年之御紋丁ちん(提燈)・らうそく(蠟燭)添、鳥目百文
来ル、如例御酒等出ス、御院主御逢御請被仰上候也

廿三日　酉　晴

一今日正印宗輔(平瀬)ニ家督振舞之為祝儀方金百疋被下候也
一宗輔方江御出、御供主水・伊織・伊右衛門、寿命軒も
被参、智光坊也、暮方御帰院也

廿四日　戌　晴

一中沼兵部少輔(秀延)内用ニ付上京之由、慈心院へ被参候ニ付人
被寄候ニ付、寿命軒参候節、伝言被仰遣候也

廿五日　亥　折々小雨降

一今日宮内被参候也、内談之用事ニ付、昨日使遣ス

廿六日　子　雨下　昼過ゟ晴

一宮様御出京被成候付、為御機嫌伺御出

葛切一箱二重くり台ニ乗包昆布添

右御持せ被差上候也、尤被仰置候也

一右御出欠(掛)ニ倉橋様へ御立寄、盆之御祝儀被仰也、御帰欠(掛)ニ甘露寺様へ御出、暮前御帰院、御供直八・伊右衛門・宥栄坊・主水也

廿七日　丑　晴　昼ゟ曇

一従今日幸八儀、故障故引込也

廿八日　寅　雨下

一(ママ)

廿九日　卯　雨下

一(ママ)

晦日　辰　雨下

一今日内談之儀ニ付、院代宮内(寺田)方江被参候也

一明日二条へ御出被成候ニ付、甘露寺様へ御挟箱借ニ喜平太方へ手紙遣ス、則来ル也

八月朔日　巳　雨下

一二条所司代・町御奉行江御出、御供宥栄坊・直八(泥谷)・伊右衛門(中海)、御輿四人、片挟箱・長■(柄)等也、其外如例、両町御奉行江ハ

金子百疋ツヽ、二重くり台(曲)・包こんふ(昆布)添

御帰欠(掛)ニ小堀仁右衛門(惟貞)殿・御城番頭衆両人、布施宗十郎殿・武藤儀(義)助殿御礼被仰入也、巳刻過御帰院

一甘露寺様・綏心院(賢雅)様・広橋様・倉橋様へ為御祝儀、御供先ゟ宥栄坊被遣候也

二日　午　雨下

一御堂参如例、御供直八・伊織(飛鳥)・智光坊也

一本庄大和守(道矩)殿 御番頭衆也 ゟ御使翰来、昨日御出被成候御返礼也、

申置候、帰ル

三日　未　雨下

一本堂其外江御参詣如例、御供伊織・伊右衛門・智光坊
也

四日　申　晴　七ツ半過ゟ雨下

一今日御城番頭本庄大和守(道矩)殿為御巡見御出、当院御弁当、
御院主御出、御対面被成候、午刻前御出、暫御休足御
帰之節、式台迄御出被成候也、御菓子計出候、為御礼
金弐百疋被差置候也

一寺田宮内方江一山取替し之証文草案為持遣候処、直し
来ル、其節綏心院(賢雅)様少々御腹痛被成候由申来ル也

一綏心院様へ御使主水(吉見成連)被遣、為窺(伺)御機嫌也
右御返答、今日者御快被遊御座候由也

五日　酉　晴

一御堂参如例、御供伊織・伊右衛門・智光坊也

一綏心院様へ為(伺)御機嫌宥栄坊被遣候、御口上御相応也、
外ニ宮内方ゟ内談之儀申来ル、仍而明日主水被遣候筈
也

六日　戌　晴

一為伺御機嫌綏心院様へ御使主水被遣候也、御口上御相
応御返答、弥御心能被遊御座候也、乍序宮内相談之儀
有之、七ツつ(ママ)過ニ帰ル

一此度御修覆等之儀、講中取計ニと申儀、六坊ゟ及相談
候儀先見合、二条へも相窺(伺)可然之由院代へ宮内ゟ申入
候伝言、則主水申達候也

一御堂参如例、御供伊織・伊右衛門・宥栄坊也

七日　亥　晴

一御堂参如例、御供伊織・伊右衛門・智光坊也

一今日菅沼織部正(定用)殿為巡見御出、当院江御立寄御弁当也、
御院主御出御対面、御帰之節、式台迄御出被成候也、
主水罷出ル也、尤本庄殿御出之節之通也、金子弐百疋

被差置候也
一今日ゟ幸八(奥田)忌御免被成出勤、尤別火ニ而相勤候也
八日　子　曇
一(ママ)
九日　丑　晴
一一乗院宮様(尊賞法親王)へ為御機嫌伺、智光坊御使僧ニ被遣、御口
上御相応
素麵　一箱　包昆布添
右被進候也
一綏心院様へ御使、為窺(伺)御機嫌、智光坊也、右御返答何
茂御相応也
十日　寅　晴
一宝徳寺今日死去之由申来ル
十一日　卯　曇　暮方ゟ雨下
一(ママ)
十二日　辰　雨下
一(ママ)
十三日　巳　雨下　昼ゟ晴
一(ママ)
十四日　午　晴　夜分小雨
一慈心院ゟ使ニ而、此度一乗院宮禁裏様江[redacted]（入木）道之御伝
授被遊候、右為御歓延命院被参候、寿命軒御出候て御
同道可申□申来ル、右返答、寿命軒今日者他行候由申
遣候、智光坊被遣候也、則御歓申上帰ル
十五日　未　曇
一(ママ)
十六日　申　曇

一今日金蔵院・南蔵院江当院役者被仰付候也、両僧共御請申上ル

一御堂江御社参　甘露寺様へ御出、綏心(賢雅)院様へも御出、夜半御帰院、御供主水・伊織・伊右衛門也

一禁裏御所ゟ月並之御代参有之由也

十七日　酉　雨下

一御堂参、御供主水・智光也

十八日　戌　雨下

一御堂参、御供智光坊・伊右衛門也

一今日御霊御祭ニ付御内証御祝有之也、宥円被召寄、御料理等被下候也

十九日　亥　雨下　昼ゟ晴

一今日為内談、宮内(寺田)方江主水参

廿日　子　晴

一宮内被参候、内談之儀故也、寿命軒他行、暫待合対談

廿一日　丑　晴

一禁裏様ゟ御代参、臨時之御祈禱被仰付候也、如例白銀一枚御撫物来ル、大典侍様御内村井ゟ文来、御返書如例相認遣ス也

一伊織父為御機嫌伺参ル、いも(芋)御菓子等差上ル、夕飯なと振舞遣ス

廿二日　寅　晴

一今日内談之儀有之、主水甘露寺家へ参ル也、則寿命軒・南蔵院同道仕候也、宮内方ニ而内談、寿命軒・南蔵院御里坊へ参ル、右者此度役者申付候付、以後ハ南蔵院御用之節可罷出候為引合也、主殿対談有之候也、暮方何茂同道帰ル

一六坊江使僧南蔵院口上之趣者

御修覆之儀、則今日里元へ参及相談候得共、いまた決定不致候、追而熟談之上可申入之由申遣ス、使僧外ニ

口上ニ者、宮様（尊賞法親王）へ講中御断ニ被罷出候儀、右之通ニ候
間相待被申候儀相成申候間、各ゟ宜頼合申也
右返答得其意承候由也

廿三日　卯　快晴

一今朝慈心院ゟ院代呼ニ来、被参候処、昨日六坊方へ者
いかゝ返事被成候哉、今日延命院急相談申度由申越候、
仍而内意承度由申也、仍而夜前返事被趣被申聞候由也

廿四日　辰　晴　朝之内小雨降

一今日一乗院宮様御里坊へ御出、明日御帰被成ニ付、為
御暇乞松茸一折御持せ被成候也、御供直八・伊右衛
門・智光坊、御帰之節甘露寺様御立寄被成候也、尤宮
様御対面無之

廿五日　巳　快晴

一今日主水甘露（寺）家へ依召参ル也、宮内（寺田）五十賀御祝被下、
於三本木御料理被下候、仍而取持被仰付候也、翌日帰
ル
一今日講中之内壺屋善兵衛と申者参候由、暮方より慈心
院も参り、修覆之儀、此間六坊と取合之内談有之由也、
委細不承ニ付不記之

廿六日　午　朝之内曇

一今日主水帰ル也

廿七日　未　晴

一今日勧化所ゟ銀子九貫目幸八参請取、主水江渡ス

廿八日　申　曇

一御堂参、御供智光坊・伊織・伊右衛門参也

廿九日　酉　昼ゟ雨下

一御城番布施宗十郎殿・渡辺民部殿同道、尤下役両人同
道ニ而御出、御院主御出被成御逢被成候、則御料理等
出ス、御帰り玄関迄御出

一倉橋様御姫様御出、近々関東へ御下向ニ付為御暇乞御
出、御料理等差上ル

九月朔日　戌　雨下　昼ゟ晴

一御堂参、御供智光坊・直八、諸堂へ御参詣被成、御帰
被成候也、本堂御当番仍而也

二日　亥　晴

一御堂参、御供有栄坊・伊織（飛鳥）・直八（泥谷）也、諸堂へも御参詣、
御帰被成候也

一寺田宮内被参候也、内談之儀依有之也

三日　子　晴

一御堂参、御供智光・伊織・文内（牧山）也

一甘露寺様・綏心院（賢雅）様・倉橋様へ松茸一籠宛被進之、御
使僧宥栄坊勤之也
右御返答何茂御相応也

四日　丑　曇

一御堂参、御供来迎院・伊織・文内也

五日　寅　雨下

一御堂参、御供来迎院・伊右衛門（中海）、如例諸堂御参詣、御
帰院也

六日　卯　晴

一御堂参

一倉橋様へ御出、御供主水（吉見成連）・伊織・直八也
右者姉姫様関東へ御下向被成候ニ付為御暇乞御出、御
栈（餞）別ニ音羽焼三品御持参被成候也、暮方御帰り、主水
儀者宮内方へ用事罷越、翌朝帰ル

七日　辰　晴

一御堂参、御供宥栄坊・伊織・直八也

一夜八つ過出火有之、仏光寺寺中ゟ出火、町ニ焼出ル、
七つ過消ル

一御堂参、御供宥栄坊・伊織・直八也

八日　巳　雨下

一御堂参、御供宥栄坊・伊織・文内、諸堂御参詣被成也、
御帰院

重陽　午　晴　朝之内雨下

一当日為御祝儀所々御使僧被遣、如左、御使僧南蔵院
土岐(頼稔)丹波守殿・向井(政暉)伊賀守殿・嶋(正祥)長門守殿・小堀(惟貞)仁右
衛門殿・御城番頭布衣宗(施)十郎殿・武藤儀介(義助)殿

堂上方

広橋殿・倉橋殿へ者乍序、昨日御姫様御出足之御祝儀
被仰入、甘露寺家御両方様・綏心院様
一倉橋三位様(泰章)ゟ御吏(使)下部、御文匣来ル、内々さゐ方ゟ文、
寿命軒・主水へ来ル、其趣者、昨日美代姫様御出足被
成候、仍而御祝被成候一(ママ)而赤飯一器被進之由也
右返書認遣ス也、相応

十日　未　曇

一御堂参、御供宥栄坊・伊織・直八也
一本庄大和守殿(道矩)ゟ昨日御返礼書状来ル、差置帰ル也

十一日　庚申　朝之内小雨降

一(ママ)

十二日　酉　快晴

一今日養心院殿御出、御弁当被成候也、為御礼金弐百疋
被差置候也
寺田宮内被参候、兼而之内談之儀也、何茂対談
一六坊延命院へ御吏(使)南蔵院被遣候、其趣者、先頃已来被
仰聞御修覆之儀、何茂御相談応候様致置、是迄及内談
候得共、修覆之儀者当院古来ゟ仕来候得者、内分ニて
者一山通りニ領掌難致候、仍而御断申入候、此旨一山江も宜御伝
達可被下之由也
一右返答、御口上之趣、委細承候、延命院修法いたしを
り候、追而可申聞候由、則光乗院返答申也

十三日　戊　晴

一今日芝居江御出、御供孫九郎（藤林伊助）・伊織・直八也

一今日甘露寺家江主水参ル、宮様（尊賞法親王）江御年賀為祝儀方金百疋被下之也、右之請取御［　　］申也

十四日　亥　雨下

一主水帰ル

一真福寺参、一昨日六坊中江之御返答致承知候、右之趣御書付被下候様申由也

十五日　子　雨下

一執行江御吏（使）南蔵院、口上書持せ被遣、如左

口上覚

一為修覆一山同和ニ而開帳相済、散物等請（諸）払残銀之儀、此度相改、一山相請之上、何方江成共預ケ置、修覆入用之節ハ一山勘定立合（会）ニ可致候事

一諸伽藍修覆之儀者、古来従御公儀成就院へ御下知被成下候職掌之事ニ候得者、前々之通、諸事此方一統として修覆取唀（噯）可致候、然上ハ御公儀諸事願筋、御寺務宮江御届候、又□勧化等之儀、前々仕来候通、成就院一院として取計可申候事

一開帳中取持被申候講中、此已後共修覆勧化等之儀、世話相頼申度候、右之通御心得可被成候、已上

九月十五日

右御返答申候者、御書付落手仕候、早速一山中へ相達可申候由也

一慈心院ゟ院代ニ逢申度由、早速ニ参候処、従南都一山中被召寄候、当院へ右之廻状不参ニ付、則写し被為見候、其趣如左

御用之儀有之候間、来ル十七日頃、左之院主可有下向旨、昨晩南都ゟ申来候、可被得其意候、以上

九月十五日　小倉主殿

宝性院名代

慈心院御房

六坊御中

成就院御房

右六坊中者延命院御一人可有下向候、急々申来候間、
各御苦労ニ存候、以上

十六日　丑　雨下

一御里坊へ宥栄坊遣ス、其趣者、自南都御召之由、此方ニ者御廻状不参候、弥当院御召と存候、夫ニ付院主此間所労気御座候、寿命軒儀も病気罷在候、旁以気毒ニ奉存候、外ニ役者差下し可申候
右不罷下之儀、何分宜様御状ニ而も被遣被下候様、寿命軒口上ニ而申入候也
右御里坊小倉主殿へ廻状不参候儀承之候之処、下部新参之者ニ而当院へ不参候由、扨又御院主・寿命軒不罷下之儀、諸大夫中迄書状可遣之由也

十七日　寅　雨下　巳刻ゟ晴

一今朝七つ時、南蔵院・宥栄坊両人南都へ罷下ル也、一山も同刻下向之由也
一今日御所労故、御堂参無之也
一兼日之案内ニ而今日留主居中御振舞被成候也、二汁七菜料理・御茶出ス、被参候人数如左、荒木次太夫、次男同道、平川長左衛門、真部金左衛門、右之通野田佐五右衛門断申来ル也、暮過被帰、其節御院主御病中候得共、ちよと御出御逢被成候也
一南蔵院・宥栄坊両人十六迄罷下り候処、南都ゟ御飛脚ニ而俄御用有之候間、今日被下之儀御延引、廿一日二日頃罷下り可申旨申来候由ニ而、何茂十六ゟ引返シ帰京、一山も同前罷帰り候由也
一上林三入ゟ御茶詰来ル、則返書認遣ス、例□也
一(ママ)

十八日　卯　曇

十九日　辰　晴

一今日綏(賢雅)心院様御出、金姫様ニ茂御出被成候也
倉橋様・御督様・中務権少輔様御出被成候ニ付、宝珠院御出被成候也、何茂夜ニ入御帰り

廿日　巳　晴

一小堀仁右衛門（惟貞）殿死去ニ付為御悔御使僧智光坊、手嶋郷右衛門新家ニ役替被致候、悦被仰遣候、同人

一明日南都へ御下向之儀ニ付御里元喜平太（高木）方へ主水手紙遣ス、其趣者御病中なから押而此度者御下り被成可然由、爰元相談決定仕候、仍而申上候、御供之儀誰々と申遣ス

右御返答被得其意之旨、尤主水ニも弥罷下り□□被仰下候也

廿一日　午　晴　夜ニ入雨下

一寅半刻御発駕、御供宥栄坊・主水・伊右衛門計也、一荷挟箱、片ニ御前之御夜具等入、片ニ三人之着類等入ル、宮様（尊賞法親王）へ名酒二徳利箱入、中沼兵部（秀延）□（使）吏、此度八十賀祝有之由ニ付、同一徳利御持せ被成

一南都へ七つ半過御着、木津ゟ伊右衛門御先ニ遣し御旅宿之事申遣ス、清九郎方差合有之ニ付、西新町魚棚大津や吉右衛門方へ御止宿被成候也、南都届其外之儀者別記委細有之

廿二日　未　辰刻ゟ晴

一南都別記委細記之

廿三日　申　晴　夜ニ入雨下

一今日茂南都御滞留也、宮様御用相済候ニ付明朝帰京之由也

廿四日　酉　雨下　巳刻ゟ晴

一今朝寅刻過南都御立（発）被成候也、道中無恙酉刻過御帰院

廿五日　戌　雨下

一甘露寺様へ御使吉見主水、昨晩御帰京被成候、仍而為御土産此品被進候由

　小菊花

　くほかき（久保柿）　三つと九ツ（ママ）

右　頭弁様（甘露寺規長）へ

かうし（柑子）　一籠
なし（梨）
右　嘉代姫様へ
かうし（柑子）
御所柿　御文匣ニ入
餅
右綏心院（賢雅）様へ、餅者於南都中沼秀山八十賀祝餅ニ而御旅宿へ被進候付、直ニ被進之冂也
右何茂御返答御相応也、綏心院様ニ者少々御不快被為有之由也
一頭弁（甘露寺規長）様主水江南都之首尾御尋被遊候ニ付、則御尋之趣、荒増申上ル

廿六日　亥　晴　折々時雨

一今日従南都御帰京之事、御里坊小倉主殿へ被仰遣、御吏（使）智光坊帰欠（掛）ニ甘露寺様へ被遣、綏心院様御所労御尋被成候処、弥御心能被成御座候由
一延命院智光坊へ伝言、此間南都ニ而被仰付候儀ニ付、明後晩其元江一山寄合可申候間、下坊中何茂被差操（ママ）候様可被成候由也

廿七日　子　晴

一今日寺家末寺呼ニ遣候処、何茂他行之由申来ル

廿八日　丑　晴

一寺田宮内帰京被致候哉否之儀喜平太方まて主水方ゟ手紙遣ス、右返書来、昨晩帰京、只今出仕候ニ付、手紙之趣申達候、格別之事候間、今晩一山寄合之由、可参之由申来ル也
一宝徳寺当住ゟ口上書、明廿九日良山尽七日ニ而御座候、仍而豆腐一箱并里いも（芋）差上候由也
一寺田宮内被参候
一執行・目代・六坊中寄り合、則寿命軒・金蔵院・南蔵院・宥円坊・宥栄坊罷出ル、其外寺中者次ニ居候而相談之様子承之、宮内も同前ニ次ニ而聞合之事

廿九日　寅　晴

一今日役者金蔵院・南蔵院・宥円坊相寄、昨夜之参会之一儀相談有之

卅日　卯　晴　昼頃ゟ雨下

一今日為内談御里元江宥栄坊・南蔵院・幸八(奥田)・主水同道ニ而参、宮内(寺田)対談書付等持参、申談之上致一決罷帰ル、右書付之意趣者別記有之也、夜五つ過帰ル

十月朔日　辰　曇

一今朝御堂参、御供智光坊・伊右衛門(中海)也、如例諸堂へ御参詣

一為御見舞参上　端長兵衛
右寿命軒対面、久々病気罷在之由御無音之段申帰ル也

一六坊中江此間之書付宥栄坊へ持せ遣候也

二日　巳　晴　時雨折々降

一御堂参、御供智光坊・伊右衛門也

一隆性上人廟所へ御参、御供宥栄坊・孫九郎(藤林伊助)・幸八(奥田)・伊右衛門・伊織(飛鳥)也、御帰ニ南蔵院へ御立寄被成候

三日　午　晴

一御堂参、御供智光・伊右衛門也

一夜ニ入一山ゟ使来、此間書付被遣候儀ニ付、南都へ罷下り候、仍而明日罷下候日限、為御窺(伺)飛脚差下之由也、委細者別記在之、令略畢

四日　未　晴

一御堂参、御供智光・伊右衛門也

一今日院代金蔵院・南蔵院・宥栄坊、其外主水(吉見成連)・孫九郎・幸八等立会之上、此度之一山出入之事、兎角大切之事ニ候間、両役者・宥栄坊三人諸事引取被取唀(曖)候様可然と申談、何茂得心也、少々宥栄坊存知寄之儀共有之、乍然御里元ゟ被仰渡も候て御請可申上趣也

一薗(園)前大納言殿(基香)江入道殿(園基勝)御哲(逝)去之為御悔、智光坊被遣候也、中将殿(園基望)へも伝言被仰遣候也

一寺内（田）宮内方江息女死去之為御悔、同人被遣
一倉橋三（泰章）位様へ先達而院代遣置之、当院記録取ニ被遣候
　也、右御記録持帰ル也

　　五日　申　晴

一依御所労御堂参無之
一禁裏様ゟ御使、臨時之御祈禱被仰付候、来ル八日ゟ十
五日迄相勤候様、如例むらい（村井）方ゟ文ニ而申来、則御返
書如例、御撫物・御檀（壇）料請取等遣ス、御院主御吏（使）江御
逢被成候也
　　白銀一枚　御檀（壇）料　　御使番
　　　　　　　　　　　　　　　田中兵部
　　御撫物来ル也
一一山中ゟ使、南都飛脚罷帰候処、八日御上洛之間、其
節御聞可被遊候由、尚又御召之儀ハ還御以後可被召候
由ニ御座候間、御上洛之節可申上候由申来ル也

　　六日　酉　晴

一依御所労、御堂参無之、宥栄坊相勤ル也
一為窺（伺）御機嫌おうは（御乳）夫婦参

　　七日　戌　晴

一依御所労、御堂参無之、宥栄坊相勤ル也
一広橋様へ南蔵院被遣、其趣者、此度一山と取右（合）之事、
品ニゟて公辺沙汰ニも相成可申候ニ付、先内々雑掌中迄
申入度之旨申也、水谷弾正被出候ニ付、委細者面談い
たし置候由也
　　　　　　　　　　　　　　　水谷求馬

　　八日　亥　晴

一為窺（伺）御機嫌参上
一今晩一乗院宮様（尊賞法親王）御上洛之由也

　　九日　子　曇　昼ゟ雨下

一一乗院宮様江御出、御上洛為窺（伺）御機嫌也
　　大仏押餅一重被進之
右高天少将を以御返答被仰出候由也

御帰欠（掛）ニ甘露寺様へ御立寄、御供宥栄坊・主水・伊右衛門也、尤主水ハ宮様へ者不参候也、雨天故甘露寺様ニ而、御輿借用御帰り也、酉半刻也

一（ママ）

十日　丑　晴

十一日　寅　晴

一御里坊へ宥栄坊参ル、先達而一山江遣候書付持参、如此一山へ申談候由申入候処、諸大夫中留守之由ニ付、小倉主殿へ逢、右之段申入候処、右書付者不被請遊之由、委細者宥栄坊記之、仍而略畢

十二日　卯　晴

十三日　辰　晴

一明日文照院（徳川家宣）殿廿七廻（回）御忌ニ付、明日末寺中参、法事相務候様、役者ゟ申遣ス也

一倉橋中務少輔（泰孝）様・五辻様御同道御出、御料理出ス、暮方御帰り被成候、御院主御出被成候也

十四日　辰（巳）　晴　夜之内暫時雨下

一今朝文照院殿廿七廻（回ヽ）御忌就御当日、於田村堂末寺中御法事相務ル、御院主御参り被成候也、御供直八・智光坊、相済、寺中不残当院ニ而御斎御相伴仕候也

一松平大膳大夫（毛利宗広）殿御代参、先月之御返書幷御初尾白銀一枚来ル、堅田安房ゟ茂返書来ル也

一高木藤四郎参ル、来廿二日江戸発足仕候ニ付為御暇乞参上

十五日　午　晴

一御堂参、御供智光坊・伊右衛門也

一禁裏御所江　御使智光坊
今日御祈禱満座之御巻数、御撫物等被献之如例

一一乗院様へ為御機嫌伺、御使智光坊被遣候也、ミつき（貢）一筒被進之、御返答御相応也

十六日　未　晴

一今日幸八老母得度いたし候由、為祝儀方金百疋被下置
候也

一夜ニ入一山中ゟ使僧来、宥栄坊対面口上之趣、今日宮
様へ何茂為伺御機嫌罷出候処、来月六日一山南都へ罷
下り候様被仰渡候、右之段兵部殿伝言ニ而候間、申入
候由也

十七日　申　晴

一御堂参、御供直八・伊織・智光坊也

一宮様(尊賞法親王)御里坊江宥栄坊参ル、昨日一山参候節被仰下候、
来月六日御召被成候旨委細承候
右為御請参上仕候由申也

十八日　酉　晴　夜之内暫時雨降

一御堂参、御供智光坊・伊織・伊右衛門也

十九日　戌　晴

廿日　亥　晴

一所司代丹後守殿(土岐頼稔)江御出、御供直八・伊右衛門也、御輿、
三人片挟箱、宥栄坊附参ル也
御菓子　一箱　包昆布添、台ニ乗(載)也
右者去十五日関東ゟ御上京之御歓也、御留主之由也

一右御用人園部三郎兵衛宅へ御出、子息三之丞御供、無
事ニ上京之御歓也、父子共留主之由也
名酒　一徳利箱入
右被遣候也

一倉橋三位様(泰章)へ御立寄、下部弁当遣候也

一一乗院宮様(尊賞法親王)へ御出、明後日御帰寺被遊候故、為御暇乞
也、御留主、被仰置候也、暮前御帰院也

廿一日　子　晴

一高木藤四郎明日関東へ下向仕候ニ付、主水御吏(使)ニ被遣、
方金百疋・御守札等被下之也、主水直ニ甘露寺様へ宿
いたし見送候筈

廿二日　丑　快晴

一主水帰ル、けあけ(蹴上)迄見送り、直ニ帰ル、則藤四郎御請
申上ル

一園部三之丞ゟ江戸ゟ帰京、為御土産あさくさのり(浅草海苔)来ル、
寿命軒迄手紙来ル

廿三日　寅　雨下

一森本頼母被参候、倉橋家ゟ被仰候事有之ニ付、為内談
也、頭弁様(甘露寺規長)ゟ御伝言被仰進、折節御到来之由ニ而新蕎
麦粉二袋被進候也

廿四日　卯　折々雨

一主水儀甘露寺家へ参ル

廿五日　辰　晴

一北野江御代参相務、今晩主水帰ル

廿六日　巳　晴

一今日寺田宮内被参候而、先達而金蔵院役者御断被申上
候、替り之儀被仰渡候趣、宥栄坊被申渡候也、寿命
軒・宥円(坊)・主水・孫九郎(藤林伊助)・幸八、何茂立合(会)候也、泰産
寺住持職役者被仰渡候也、南蔵院是又役者辞退候得共、
其儘被相勤候様被仰渡、両人共御請被申上候也

一森本増十郎・水谷求馬為窺(伺)御機嫌参ル也

廿七日　午　晴

一甘露寺様へ御使吉見主水、昨日以宮内ヲ当院役者被仰
付被進、忝思召候、則宥栄昨日之御請為御礼被遣候由
申也、泰産寺宥栄坊、頭弁様御逢被遊、御口祝被下候
也、尤扇子箱・御菓子等差上ル、綏心院(賢雅)様へも御菓子
差上ル也

廿八日　未　曇

一御堂参、御供智光坊・伊右衛門也

廿九日　申　雨下

一今日ゟ大掌（嘗）会、就御神事鐘鉦之音御停止也、右之触状
此間両度来ル、孫九郎方之記有之、仍而令略畢、法中
ハ不及申、法躰之者築地之内へ往来不罷成候由也

十一月朔日　酉　曇　朝之内霧深シ、昼ゟ晴天

一御堂参、御供智光坊・伊右衛門（中海）也

二日　戌　晴

一御堂参、御供如前日之（ママ）

三日　亥　晴

一御堂参、御供如前日之（ママ）

四日　子　晴

一御堂参、御供智光坊・直八（泥谷）也
一寺田宮内被参候而此度南都へ役者両人罷下候、仍而内
談、且又先頃金蔵院役者断之願之儀いまた不被仰付候
付、則今晩願之通被免候由被申渡、泰産寺長覚へも宥
栄坊へ住持職被仰付候間、其旨相心得候様ニと仰渡候
也、何茂御請申上ル
一両役者ゟ小倉主殿へ手紙ニ而、六日南都下向之事、御
院主御所労故、両人罷下り候由申遣ス、則返書得其意
候由也
一曇（華）花院宮様（聖珊女王）御成、暫被遊御座候也

五日　丑　晴

一今日御所労故、御堂参無之也
一於御茶間市兵衛・伊右衛門呼出シ、寿命軒・泰産寺・
孫九郎（藤林伊助）・幸八立合（会）、此度宥栄坊・南蔵院両人役者被仰
付候、然者下々迄右之趣申聞□、弥以無礼不仕候様、
且又院代・役者同格之事候得者、朝夕之儀も御膳御下、
膳之儀も院代と同前ニ相改候様ニと申渡ス也、右之趣
昨日宮内被申置候付、則主水（吉見成連）申渡ス

六日　寅　快晴

一今朝七つ前、泰産寺・南蔵院南都へ罷下ル、尤一山之

輩も同刻罷下候也
一御所労故、御堂参無之
　　七日　卯　晴
一御所労故、御堂参無之也
　　八日　辰　曇　昼ゟ雨下
一主水儀、今日ゟ甘露寺様へ被召候付参ル也
　　九日　巳　晴
一今晩役者両僧南都ゟ上京、宮様（尊賞法親王）ニ而被仰渡候趣、委細
役者日記有之、仍而令略畢
　　十日　午　晴
一今日ゟ（ママ）
　　十一日　未　晴
一今日ゟ当院御当番、御堂参、御供智光坊・直八也
一寺田宮内被参、南都ゟ仰渡之儀ニ付、相談有之由也
　　十二日　庚申　晴　昼過ゟ雨下、夜ニ入薄雪降
一御当（堂）参、御供直八・伊織（飛鳥）也
　　十三日　酉　晴
一今日御堂参、御供智光・直八也
一今日七つ時過、主水罷帰ル也
　　十四日　戌　雪降
一御所労、御堂参無之
一今日巡見、御目付当院如例御弁当也、大久保江七兵衛殿・能勢小十郎殿御両人也、当院ゟ役者南蔵院為御案内罷出ル、御院主御所労故御出不被成候也
一両町御奉行へ御使僧智光坊切紙書付持参仕也、如左
今日御目附様御巡見相済申候、仍而御届申上候、已上
　　月日　　清水寺
　　　　　　成就院

一御目附方御旅宿へも参也、是ハ名札持参仕候也

十五日　亥　雨下

一御所労故、御堂参無之

十六日　甲子　朝之内雪少々降

一今日御火焼也

十七日　丑　曇　折々雪降

一（ママ）

十八日　寅　晴

一御堂参、御供智光坊・伊右衛門也

一今日御霊社御火焼、当院ニ而御膳等奉備（供）候也

十九日　卯　晴　朝之内雪降

一御堂参、御供智光坊・伊右衛門也

一今日大掌（嘗）会被行候也、晴儀

廿日　辰

一御堂参、御供智光坊・伊右衛門也、当院御番今日迄也

一為御見舞中嶋利兵衛ゟみかん（蜜柑）一籠上ル、寿命軒手代へ逢候也

廿一日　巳　晴

一東寺へ寿命軒参候ニ付、金勝院様へ為御見廻、みかん（蜜柑）一籠被進、則寿命軒持参候也

一御乳母為窺（伺）御機嫌参ル

廿二日　午　晴

一松平近江守殿ゟ九月之御返書来ル、谷口三郎右衛門ゟ御届申也

一（ママ）

廿三日　未　快晴

廿四日　申　曇　小雨降

一慈心院六坊中江御吏（使）、智光坊御口上之趣如左
先達而南都ニ而被仰付儀ニ付、来廿八日罷下り可申之由
御家老中迄為窺（伺）明日飛脚差立申候、仍而為御知以吏（使）僧
申入候由也
右慈心院留主之由、延命院ニ被入御念候御口上之趣承
候由也
一一乗院宮（尊賞法親王）様家老中江書状被遣、其趣如左
態以飛札致啓上候、宮（尊賞法親王）様益被為成御機嫌克奉恐悦候、
然者先頃役者共罷下り候節被仰付候趣ニ付、為御願来
廿八日罷下り申度奉存候
右為御窺（伺）、各様迄如此御座候、恐惶謹言
十一月廿五日　成就院
判
高天法印（好章）様
中沼兵部権少輔（秀延）様
生田播磨介（忠音）様
右白木封箱入、料紙中奉書認之、明朝差下ス也

廿五日　酉　快晴
一今朝未明、南都飛脚差立候也
一北野江御代参、主水相務、甘露寺様へも此間之御祝、
窺（伺）御機嫌旁申上ル也、初夜過帰ル
一暮方高台寺天満宮江御社参、御供孫九郎（藤林伊助）・伊織・直八
也、早速御帰之由也
廿六日　戌　快晴
一南都飛脚罷帰、則返事来、如左
飛札之趣致披見候、然者去頃被仰出之趣ニ付言上之品
有之、来ル廿八日被致下向度旨致承知候、来極月十日
迄者無拠御用之品有之間、猶其砌従此方御案内可申入
候、左様御心得可被成候、恐々謹言
十一月廿五日　生田播磨介
忠音
中沼兵部権少輔
秀延
高天法印

好章

成就院様

廿七日　亥　晴

一今日寒入也

廿八日　子　晴

一御堂参、御供智光坊・伊右衛門也

廿九日　丑　晴

一(ママ)

卅日　寅　晴

一園部三郎兵衛方江寿命軒ゟ手紙ニ而申遣ス趣ハ、其趣ハ、来二日御院主丹後守(土岐頼稔)様へ寒中為御見舞御出可被成候、御障も無之哉、且又御対面被成被下候様御取持被下様申遣ス

右返事来、其趣ハ三日五ツ半頃御出被成候様、其節拙者詰合可申候由也

一同人ゟ使翰来、寿命軒迄寒中為御見廻富田漬・香物一桶来

右相応返事申遣ス也

十二月朔日　卯　晴

一御堂参、御供智光坊・伊右衛門(中海)、如例諸堂御参詣

一今日奥田幸八江柴之儀、前々平内へ被下置候通、被下之旨、則泰産寺申渡候由也

一二条御城内武藤義助殿ゟ御使、寒気御見舞御使也、使者へ料理出ス

右御返答寿命軒申遣ス也

二日　辰　晴

一御堂参、御供智光坊・伊右衛門也

一園部三郎兵衛方へ寿命軒ゟ手紙遣ス、其趣者、明日三日五つ半頃、弥院主為御見廻可被参候間、宜様憑存候由申遣ス也

一山本立安方へ同人ゟ手紙遣ス、其趣者、寒中為御見廻妙法院宮（尭恭法親王）様へ院主可被参候間、其節御対面被遊候様、内々御取持給候様申遣ス、尤日限御差図次第ニ可被罷出之由申遣ス也

右返書来、委細得其意候、役人中江申入候而、追而自是可申入候由也

一甘露寺様江御挟箱借ニ遣ス、頼母（森本）方迄手紙遣ス、乍序此度大嘗会被相済候為御歓、妙心寺なとハ不被罷出候哉、承合ニ遣ス也、右返答、則挟箱来、且又御歓之儀、今朝妙心寺ゟも尋ニ来候得共、為何被仰付もいまた無之候、尤勧修寺様へ者建仁寺・東福寺なと参候由承候由申来ル也

三日　巳　晴

一今日寒気為御見舞ニ一条辺御出所々左ニ書記、御供直八・伊右衛門、寿命軒附添参ル也、尤御挟箱・長柄等持ス也

御所司代土岐丹後守（頼稔）殿　煮梅一器、箱入台乗（載）

御内御用人、園部三郎兵衛へ同断

町御奉行向井伊賀守（政暉）殿・嶋長門守（正祥）殿、御城番頭衆両人布施物十郎（宗）殿・武藤義助殿、此間御使者御挨拶被仰入候也、辰半刻御出、午刻過御帰院

一甘露寺様・綏心院（賢雅）様・園前大納言（基香）様・広橋様へ右之御方江如例年寒気為御見廻みかん（蜜柑）一籠被進之、御使僧南蔵院

広橋様ニて者、此度御大例被為済候御歓之儀承合候也

右何茂御返答御相応、広橋様ゟ者今度之御歓御本所迄被仰上可然由也

四日　午　雨下

一御堂参、御供智光坊・伊右衛門也

一御城内布施物十郎（宗）殿ゟ御状来、其趣者、先頃御出之節之御礼、且又昨日之御挨拶、別紙ニ去十一月廿二日御同名笑継老御死去之由申来ル也

一右御返書相応申遣ス、且又追啓ニ御悔も申遣ス也

一御城番頭本庄大和守（道矩）殿ゟ昨日御出之為御挨拶御書中来ル、差置帰ル也
一執行真福寺ゟ使、御里坊ゟ如此申来候間、懸御目候由ニ而、小倉主殿ゟ手紙来、如左
以手紙申達候、然者此節中沼兵部権少輔（秀延）致在京候、就夫御用申渡候儀有之候間、惣中御申合、明五日九つ時当御里坊へ可有参上候、為其如此候、已上
十二月四日
追而慈心院ニ者南都へ下向之由ニ候、宰相御出勿論之儀ニ存候、此段其元ゟ御伝達可被成候、以上

五日　未　雨下

一御里坊江御出、御供伊右衛門・伊織（飛鳥）、泰産寺も参ル、
一山何茂参候由被仰渡之趣、役者日□（記）有之令略畢、御帰欠（掛）ニ広橋殿へ御出
右者大嘗会被為済候為御祝也、乍序寒気御見廻被仰入候也
林丘寺（元秀女王）宮様為御機嫌御出、尤御里坊迄富田漬・香のもの、目録添被進之
倉橋様へ御出、是又寒気御見舞也、到岸様へ御足袋三足被進、則倉橋様迄被進置候也
甘露寺様御出、直ニ御滞留被遊也、主水（吉見成連）儀直ニ甘露寺様へ参、同宿仕候也

六日　申　晴

一今日甘露寺家ゟ御帰欠（掛）ニ綏心院様へ御出、直ニ当院御帰也、御供主水・伊織・伊右衛門也
一甘露寺様へ御迎ニ参候節、御挟箱持来ル、則頼母へ直ニ相渡ス也

七日　酉　晴

一御堂参、御供南蔵院・伊右衛門也
一今日御内用ニ而、幸八儀甘露寺様へ参候処ニ、明日昼過ゟ御用御座候間、主水宿欠（掛）ニ被遣候様被仰進候也

八日　戌　晴

一今日開帳後之見分、従宮様(尊賞法親王)・小倉主殿被参候、当院ニ而料理等出ス、当院ゟ南蔵院・孫九郎(藤林伊助)罷出候也、午刻過主殿被参、御院主御出御挨拶被成、其後一山不残参ル、見分ニ同道也、御院主も御出被成候

一松平伊賀守(忠愛)様ゟ御状、御内中根次郎右衛門ゟも状、両通留主居方ゟ届、則役者ゟ請取認遣ス

一今日ゟ甘露寺様へ御用有之、主水参ル

九日　亥　雷降

一如恒例当院煤払也

十日　子　晴

一如恒例本堂煤払也

十一日　丑　晴

一(ママ)

十二日　寅　晴

一禁裏御所ゟ御祈禱、師典侍様ゟ御内ミしま(三島)ゟ文来ル、明十三日ゟ一七ケ日御祈禱也、御撫物・御檀(壇)料如例、御返書御認被遣也

一今日主水甘露寺様ゟ帰ル

十三日　卯　晴

一禁裏御所ゟ御代参風早三位(実積)殿当院御立寄被成、御院主御出御挨拶、御酒・御吸物等出ス也、御初尾鳥目三百文

一今日吉見主水江壱人扶持銀弐枚御加増被仰付候、則御役者両人、寿命軒・孫九郎・幸八立合(会)ニて被仰渡也、尤此以後勘定等之儀、孫九郎・幸八何茂立合(会)相勤申様、御里元ゟ御意之趣被申渡、則御請申上ル也

十四日　辰　晴

一今日主水宅替仕候付御暇申上ル也、三丁(町)目ニ替ル也、夜ニ入帰ル

一御里坊留主居小倉主殿方役者呼ニ来ル、折節南蔵院留

主故為名代智光坊遣候也
右主殿被申聞候者、昨日南都ゟ便有之候、最早御用御仕廻被成候、御勝手ニ御下り可被成候、段々月迫ニ成申候間、一日も早ク御下り被成可然候由也

十五日　巳　晴

一今日二条へ願書、南蔵院・孫九郎持参、開帳後見分之事也、尤各院ゟ其儘差置度処々□御願書相認持参也、乍序御城内布施惣(宗)十郎殿忌中為御見廻みかん(蜜柑)一籠被遣候也
一泰産寺を以甘露寺様へ明日南都へ御差下被成候趣被仰遣、尤此間主水之御加増之事も被仰遣候由也、右御返答御相応ニ而綏(賢雅)心院様御所労之由申来ル也
一二条願之儀、間違之事有之、泰産寺夜中ニ組屋鋪へ参ル、芦谷助四郎へ対談之由、直ニ中宿ニ止宿、又翌朝方々被相勤候由、委細役者日次ニ有之筈也、仍而令略畢、此儀大切之事、泰産寺出情(精)之段難尽筆紙、明日南都下向之事、此儀ニ付延引也

十六日　午　晴

一甘露寺様へ主水被遣、綏心院様御所労為窺(伺)御機嫌也、序なから主水一分此間之御加増之御請申上ル也、綏心院様ニ而も同断
右御返答、今日者御痛茂御心易御成被遊候、御心遣被遊間鋪候由也
一仲蔵院御見廻、御院主御逢被成、寿命軒挨拶、御酒・御料理等出ル、折節泰産寺二条ゟ帰院、仲蔵院対談、主水儀も帰、仲蔵院帰候節罷出ル、御院主御玄関迄御出
一禁裏御所ゟ御代参、御月次御代参也、如例初尾鳥目四百文、寿命軒罷出ル
一二条間違之節、泰産寺役人中江及内談、則当院ゟ御断書差出ス筈、明日九つ時罷出申示合、御断書控等委細役者日記有之

十七日　未　晴　夜ニ入薄雪降

一今日御所労故、御堂参無之

一辰半刻過ニ二条へ泰産寺・孫九郎罷出ル也、委細別記之
有之
一谷口三右衛門ゟ主水江手紙ニ而、当春御開帳之節御約
束仕候勅筆之御神探（号）一軸箱持来ル、使若松人見と申者
也
右主水罷出、御酒等出ス、宜相心得御口上申遣ス也、
尤役者請取認遣ス、其趣如左

覚

後柏原院御宸筆
一聖廟御神号　一軸
右之一軸、当院へ御奉納被成、慥致納庫候、以上

清水寺成就院
役者判

元文三年午十二月十七日
谷口三右衛門殿

一二条ゟ泰産寺・孫九郎（藤林伊助）帰ル、則当院ゟ御断書新家方役
人妻木孫十郎へ相渡候由也、首尾能請取被置候也
一六坊中・慈心院へ御使被遣、其趣者、此間勧化所之事
ニ付、当院一院ゟ御断書付差上申候間、左様御心得候
様申遣ス也、御使僧智光坊也
右返答承候由也
一森本増十郎・水谷求馬為御窺（伺）御機嫌参ル、宿仕也

十八日　申　晴

一今朝七つ時前、泰産寺・南蔵院南都江下ル、願書等相
認持参也、委細別記有之、乍序歳末之御祝儀如例水
菜・大福之茶碗等差上ル也、諸方如例年也
一養心院殿ゟ御代参、智光坊挨拶仕候也、如例御札等遣
ス
一林丘寺宮（元秀女王）様ゟ御使川部十蔵御口上之趣者、此間者為寒
気窺（伺）御機嫌御出被進候御挨拶、且為御見廻（遊）被遣之由ニ
而みかん（蜜柑）一籠来ル也、到岸様ゟ茂御伝言、御使者へ吸
物・御酒等出ス、右御院主御直答被仰遣候也
一今日如例年禁裏様御撫物・御巻数等差上ル、則智光坊
相勤、早速来年之御撫物・御檀（壇）料請取来ル也、其外
所々大福茶碗配り候也、別記有之

十九日　酉　曇　未刻ゟ雨下

一今日綏心院（賢雅）様泉涌寺御参詣被遊候由ニ付、主水御供ニ参ル也、早朝参候処、御所労御勝不被成候故御延引、仍而八つ過帰ル也

一今日禁裏様御祈禱満座ニ付、則御撫物・御巻数差上ル、尤師典侍様へ御進物有之也、其品別記有之也、智光坊御使僧勤ル也、帰欠（掛）ニ諸方昨日配り残り之大福茶碗持参ル也

一夜ニ入、南都泰産寺ゟ書状来ル、此度之事共南都之首尾申来ル、方々届状来、則明日持せ遣ス筈也

廿日　戌　雨下昼ゟ晴

一夜分泰産寺ゟ来候書状方々持せ遣ス、如左、妻木孫十郎・桜木源之丞、但酒一樽添、寺田宮内

右之通遣ス、宮内方へ者此方江来候書状も遣ス也

一為寒気御見廻、中嶋利兵衛悴藤三郎（惣四郎）参ル、葛一曲（ママ）差上ル也、申置帰ル也

一甘露寺様ゟ主水召ニ来、尤明朝参候様、喜平太（高木）ゟ申来ル也

廿一日　亥　晴　暮方ゟ小雨

一今朝甘露寺様へ主水参ル、綏心院様泉涌寺御参詣之御供也、夜ニ入帰ル

一南都泰産寺、南蔵院へ返翰、今日飛脚宿越後屋七郎右衛門方江源八持せ遣ス、金子入書状也

一東寺へ御代参、智光坊金勝院様へ歳暮之御祝儀大福茶碗一つ被進之也

廿二日　子　晴

一今日主水甘露寺様ニ参ル、暮方帰ル也

一今日増十郎・求馬帰ル也

一昨日一尾伊織殿家来宮田藤七方ゟ納所中ニ書状来、如例年御初尾金子百疋来候由ニ而、今日右金子等幸八方ゟ請取、右返事幸八相認遣候由

廿三日　丑　晴

一妙法院宮様（堯恭法親王）ゟ御使者、此間御使僧被遣候御挨拶、且又如例年御初尾銀子一包来ル
右寿命軒罷出、尤役者請取認遣ス也御院主御所労故、御直答無之
一今日二条辺大福茶碗配りニ被参候ニ付、桜木方江先日泰産寺ゟ之書状返書被下候様申遣候処、則返書智光坊へ被相渡候由ニ而、暮過帰り、幸八江被相渡、主水立合（会）、右之返書披見之処、兼日被頼置候一儀未定ニ相見へ候ニ付、両人相談之上、泰産寺へ書状委細相認、桜木方之返書共ニ態飛脚申付遣ス也、明朝七つ時ニ飛脚罷下り候筈也
一中田三郎左衛門ゟ寿命軒迄書状、如例年帝母（訶利帝母）尊御供料・御檀（壇）料金弐両来ル、則寿命軒ゟ返書認遣ス

廿四日　寅　晴　申刻ゟ小雨

一南都泰産寺・南蔵院ゟ飛札到来、七つ過着、宮様（尊賞法親王）ゟ被仰渡候者、里元ゟ附居候吉見主水御用之儀有之ニ付、廿五日早々着候様可申遣旨被仰渡候、今晩■（八）つ立（発）ニ■（早）■■■■（々罷下候様）書状申来候也
一御里元江右之段、以手紙申遣候所、早速宮内被参候而様子被聞、弥今晩中罷下候様被申渡候、仍而用意いたし、七つ過ニ罷立（発）候也、是ゟ別記有之也

「（後補裏表紙）文政五年壬午九月
表紙付仕立直シ
清水寺
成就院」

成就院日記三十三－一

元文四年　従正月至五月

「(後補表紙)元文四丁(己)未年
御日記
従正月至五月」

「(後補表紙)元文四乙(己)未年
御日記
正月至五月」

「(原表紙)元文四巳(己)未年
日次記
春正月吉日ヨリ
至五月晦日　吉見成連奉之」

元日　申　曇　朝之内薄雪

一卯刻若水御手洗相済、寺中為御礼参上、於御書院御口祝大福被下、御盃相済、主水(吉見成連)・孫九郎(藤林伊助)・幸八(奥田)、何茂市兵衛(中海)・伊右衛門等迄御盃被下、御雑煮御祝被遊、寺中御相伴如例年
一辰刻過御堂参、地主其外諸堂江御参詣、御供法成寺・南蔵院・智孝坊・主水・孫九郎・伊織(飛鳥)・伊右衛門、直ニ執行・目代・六坊中江御礼御務、尤今朝早々被参候、御挨拶も被仰置候也
一御境内年寄其外御礼、於御書院御請被遊
一正印平瀬宗次御礼参上、於同所御口祝被下之
一吉見主水、今日御里元辺御祝詞申上ル、申刻罷帰ル
一今朝ゟ之御衣躰御堂参、一山之礼ハ素絹紋白也、寺中御祝・境内御礼之節者白御衣也
一泰産寺ゟ為御祝儀御菓子一箱差上ル也

二日　酉　曇

一卯半刻御堂参詣、諸堂江も御参詣、御衣躰者元日之通素絹紋白也、御供智孝・直八・伊右衛門也

一利右衛門御礼参、則御居間ニ而御逢被成候也
一為御礼端長兵衛参上、於御書院御口祝被下之、御盃被下候也、御院主御入、又盃・吸物等出ス、則南蔵院・主水致挨拶候也、御盃被下難有候旨御礼申上帰ル也、扇子三本入持参候也

三日　戌　晴

一本堂其外御参詣、御供法成寺・直八計也
一今日御出初也、辰刻過御供如記

泥谷直八
飛鳥伊織
中貝(海)伊右衛門
八郎兵衛
御跡(後)ゟ
南蔵院
奥田幸八

右之通御供ニ而御草履取、御長柄・御挟箱片、南蔵院侍壱人・草履取、幸八・草履取、〇(笠)籠二荷・竹挟箱一荷也

御出之所々御音物等如左

一祇園社江御参詣、御初尾青銅弐拾疋
同所　御神楽料　同　百廿文
同所　二軒茶や藤屋(屋)江　同　百文被下之
一同所　東梅坊江御礼　御使僧
一同所　西梅坊江扇子三本入被遣　御使僧
一安井御門跡江御出　一六波羅普門院
一はりこ中小のし昆布包二重くり台乗(載)　西本願寺江御出
一右同断　同新(湛如)御門跡江御出
一御札御供 扇子三本入 青銅弐拾疋　東寺宝持坊江 御使僧ニ而被遣
一青銅百弐拾文　大師御開帳料、門前ニ而御参詣被成候也
一御札 中啓壱本 台ニ乗 葛 一曲定打　金勝院僧正様へ御出
一中啓壱本台ニ乗　金蓮院僧正様へ御出
一御札御供 平ちやわん一つ紙ニ包　御影堂重阿弥

一木村宗右衛門殿へ御出、菅谷式部卿（英洪）殿・同刑部卿（実裕）殿・
松井能登守（永範）殿御使僧・同民部卿（永之）殿御使僧・養元院（源）僧正御使僧へ御出、日厳御使僧
院殿へ御出、右七ヶ所御礼計被仰入
一御札小奉書扇子三本入　二重耳台　智積院僧正へ御出
一平茶碗弐つ紙包　隣春坊へ御立寄
一御札　中奉書二重くり台
はりこ（熨斗）　中小　同　妙法院宮（堯恭法親王）様へ御出
一のし昆布
一金剛院（実恕）殿へ御礼計御出
一平ちやわん（茶碗）　壱包　一平ちやわん（茶碗）壱包　高森敬（盛）立
山本立安へ御出
松井但馬御礼計、右三所御使僧被遣候也
一御札御供
〃〃〃〃
平ちやわん壱包
〃〃〃〃〃〃〃　御影堂重阿弥
〃〃〃〃〃
一申半刻御帰院、妙法院様始而御対面、御口祝等進之、
坊官菅谷太夫御知人ニ被成候而、御代々御心易御事ニ
候、今日者始（初）而故表向ニ而御対面被遊候へ共、已来者
御台所ゟ御心易御出被成候様申候也

四日　亥　晴

一御堂参、御供智孝・伊右衛門（中海）諸堂へも如例御参詣、今
ゟ御衣躰平生之通也
一今日堂上方諸方御礼御勤被成、御衣躰者素絹紋白・御
指貫也

御供
南蔵院
吉見主水
泥谷直八
飛鳥伊織
中貝（海）伊右衛門
八郎兵衛
御挟箱片
御沓持
御長柄
笠籠弐人二荷
南蔵院侍壱人
草履取壱人
同主水壱人

右之通御出門、辰半刻
御出候、所々順路如左

一智恩院宮(尊胤法親王)様 御札 はりこ のし昆布　二重くり台乗
一角倉与市(玄篤)殿御礼計　二重くり台乗
一倉橋三位(泰章)様 御札 はりこ のしこんふ　台ニ二所(緒)ニ乗
右御通り被成候、其間ニ御使僧被遣、左之御両所
一難波(宗連)様 御札 はりこ のし昆布　台一所(緒)ニ乗　一園池(房季)様 御札台(ニ乗) 茶わん二つ包
一林丘寺宮(元秀女王)様御里坊へ 御札 はりこ のし昆布　二重くり台乗　右同断
一桜井三位(氏敦)様・長谷三位(範昌)様・綾小路前中納言(有胤)様・庭田前(重
孝)大納言様、右御四方御礼計被仰入也
一広橋宰相(兼胤)様 御札 はりこ のしこんふ 青銅百疋　二重くり台乗　残は台なし
右御内雑掌両人江青銅弐百疋ツ、へぎ(片)ニ乗ル
一梅渓前中納言(通条)様へ御礼計被仰入、本間又右衛門へ御立
寄御休足、如例年御札・ちやわん(茶碗)被下候、外ニ始(初)而御
立寄被成候而和紙五束被下之
一飛鳥井宰相(雅香)様 御札 はりこ のし昆布　台ニ乗一所(緒)ニ

右南蔵院使僧被遣、川端(河)右馬権助(景輔)へも被遣、青銅弐百
疋被遣候也
一光照院宮(尊乗女王)様 御札 はりこ のし昆布　二重くり乗 右同断
一倉橋二位(泰貞)様 御札 ちやわん二つ包 のし昆布　一所(緒)ニ台ニ乗
一御霊御社参、十二燈被献之、御札給ル
一青銅弐百疋　速水長門守(頼益)　南蔵院使僧勤ル
一松平石見守(忠一)殿御礼計被仰入
一伝奏冷泉前大納言(為久)様 御札 はりこ のしこんふ　二重くり台一所(緒)ニ乗
一近衛(内前)様 御札 はりこ のしこんふ　二重くり台一所(緒)ニ乗
一園前大納言(基香)様 御札 はりこ のしこんふ　台ニ一所(緒)ニ乗
一甘露寺頭弁(規長)様へ 御札 はりこ のしこんふ　台一所(緒)ニ乗
一御奥方様へ　右同断、箱入ちやわん(茶碗)一つ、岩瀬へ被下
一綏心院(堅雅)様へ　右同断
一金姫様へ御菓子一箱
一伝奏葉室前中納言(頼胤)様へ 御札 はりこ のしこんふ　台ニ一所(緒)ニ乗

一高倉前中納言様(永房)へ　平ちやわん(茶碗)壱包、へき(片)台乗
一押小路前中納言様(実岑)へ　平ちやわん(茶碗)壱包、台同断
　右御使僧南蔵院相務也
右之通御勤被成御帰院、戊(戌)刻
一智(知)恩院宮様(尊胤法親王)御対面、光照院宮様(尊乗女王)・御上臈様御対面
一御休足本間又右衛門ニ而御立寄被成候処、御雑煮・御酒
等差上ル、中通り迄右之通出ス
一甘露寺様ニ而御雑煮出ル、中通り下々迄支度仕候也
一広橋宰相様(兼胤)御内速水長門守殿(頼益)・川(河)端右馬権助殿(景輔)方ゟ一
紙来、如左
　追々啓候、御請来八日迄可被示聞候、以上
来十三日辰刻諸礼候、目出度御参可成候、此段宜申入
旨、本所被為命候、恐惶謹言
　　正月五日　　河端右馬権助
　　　　　　　　　　景輔
　成就院　　　速水長門守
　　　　　　　　　　頼益
右奉書横四つ折、上紙美濃紙

　　成就院殿　　速水長門守
　　　　　　　　川(河)端右馬権助
右御留主居御相認遣候由也、但五日之日時有之ハ明日
参ル筈之書付
一松平豊後守殿(親純)ゟ御代参、留主居近藤斧右衛門如例年御
初尾、金子百疋来、寿命軒挨拶、追而御札遣ス筈之由
也
　五日　子　雨下　昼ゟ晴
一為御祝詞谷口三右衛門参ル、於御書院御口祝、御盃被
下候也、大床之間ニ而吸物・御酒等出ス、寿命軒挨拶
也、主水罷出ル、御盃被下候、御礼申上ル
一松平近江守殿ゟ御初尾三百疋、三右衛門持参ニ而役者
請取いたし遣候、自分も白銀壱両上ル
　六日　丑　晴　朝之内曇天
一今日二条御礼御勤被成候也、御出門卯刻、御供如左
　　　　　　　　南蔵院

藤林孫九郎（伊助）
飛鳥伊織
泥谷直八
中貝（海）伊右衛門
上田八郎兵衛
御草履取壱人
御長柄持壱人
片挟箱持壱人
南蔵院侍壱人
同草履取壱人
笠籠二荷
片挟箱一荷

一御出候所々如左
一御所司代土岐丹後守（頼稔）殿へ五本入扇子箱、一重くり台、同箱やき杉
一右も御用人園部三郎兵衛殿　ちやわん弐包、父子へ
一町御奉行向井伊賀守（政暉）殿・同嶋長門守（正祥）殿江金子百疋ツヽ、
一御城内御番頭本庄大和守（道矩）殿・菅沼織部正（定用）殿・武藤義助殿・是□昨日御使者之御挨拶も被仰候也、小堀仁右衛門殿・石原清左衛門（正利）殿・松波五郎右衛門殿・秋山吉右衛門殿、右之分御出、沢平八殿・海野源五郎殿・井上三郎兵衛殿・中野六右衛門、町奉行衆取次寺田郡右衛門殿・森井兵吉殿・中村儀左衛門殿・赤尾段之進殿・依田平馬殿・樹松大助殿・久保田繁右衛門殿、右之分
御使僧三輪七之助殿同前
一曇（華）花院宮様（聖珊女王）
御札、二重くり台乗（載）
はりこ・こんふ、同台へ乗（載）、御断ニ而御戻し
ゝゝゝ　ゝゝゝ　ゝゝゝゝ
のし昆布
一中井主水（嘉基）殿百味・御札、ちやわん
一御附衆桑山下野守（元武）殿　御礼計
一土山駿河守殿　御札、ちやわん
一今城中納言（定種）殿　ちやわん
右両所、南蔵院使僧相勤ル也
一高辻中納言（総長）殿へ御出、御礼計
一御帰院未刻過、中宿大坂屋ニ而休、御祝儀青銅弐百文被下候也、尤火事故隙入、御湯漬被召候也
一御所司代（土岐頼稔）　御対面

一曇花(華)院様(聖珊女王)はりこハ御断、御戻し被成候、御札ハ御請被成候由、御挨拶也
一町御奉行長門守(嶋正祥)殿御留主之由、御対面無之
一同向井伊賀守(政暉)殿右同断
一辰刻過出火有之、仍而御礼暫相止、早速消ル
一今日如恒例斧始、大工佐右衛門、其外六人参候而於台所義(儀)式有之、其後竹ノ間ニ而雑煮等出ス、寿命軒罷出、盃事有之、尤御留主役者も御供仕候故、寿命軒罷出候也、被下候物等如例年之也
一桂姫名代参ル、飴持参、被下物如例年候
一方内松尾左兵衛・沢与右衛門・西村猶(直)右衛門為御礼参候由、恒例御料理御茶被下、御院主御出御逢被成候也、何茂御礼申上早帰ル、孫九郎(藤林伊助)・南蔵院挨拶罷出ル
一御帰院之節、南蔵院見方庵江茶之間ニ而御逢被成、為御祝詞参上仕候、仍而也
一関東江之御状、今日飛脚江申付差下ス、則雀部勝之丞殿方迄如例年頼遣ス也

七日　寅　晴

一御堂参、卯半刻御供法成寺・智光坊・伊右衛門也、如例諸堂へも御参詣被成候也
一七草粥御祝被成
一為御祝儀吉見衛守参上、於御居間御口祝被下候也
一同高森敬立父子参候而、御対面之相願候由、則於御書院御逢被成、御口祝被下之候也

八日　卯　晴

一今朝早々、甘露寺様江御用有之、主水参ル
一妙法院宮様(堯恭法親王)へ御出、御供南蔵院・直八・伊右衛門也、先日御対面被成候御礼被仰上候、則
　名酒　一箱ニ、徳り入 台ニ乗包、のし昆布
一御勝手口ゟ御出被仰渡候也
南蔵院御供先ゟ山本立安方へ被遣、右之為御挨拶也
一孫九郎妻御礼申上ル、御口祝・御盃被下候也
一広橋宰相(兼胤)様御酒、速水長門守(頼益)・川(河)端右馬権助(景輔)方江一紙如左、尤封箱ニ入下部ニ持せ遣候也奉書横四つ折 上包美濃紙上書有

来十三日辰刻諸礼ニ付参内可仕候旨、御本所御命
之趣承候、未得度以後参内不仕候間不参仕候、宜
預御沙汰候、已上
　　正月八日　　　　　　成就院
　　　　　　　　　　　　　清巓
　　両人宛所殿、如此殿也

　九日　辰　晴　昼ゟ雨下　暮方晴
一本間梅次郎御礼申上ル、御口祝被下候也
　十日　巳　曇
一今日御誕生日ニ付御霊江御膳被供候也
一森本増十郎・水谷求馬為御祝詞参上仕候、御口祝被下、
夕方御祝之御相伴被仰付候也
一宥円坊被召寄御祝被下候也
一本庄大和守(道矩)殿ゟ此間御出被成候為御挨拶御状来ル、役
者請取いたし遣候
一森本頼母為御礼被参候、則御居間ニ而御盃被下之、料
理等出ス也
　十一日　午　朝之内薄雪　夕方晴
一御乳母夫婦御礼参上、為御祝儀昆布壱包・柿三包・筆
壱管差上ル、於御居間御逢被成、於茶間御祝儀被下候
也
一今朝如例年鍋嶋(宗教)殿御屋敷江御祈禱、寿命軒・智孝相勤
一今日早朝、主水甘露寺様へ参、御補略御用也
一本多伊予守(忠統)様御屋敷迄御使僧、五百姫様へ年始之御祝
儀被仰入候、仍而如左進之られ候也
　御札
　はりこ(張子)二台ニ乗のし昆布添
右之外膳所屋敷等ニ御状等遣ス、御使僧知(智)光坊也
　十二日　未　晴天
一本多主膳正(康敏)殿ゟ年始御返書来ル、留主居野々山小東太
持参
一泰産寺事ニ付御里坊へ南蔵院被遣候、右之委細別記有

之也

十三日　申　晴天　昼ゟ曇　暮方ゟ雨下

一今日諸礼也、御得度以後之参内無之故御不参、去八日
右御断之書付、広橋（兼胤）殿へ被遣候也
一甘露寺様ゟ主水帰ル
一園部三之丞殿為御祝儀被参候、則御院主御逢、料理等
出ス、寿命軒・主水挨拶罷出ル也
一禁裏御所へ御使僧知（智）孝坊
如例年御巻数被献之、其外御女中方へ之御音物有之、
別記有之、仍而令略畢
右之帰りニ御里坊留主居門番江如例年銀子一包ツ、被
下之也、其外講中江年始御使僧相務也
一為御祝詞参上　柳屋幸助
右於御書院御口祝被下之、尤白宝一封持参候也、茶之
間ニ而吸物・御酒等出ス
一右同断参上、幸八（奥田）母・妻御口祝被下之也
一主水（吉見成連）母妙達参上、右同断、御節於御居間ニ被下候也

十四日　酉　雨下　巳刻ゟ晴

一丑刻過出火、早速消ル

十五日　戌　晴

一御堂参、御供智孝坊・伊右衛門也
一夜前之出火、依御所近付、今日御使僧被遣所々如左甘
露寺様・綏心院（賢雅）様・桑山（元武）下野守殿・中井（嘉基）主水殿・土山
（武匡）駿河守殿
右御使僧被遣候へ共、安居之由ニ付何茂不参候也
一三勝内膳殿へ之御返書・御札等被遣候也
一今日寺中幷境内御出入之輩、御節被下候也、於御書院
寺中御相伴也、境内之輩ハ竹之間ゟ大床之間ニ何茂伺
公（候）
一辰刻過出火、□□消ル、四条烏丸辺也
一寺田宮内被参候、於御居間御口祝・御盃等被遊也、料
理等出ス、尤内談之儀共有之也、委細不及記之、令略
畢

十六日　亥　晴

一執行院代真福寺、円養院弟子俊海両人、一山ゟ為使参、
口上之趣如左
弥無御変珍重存候、然者勧化所之儀、去年取払被仰付
相仕廻申候、御修覆之儀茂段々及延引候、近々宮様(尊賞法親王)御
上洛も有之候、最早七五三も明申候間、左様之御相談
不申候而ハ御尋之節御返答無之候、勧化所等之儀、御
願被成候様御相談有之様ニと存申入候由也
右智孝坊口上請取、返答申遣候者、今日ハ役人共何茂
致他行候、先御帰被成候様申入候由也
一桑山下野守(元武)殿ゟ年始御出之為御返礼、則御状来、差置
帰ル也
一妙楽寺入来、御祝詞被申入、御逢被成候也
一倉橋三位(泰章)様ゟ年始御出之御挨拶御使也、　狩野宮内
右御逢被成、御返答被仰出候、尤酒等出ス、三位様
少々御所労気被為有之由、尚又宜被申上候様被仰出候
也

十七日　甲子　曇　昼過ゟ小雨降

一御堂参、御供智孝坊・伊右衛門也
一為御祝詞谷口左輔参上、於御書院ニ御院主御対面、御
口祝被下、其後大床之間ニ而盃出ス、三右衛門ゟ御約
束之菅原天神之梅実守差上ル、主水方へ渡、早速差上
謝礼宜申遣ス
一小笠原(忠基)右(左)近将監殿御代参高田三右衛門御初尾持参、御
院主御逢被成候也
一為御祝詞参上、藤木治(次)太夫・堀万右衛門同道也、於御
書院御院主御逢被成候也
一講中ゟ使来、其趣如左
今日山本彦五郎所江何茂打寄罷在候、勧化所之儀、去
年取払被仰付候宮様御意も御座候得者、弥講取結申候、
然者講中相寄まとめ申候場所も無之候間、一刻も勧化
所之儀御相談被成可然奉存候由申置帰ル也
一御目付大久保江七兵衛殿ゟ御使者ニ而、日外者参御世
話忝存候、今日乍代参、以使者申入候由、金子百疋来、
則南蔵院罷出挨拶いたし候也

十八日　乙丑　大雪

一御堂参、御供智孝坊・伊右衛門也

一円養院弟子俊海一山ゟ之使ニ来、口上之趣如左
此間以使勧化所之儀申入候処、御返答無之候、昨日講中ゟも此方へ申越候者、勧化所之儀、一刻も早く御願被成可然候由申越候、〇其元へも定而申可参存候宮様ニも近々御上洛之事候間、勧化所之儀御願(被)成候而可然奉存候、右之御返答承度候由也
右智孝坊口上之趣、請取追付何茂へ可申達候哉、申遣し候由也

一執行真福寺迄御使僧御口上之趣如左
此間も御使勧化所之事被仰聞候、昨日講中ゟも被申越候得共、如御存知当院役者泰産寺御咎有之由ニ而閉門被仰付候得ハ驚入、何茂失十方、いかゝ御詫も可申上候哉、其儀のミ当惑仕罷在候得ハ、中〳〵勧化所等之不及相談候、左様御心得、其元ゟ目代・六坊中へも被仰達可被下候由申遣候、則智孝坊参候也

一右執行ニ而真福寺へ直ニ其趣申達候処、委細承候、一山へも自是可申達候由申候也

一養心院殿ゟ御代参月次之通也、智光坊案内

一御初尾来、則御札遣ス也

一藤堂和泉守(高朗)殿奥方御代参、内藤孫助、如例年方金百疋来、箱入御札遣ス、南蔵院罷出ル

十九日　丙寅　晴　折々雪降

一倉橋三位(泰章)様へ御使僧智孝坊を被遣、御口上之趣ハ、此間御使者被進候御礼、且又御所労気被為有候由、無御心元思召候為御見廻也、取繕御相応申也

一広橋中納言(兼胤)様へ御使僧同人、中納言勅許為御歓也

一御里坊へ宮様(尊賞法親王)御上洛之日限聞被遣候也、智孝坊

一小笠原右近将監(忠基)殿御留主居藤木治(次)太夫、近々国元江罷下(之)リ由ニ付、為御餞別音羽焼重印籠壱ツ被遣之、御使僧同人也、且又此間御代参之御札被遣候也

一倉橋様御返答御相応ニ而、差而御心遣之事ニ而も無之候間、態と御見廻者御無用ニ被成候様ニと申来ル

一広橋様御返答御相応也

一宮様(尊賞法親王)御上洛弥廿一日之由申来ル也
一藤木治(次)太夫直答御礼、何分宜申上度旨申候也
一甘露寺様ゟ速水・河端両人之手紙、智孝坊へ被遣、請
取帰ル、其趣如左
以手紙得御意候、猶々本所、去ル十日、中納言御昇進
ニ候、右内々知らせ申入候、已上
正月十三日
右切紙ニ而上書に者
成就院様
速水長門守(頼益)
川(河)端右馬権助(景輔)
一今日如例年大般若修法有之、寺中何茂出座、法成寺断
也
廿日　丁卯　曇
一甘露寺頭弁様(規長)・御姫様御出、年始之御祝詞也、御雑
煮・夕御膳二汁五菜差上ル、御姫様本堂・奥千手へ御
参詣、御案内御院主様御出、御供主水(吉見成連)・伊織(飛鳥)・智孝房
御先ニ遣ス、御帰院後御料理出ス、戌半刻過御帰り、
大橋彦助・高木喜平太両人、乍序年始之祝詞申上ル
御筆　一包　墨　一箱
右、頭弁様ゟ被進也
御たはこ(煙草)　十把
右、御姫様ゟ被進也
廿一日　戊辰　曇
一本堂御参詣、御供智孝坊・伊右衛門也、今日ゟ本堂依
当番也
一方内松尾左兵衛方ゟ触状来、其趣者、僧正格之寺院書
付差出候様申来ル也、委細孫九郎(藤林伊助)方ニ控有之、尤晦日
迄書付候様申来ル也
廿二日　己巳　晴
一御里坊江御使僧被遣、其趣者、宮様御上洛ニ付為御祝
詞罷出候而可然候哉、内々御尋申入候、宜御差図被成
被下候様ニと被仰遣候也
一林丘寺宮様(元秀女王)へ御使僧、例年被進候菱餅、幷ニ尼達三人

江茶碗壱ツヽ、到岸様へは三ツ被進候、御里坊迄被遣候也、尤御礼等者、先達而御直ニ御出之節被差上候也

一倉橋三位様（泰章）之御所労為御見廻、御使僧被遣候也、右何茂御使僧智孝坊相務候也

一為御祝詞中田三郎左衛門参上、則大床之間ニ而御逢被成候也、寿命軒挨拶、料理等出ス也

一倉橋三位様御返答次第ニ御心能被為有候由

一御里坊へ参候処、宮様御上洛今日ニ相成候、尚又明晩事聞ニ遣候様申来候也

一林丘寺宮様（元秀女王）、中村仁兵衛ニ渡置候由也

一本多中務大輔様（忠良）御家老中連名之御状、金子入、御知行所役人中連名之書状壱通来ル、如例年正・五・九月御初尾也、如去年御代参此方ニ而御勤被成候様頼来ル也

廿三日　庚午　晴

一倉橋三位様御内小野左膳方迄、主水ゟ手紙遣ス、其趣者御所労御尋、且又煮梅被召□度思召候由、昨日内々被仰下候付、被差上之由申遣ス

一西本願寺両御門主様ゟ年始御返礼候、御使者
　大門様（住如）ゟ新内たはこ（煙草）一折、十五把
　新門様（湛如）ゟ干瓢　一箱
右之通被進之、則御返答寿命軒罷出相応ニ申遣ス也

一倉橋三位様御内さえ方ゟ返書来、煮梅之□□、且又御様躰、于今御熟さめ不申御難儀被遊候、宜御祈禱被遊被進候様申来ル也

一禁裏様（桜町天皇）ゟ御代参、御初尾来、月次之御代参也、御院主御逢被成、御札被上候也

一大仏養源院殿年始為御礼御出被仰置候也

一御里坊へ伊右衛門遣ス、御窺（伺）相済候哉承度由申遣ス也
右返答、主殿ゟ被申越者、夜前高天法印（好章）迄申入置候得共、いまた窺（伺）相済不申候、尚自是可申入候、不苦事とは存候へ共被仰出無之候間、明日ニも手紙を以可申入候由也

一地蔵院・園部三郎兵衛、子息三之丞・梶右衛門三人被参候、則雑煮・吸物・御酒御出ス、尚又内談之儀有之、

別記ニ書付也

廿四日　未　雨下

一松平石見守(忠一)殿御出、御院主御逢被成、御盃等出ス、寿命軒御挨拶申上ル、暫御物語御帰り、御式台迄御送り被成、主水罷出ル

一延命院ゟ使、今日宮様(尊賞法親王)為御機嫌罷出候処、主殿被申候者、自是以手紙可申入候得共、幸便之間伝言申入候、御機嫌窺(伺)之事不苦候間、勝手次第御出候様ニ申候由申来ル也

廿五日　申　曇

一今日御里坊江御出、宮様去廿二日御上洛被遊候ニ付、為御機嫌窺(伺)也、如例年御進物如左

はりこ(張子)大中弐つ　二重くり台ニ乗　包昆布添

御菓子　一折　うゐらう(外郎)餅　三棹

右之通御持参被進也、御供之坊官・諸太夫江銀子一包ツヽ、高天法印・二条寺主両人御供也

右御出之御供直八・伝右衛門、南蔵院付添参也

一倉橋三位(泰章)様へ御出、御所労為御機嫌窺(伺)候也、御祈禱之御札御持参被進之

一甘露寺様へ御出、御滞留也

一宮様御用有之由、御対面無之

廿六日　酉　雨曇

一夜四つ時分ニ御帰院

一今日寿命軒、園部氏江被参候、委細者別記有之

一松平右京太夫(輝貞)様御内浅井宇右衛門殿ゟ返書来ル也

廿七日　戌　晴

一今日寺田宮内被参候、内談之儀有之、委細別記有之也

一本多中務大輔(忠良)様御代参御札、井上又右衛門殿・千馬郷左衛門殿返書、御代官辻葩藤右衛門方へ御返書等持せ被遣候也、案紙別帳有之

一本多主膳正(康敏)様ゟ御初尾鳥目百疋来ル也

廿八日　亥　曇　巳刻ゟ雨下

一倉橋三位(泰章)様へ宥円坊御使僧ニ被遣、御口上ハ

一両日者以御文も不被仰候、打続弥御心能被為有候哉、

御聞被成度旨也

一松平石見守(忠一)殿へ此間御出被成候御挨拶、且又内談之事

有之、宥円坊被遣、委細別記有之

一二条東御役所江孫九郎(藤林伊助)被遣、其趣者先達而触来候僧正

格之寺院書付被遣、如左

覚

清水寺
成就院

一当院代々継目御礼相願参府仕候節、於御白書院独礼、

御目見江被仰付、御巻数十帖一本・純(緞)子一巻献上仕候

事

一御暇之節、黄金・時服拝領仕候事

一年頭御祝詞、例年御老中・若御老中・寺社御奉行江以

愚札奉窺(伺)御機嫌窺(伺)御返書到来仕候御事

一禁裏御所年始諸礼参内、御巻数十帖一本献上、奉拝龍

顔候御事

右之通寺格ニ而御座候、已上

清水寺
正月　成就院

右中奉書横四つ折、上包美濃紙、清水寺成就院と認之

一年始御祝詞参上　松之本立松

なめすゝき(滑薄)

宮崎のり(海苔)

右両品差上ル、御対面被遊也、且又伊織一両日休足被

仰付候様相願候、仍而今晩より出入四日之御暇被下候

也

一東御役所江書付持参候処、御尋之筋者、此趣にてハ無

御座候、僧正格之寺院ニ而候、仍而則御□付致返進

之由ニ而持帰ル也

廿九日　子　曇　夜薄雪降

一曇花(華)院(聖珊女王)宮様ゟ年始御祝詞、且先日早々御出被進候御挨

拶御使者

右御返答御直答也
一雀部勝之丞殿御内猪狩浅右衛門・藤八両人ゟ年始之返書孫九郎（藤林伊助）・幸八方へ来、其序ニ中務大輔様（本多忠良）御内井上又右衛門・千馬郷左衛門ゟ九月御札・御状等被進候、返翰来ル也

晦日　辰（丑）　晴

一禁裏御所ゟ御祈禱被仰付候由、帥典侍様ゟ御内ミしまゟ御文来ル、如例臨時之御祈禱、来朔日ゟ七日迄一七ケ日相勤、くわんしゆ（巻数）等は八日ニ被差上候様申来、御撫物・御檀（壇）料来ル也
右御返書如左

尚々、御撫物・御くわんしゆ（巻数）来八日ニしん上候へく候、此よしよろしく御申上頼入存候也

帥典侍様ゟ仰として上様ますく〵御機嫌よく恐なからめてたくそんし（存）奉り候、猶く〵御機嫌よく御寿命御長久、何の御さハり（障）もあらせられす候やうに御祈禱、来朔日より一七ケ日相つとめ候様仰付られ、かしこまりてうけ給り候、御撫物・御檀（壇）料白かね（銀）一枚、幾久目出度拝受仕候、まんさ（満座）のせつ（節）御撫物・御くわんしゆ（巻数）さし上候へく候、此たん（段）よろしく御沙汰たのミ（頼）入そんし（存）候、めてたくかしく

帥典侍様御内　　清水寺
ミしま様　　成就院
御返事

右大奉書ニ認、上包美（濃）紙也、外ニ請取遣ス、如左

覚
一御撫物
一御檀（壇）料　白銀一枚
右之通慥拝受仕候、仍而如此御座候、以上

清水寺成就院
役者
未正月卅日
田中兵部殿

右如例料理等出し、御請ハ御院主御出被仰上候也
一禁裏御所右京大夫殿・新大夫殿・小大夫殿ゟ御ふミ（文）来ル

こんふ（昆布）　五十本一折　為御祝儀来ル也

右御返書認遣ス、如左

尚〳〵さき比年始御祝儀申入候、歳まつ（末）ニも僧を
以申入候御あいさつも仰られ、入御意御事ニ候、已上

御ふミ拝見いたし候、仰のことくはつ（初）春の御祝儀何か
たも同じ御事、めてたく申納候、余寒つよく御さふ（寒）も
いよ〳〵御勝、御そく才（息災）ニ御つとめなされ候よし、め
てたくそんしまいらせ候、年始御祝義（儀）として御ふミ、こ
とにこんふ（昆布）一おり五十本おくり下され、忝幾久といわ
ひ入まいらせ候、
猶春ふかく申入候へく候、めてたくかしく

右京大夫様　　清水寺
新大夫様　　成しゆ（就）院
小大夫様
御返事

右小奉書、横ふミ（文）也、上包美濃紙、上書内のことくニ
書

二月朔日　寅　雪降

一御堂参、御供智光坊・伊右衛門（中海）也
一今日より一七ケ日禁裏様（桜町天皇）臨時之御祈禱
一方内松尾左兵衛方ゟ一紙来ル、如左

清水寺慈心院
右普請願所見分

右普請願所為御見分、明日新家方御役人中御出被成候
間、此段御申通可被成候、已上
未二月朔日　　松尾左兵衛
清水寺
御役人中

右之書付写し、早速慈心院へ持せ遣候、奥ニ承候仁名
前書付被遣候様申遣候処、羽田又助と書付来ル也
一右、左兵衛（松尾）方へ参、孫九郎方ゟ認遣ス
一右被帰候節も御出被成候也

三日　辰　曇　昼ゟ晴

一御堂御供、智孝坊・直八也

一今日二条江寿命軒・孫九郎(藤林伊助)参ル、南蔵院者病気故印形計持せ参ル也、書付両通持参、いつれ(何)成共、妻木氏差図仕事ニ差出ス筈也

一倉橋様へ為御機嫌窺(伺)宥円坊被遣、かんひよう(干瓢)一折被進之

一松平石見守(忠一)殿江同人被遣、二日丸山文左衛門迄頼置候

一儀否之儀聞ニ被遣候也

一慈心院ゟ以使僧昨日之御礼申来ル、則一種進上仕候由、肥後椎茸一典(ママ)来ル

右之御返答御相応申遣ス也

一下山ニ而縊候者有之、如毎度御役所へ訴出候ニ付、検使被参候、仍而御使僧智孝坊被遣候也

右宝徳寺へ被参候処、返答相応也、首縊何方之者共不相知候由、尤□(三)十才計之坊主之由、諸証文等役人方へ控有之

一御役所へ寿命軒・孫九郎罷出候処、無相違事済候由、

尤差上候書付如左

乍恐口上之覚

一清水寺之内慈心院、此度被相願候《御願被申上候》畏存也、高塀之儀、前《高サ》々有来候通高サ五尺之高垣ニ《五尺ニ有来を此度ハ右之通ニ而木柵》被致候儀、何之差構無御座候、仍而銘々印形仕差上申候、已上

元文四未年二月三日

清水寺成就院役者
南蔵院
寿命軒
同役人　藤林孫九郎

御奉行様

右之通妻木氏へ及内談差上候、首尾能相済

一倉橋三位(泰章)様御返答御相応ニ而、段々御心能被為有之由、御音物之御礼申来ル也

一松平石見守殿御内丸山文左衛門返答、別記ニ有之也

一孫九郎二条辺之内談、別記有之候也

四日　巳　晴

一御堂参、御供智孝坊・伊右衛門也

一今日寿命軒、園部氏江御参候、尤薯蕷持参、御院主ゟ

被遣候内談之儀共、別記有之也

五日　午　雨下

一御堂参、御供智孝坊・伊右衛門也

一方内(松尾)左兵衛方ゟ今日九つ時東御役所へ参候様、孫九郎へ手紙来、右之刻限ニ参候処、三日差上候書付透垣と有之候を木柵と認直し、明後日昼迄ニ被差上候様申渡候由、此間之書付を持帰ル也

六日　未　雨下　時々雪降

一御堂参、御供智孝坊・伊右衛門也

一住心院僧正ゟ御使僧、年始御祝儀、且先日御使被遣候御挨拶申来ル、三本入扇子台ニ乗(載)来ル也、右寿命軒御返答申遣ス也

七日　申　晴　巳刻ゟ曇

一御堂参、御供智孝坊・直八(泥谷)也

一今日御里坊へ御出、宮様(尊賞法親王)明日還御之由ニ付為御暇乞也

氷蒟蒻百入　一箱　包のし(熨斗)添

右御持参被成候也、御供直八・伊右衛門、伴僧ニ者仲光院被参候也、御帰欠(掛)ニ

一倉橋(泰章)三位様へ御見廻被成候也

一宮様ニ而一条権上座取次被申上候由、御対面ハ無之也

一今日東御役所へ孫九郎罷出ル、去三日差出候書付、慈心院願所之事、木柵と相認替候而如以前三人判形ニ而差出し候也

一小倉城主小笠《松平》原右《左》近将監殿御代参御初尾

一金子百疋持参、則箱入御札遣ス也、尤酒等出ス

八日　酉　曇　昼ゟ雪降

一今日禁裏御所江御撫物・御巻数被献之也、帥典侍様へ煮梅一器被進之、御使僧智孝坊

一御城内布施惣(宗)十郎殿ゟ御手紙来、年始之御祝儀、且又中根求馬殿ゟ御返書御届候也

右之返書御相応相認遣ス也

一今日伊織(飛鳥)罷帰ル也

九日　戌　曇

一今日主水(吉見)、甘露寺様へ参ル、暮方罷帰ル也

十日　亥　晴

一倉橋三位様ゟ年始御祝儀・御出之御挨拶事、御使者来ル、墨一包被進之、則御院主様御逢、御直答被仰遣候也

十一日　子　快晴

一松平石見守(忠一)殿御家老丸山文左衛門殿へ宥円坊手紙遣ス、其趣者、子息疱瘡之見廻、卯(外)郎餅三棹遣ス、且又先日御頼申入候一儀、いまた何之御沙汰無之候哉と相尋遣ス也
右返書来、相応ニ而御菓子者不為申聞候而者受納難仕候、仍而御断申候由、且又一儀之事者此間右病人不引入罷在候、様子不承候、一両日中ニ罷出候而承合御得心可存候由也

一今日ゟ奉加場、前々のことく円入差出申候也

十二日　丑　快晴

一執行・目代・六坊中ゟ使、出家壱人・侍壱人参、口上之趣如左
余寒強御座候、弥無御変珍重ニ奉存候、然者本堂前勧化被致候儀、出家中自ら■(存カ)知寄被致候哉、被仰付候儀ハ御座候哉、此節者宮様(尊賞法親王)ゟいつれ共被仰付義(儀)無御座候へ者、難其意得候、前事之儀御座候へハ格別ニ候へ共、此節之儀者難得其意候由申候也
右返答幸八(奥田)罷出申遣ス趣如左
御使忝存候、然者奉加之儀被仰聞候、此儀者前々ゟ御願申上、御公儀御赦免、宮様へも申上置候儀候へハ、去年者開帳ニ付勧化所有之ニ付さし控置候へ共、当春ニ至勧化所も無之、修覆も段々及延引候へハ、其内少々破損者当院可致職掌候、然者時節柄田舎人も参候故進させ申候由申遣候也

十三日　寅　快晴

一寺田宮内入来、内談之儀共申談ル也

十四日　卯　雨下

一六坊延命院ゟ使、此度南都へ年頭之御祝儀ニ罷下り候処、御差紙御言伝被成候、仍而御届申候由、御差紙如左

御用之儀有之候間、当月十六日南都御殿へ可有参上者也

二月十四日　生田播磨介（忠音）
中沼兵部権少輔（秀延）
高天法印（好章）

清水寺
成就院

右慥ニ請取候由申遣ス也

一右内談之上、御名代来迎院罷下り候也、主水儀罷下ル筈也、尤御院主御所労ニ付而御断上ル也

十五日　辰　晴

一今午刻過、来迎院・吉見主水南都へ罷下り候也

一今暮六つ過、寺田忠吾参上宿

十六日　巳　晴

一吉見衛守参上也

一本多筑後守殿ゟ年始之御返翰、小堀左源太（正誠）殿方ゟ被相届候也

十七日　午　快晴

一上杉民部大輔（宗房）様ゟ御使者、鵜泥（瀞）吉兵衛御初尾金子五百疋、於大床間御酒・吸物出之、御札者追而遣ス筈也、御院主御逢被成候也

一今日御所労故、御堂参無之

十八日　未　曇天

一薗（園）部三郎兵衛為年始返礼参上、金子百疋持参、御酒・吸物出之後、そは（蕎麦）切出之、御院主御逢被成候、尤相伴者寿命軒

一谷口左助参上、納経普門品壱巻頼置候、尤茶間にて申置罷帰ル

一来迎院・吉見主水南都ゟ帰京、年始之御祝儀首尾能相

済、如例年御返書来ル也、且又此度御召之被仰渡者別記有之、廿四日午刻、一山御召之御差紙来、早速相達、執行方ゟ請取来、当院ゟ廿四日ニ下坊両人・吉見主水罷下り候様被仰付候也

十九日　申　雨下

一吉見主水、甘露寺様へ被参ル、申刻過帰ル

廿日　雨　曇雨下

一無事

廿一日　戌　曇

一小笠原右近将監（忠基）殿ゟ年始之御返翰来ル

一禁裏御所ゟ御代参　山田丹治

月次之御代参也、御院主御逢御請被仰上候也

御初尾鳥目四百文

一上杉民部大輔（宗房）殿屋舗江御使僧智孝坊被遣

如例年御札・扇子箱被遣候也、此間之使者へもむなひ（胸紐）も被下候也

一此度南都御招、金蔵院・来迎院両人江被仰付、則来迎院被召寄被仰渡、御請被申上候也、金蔵院今日留主之由也

一土倉左膳殿ゟ年頭之書状幷御初尾十弐匁一包来ル、追而返書・札等遣ス筈也

廿二日　亥　晴

一今日金蔵院呼被遣、明日南都へ被罷下候様被仰渡候処、早速御請被申上候也

一松平大膳大夫（毛利宗広）殿ゟ年始之御返翰、御初尾白銀一枚、堅田安房殿ゟ返書来ル、御使者小玉吉右衛門急候由ニ而請取を取被帰候也、尤寿命軒罷出候也

廿三日　子　朝之内曇

一今日金蔵院・来迎院・吉見主水三人、下部両人召連南都へ罷下ル、六つ時過出立候、南都ニ而被仰渡候趣、別記有之也

廿四日　丑　快晴
一近衛大納言（内前）様御出、御院主御出御対面、八つ時過還御
一本多中務大輔（忠良）様御内梶金平殿ゟ年始返書、上柳甚四郎ゟ相届候也
一松平近江守様ゟ御状一通、岩崎又右衛門殿・永井五左衛門殿ゟ書状一通、何茂年始返書来ル也

廿五日　寅　快晴
一近衛大納言様御内中川刑部少丞殿ゟ手紙ニ而、昨日御出被成候為御挨拶、和紙十束来ル、則御相応返翰申遣ス也
一桑山下野守（元武）殿御出、御酒等出ス、御院主御出御対面、寿命軒罷出御取持仕候由也
一一条関白（兼香）様御姫様御出、於御書院御休足被遊候由也

廿六日　卯　快晴
一大聖寺宮（永応女王）様御成、御休足、御忍ひの事故御構不申様内意有之、御院主様へ御菓子・御弁当之内を被進之、御礼御家来迄申也
一吉見主水、南都ゟ夜通し○辰刻過ニ壱人罷帰ル、昨日南都ニ而被仰渡候趣、御院主様へ申上ル也、其趣委細別記有之、大概ハ
一泰産寺閉門被仰付置候を下山被仰付候事
一成就院遠慮仕候様被仰渡候事
右被仰渡候趣、何茂申聞、則御役所江孫九郎（藤林伊助）以書付御届申入候者也、右書付之趣別記有之也
一寺田宮内参上、為御見廻也
一未刻過金蔵院・来迎院罷帰ル
一執行ゟ寿命軒呼ニ来、早速被参候処、六坊・慈心院申候者、此度宮様ゟ其元出勤候様ニ被仰渡候二人之衆承可被申入候へ共、尚又銘々ゟ得と申聞候様ニと被仰付候間、早々御請被申上候而可然哉、寿命軒返答、病気ニも有之候、尚又罷帰、追而御請可申上候由被申旨也
一夜入執行へ宮様役人中御揃被成候哉いか、尋遣候処、主殿不被参候、今晩ニ而者無之由申来

廿七日　辰　晴

一今朝巳刻前、泰産寺下山被仰候付、則竹村主税・小倉
主殿一山之輩立合申渡候由也
一泰産寺儀、早速松原上ル木や（屋）町借座敷江遣ス也
一二条御役所へ孫九郎、今日下山等被仰付候趣、書付持
参仕候也、右之控別記委細記之
一唐橋中納言（在秀）様へ金蔵院御使僧ニ而、昨日宮様（尊賞法親王）ゟ泰産寺
下山、成就院閉門被仰付候段御届被遣候、尤昨日・今
日二条へ差出候書付之控、諸大夫中迄相渡置候様申遣
ス也
一桑山下野（元武）殿へ寿命軒ゟ之口上ニ而、一昨日御出被成候
御挨拶、且又此度宮様ゟ之被仰渡之趣、取次申迄物語
致され候様申遣ス、則金蔵院被参候也
一宥円坊、松平石見守（忠一）殿へ遣ス、家老文左衛門（丸山）殿まて、
昨日・今日二条へ差上候書付之写し、南都ニ而被仰渡
候趣、内意申遣ス也
一園部三郎兵衛殿・三之丞殿連名之手紙、寿命軒相認、
宥円坊遣ス、是又書付弐通南都ゟ之被仰渡内意申入候
也
一甘露寺様へ遠慮被仰付候為御知、且又今日二条へ差上
候書付之写し金蔵院持参ニ而、倉橋様へ者其御方ゟ被
仰遣被進候様ニと御頼申遣ス也
一御里坊へ金蔵院被遣、唯今泰産寺下山仕候、仍而御届
申上候而申遣ス
一今朝、執行江宮様役人参候節、金蔵院・来迎院被遣、
遠慮之次第承ニ遣ス、其趣如左
一表門さし（鎖）申ニおよひ（及）申間鋪候哉之事
一日々本堂御膳等之事
一禁裏御所御代参御祈禱之事
一巡見御目附御出之節之事
一奉加場いかゝ可仕哉之事
一時節柄ニ而宮様方不時ニ御成被遊候節、いかゝ可致候
哉之事
右之通為尋候処、表門さし（鎖）申ニおよひ（及）不申候、玄関ニ而
戸さし（鎖）置可申候
禁裏御代参等者如毎度可仕旨

巡見御目附之事、是又例之通可仕之由
日々御膳等是又被献可然由
奉加場之事相止可申候
宮様方・堂上方内々ニ而御出之節御断可申上候
右之通ニ申渡候也、則両僧承之帰ル
一桑山(元武)殿申置被帰候
一広橋様ニ而は川端(河)右馬権助(景輔)被罷出、両通請取置候、御留主ニ而候間、御帰之節可申上候由
一甘露寺様御聞届被遊候、倉橋様ニ者渡、此御方可被仰進候由頼母(森本)ニ申候由也
一大聖寺(永応女王)宮様ゟ昨日御成被遊候為御挨拶、御使者申置帰ル也
一御里坊ニ而者主殿留主、被申置候也
一両御役所書付、当番之与力衆へ相渡候而罷帰候也
一宥円坊、石州(松平忠一)公文(丸山)左衛門殿へ両通被相渡候処、受取置被申候、尤書付之趣驚入被申候由也
一園部氏父子共当番之由、寿命軒手紙幷両通封し取次へ渡置候由也

廿八日　巳　晴　朝之内曇
一今日龍潭坊方へ寺田氏招、主水も参候而内談仕候也

廿九日　午　晴
一園部三之丞被参候、寿命軒・主水罷出ル、則料理等出ス、委細別記有之候
一宥円坊、園部氏へ被参、夜ニ入被帰候、内談之趣別記有之、仍而令略畢

三月朔日　未　曇　朝之内雨下 未刻ゟ又雨下
一雀部勝之丞殿ゟ正月五日ニ遣候年始之御返礼、目録相添来ル也、諏訪兵部殿江一両年之御札遣候を、靫負殿方へ遣申様ニと申来ル、則靫負殿方ゟ御初尾百疋来ル也
一寺田氏招、内談有之

二日　申　雨下
一土倉左膳殿之御返書、御札・扇子等被遣之也

三日　酉　晴

一今日諸方御礼、御遠慮之内ハ御使僧も不被遣候、尤門
前之者共御礼参候事も差留候也

一内々ニ而甘露寺様へ当日之御祝儀宥円坊被遣、外ニ宮
内方へ頼被遣趣有之、別記ニ有之

四日　戌　快晴

一無事

一今日ゟ孫九郎（藤林伊助）所労ニ而引

五日　亥　快晴

一今日寿命軒ゟ小倉主殿方へ手紙ニ而、南都へ罷下候事、
いまた病気不相勝□仍而及延引由申遣ス也

右返答相応、得其意候由也

一智（知）恩院宮様（尊胤）御内松室侍従殿ゟ、明日宮様御共被成度由、
指合無之哉尋ニ来

右此節故、御断申遣ス也

六日　子　晴

一相良摂州参上、為御見廻也、御初尾持参

一夕飯・御酒等出ス

一松平山城守殿ゟ年始之御返書来ル

一一山中ゟ使僧両人来、御院主様へは弥無御変候哉との
口上ニ而寿命軒逢申度由、早速罷出候処、南都ニて被
仰渡之趣、しかと得其意候通ニて候、弥早々御下り被
成可然由申也、寿命軒返答、委細得其意候、いまた病
気相勝不申候故段々及延引候、仍而昨日主殿（小倉）殿迄断申
遣□、快気次第早々可罷下之由申遣候由也

七日　丑　雨下

一無事

八日　寅　晴

一倉橋三位（泰章）様御内おさ元方ゟ主水（吉見成連）迄文来、其趣者、此間
一条姫君様御成被遊候付、為御挨拶此一箱被進候、則
御礼宜被仰遣候由、其外相応也

右返書相応ニ認遣候事
　挽板そは（蕎麦）　一箱来ル
一松平伊賀守（忠周）様御内中根次郎右衛門殿ゟ年始之返書来、飛脚ゟ届候由、請取認遣ス也
一孫九郎方ゟ明日大谷之為御見廻役人中御出之儀、助十（小川）郎方ゟ申来候間、伊右衛門（中海）ニ而も名代ニ出し呉候様、主水方迄申来ル也

九日　卯　晴

一今日大谷為見分左之通、役人中被参候由也

東組新家与力　妻木孫十郎
西組同　渡辺熊右衛門
同心　脇山治左衛門
同　斎藤与次兵衛
　　西村直右衛門
西本願寺役人　逸見将監
大谷役人　小川助十郎
建仁寺役人　森武右衛門
孫九郎代　中貝（海）伊右衛門

右之通何茂立合首尾能相済、尤土手築之見分也、其後此方江参、弁当可遣之由、然共此節遠慮申儀被聞、延命院ニ而弁当被致候由、則延命院ゟ智光坊呼ニ来ル、早速被参候処、右役人中被相尋候ハ、勧化所之儀何年以前ニ被相願候哉之儀御尋之由ニ付、智孝坊罷帰り右之段申候、仍而先達而御役所へ差出候右願之写し、被差戻候を早速遣申候、其以後本堂向見分、伊右衛門ニ案内いたし候様被申候、勧化所之事、開帳中之場所等被相尋被帰候也

十日　辰　雨下

一今日園部三之丞被参候、内用別記有之、宝珠院ニ而夕飯等出ス、寿命軒・主水対談
一今朝宥円坊、甘露寺家へ被遣、其趣者、此度遠慮被仰付置候為御侘、南都へ末寺之内一人差下し申候而者いか丶、可有御座候哉御内談也、右寺田氏留主故、高木氏へ申談候処可然由也

十一日　巳　晴

一為窺（伺）御機嫌参上、乳母夫婦夕飯等被下候也

　ぼた餅　一重差上ル

十二日　午　晴

一為窺（伺）御機嫌参上、森本増十郎

一幾世餅一重、為御機嫌窺（伺）差上ル、　升屋喜兵衛

右孫九郎ゟ謝礼申遣ス也

一今日ゟ孫九郎出勤

一禁裏御所ゟ御代参、御月次之御代参也、如例料理・御酒等出ス、御札奥口如例献上、御院主御遠慮之内故御直答無之、其段御断申入候也

十三日　未　晴

一今日園部三之丞、来迎院迄被参候而此方へ手紙、此間之礼、且又此間被参候者、自分ニ而被参候、今日参候様親父被申付候ニ付来迎院迄被参候由、手紙差置被帰候由也

一為御見廻参上、止宿被致候、　妙楽寺

十四日　庚申　晴

一今日来迎院被参候付、南都へ為御詫明朝早々罷下被申候様申談候也、末寺中為惣代、御当院遠慮之御詫ニ被罷下候也

一為窺（伺）御機嫌参上　本間梅次郎

　羊かん（羹）　三棹上ル

一（本間）又右衛門ゟ口上、今日参上可仕用意仕候処、俄ニ御用御役所へ罷出候、仍而悴差上申候、宜頼奉存候由、右御逢被成候也

一（毛利宗広）松平大膳大夫様御留主居平川長左衛門方ゟ手紙来ル、其趣者、来十七日大膳大夫様伏見駅御止宿被成候、仍而御出可被成候由、且又御使僧・御音物等も御用捨被成候様申来候也

右御返書被遣、其趣者、此節無拠御他行難成候ニ付御断被仰遣候也

十五日　酉　曇、小雨降

一甘露寺頭弁(規長)様ゟ為御見廻御使下部
　まんちう(饅頭)　二重　五十
右喜平太(高木)方ゟ主水へ手紙ニ而被進之旨申来ル
右御返答、同人方へ御相応ニ手紙ニ而申遣ス也

十六日　戌　晴

一今日南都へ来迎院罷被下候也、此間被罷下候筈之処、
何かと用事有之候付今日ニ相成候也
一東寺金勝院僧正様ゟ御見廻之御文来ル
右御返答御相応ニ可申遣ス也
一松平大膳大夫(毛利宗広)様御使者　小玉吉右衛門
明十七日、京都御着被成候、如例年御祈禱之御札御屋
敷迄被進之様申来ル
　御初尾　金弐百疋来ル
右相心得申候由申遣ス也

十七日　亥　晴

一今日松平大膳大夫殿御着ニ付御札被進之也
右御札事別記有之　御使僧智孝
一金子仙右衛門方ゟ手紙ニ而久松澹山方へ御札被遣候様、
尤先達而御初尾遣候庄左衛門とは別家罷居候由申来
右返事、得其意候由申遣ス也
一松平伊賀守(忠周)殿ゟ年始之御返翰来
一来迎院南都ゟ帰京、申半刻、委細別記有之

十八日　甲子　曇

一金子仙右衛門方へ御手紙被遣、久松澹山方へ之御札持
せ被遣候也
一明日、綏心院(賢雅)様・金姫様御参宮被遊候ニ付宮内(寺田)も御供
被致候由、仍而留主中之事共内談為申入主水暮方ゟ参、
諸事申談、夜半ニ帰ル

十九日　丑　雨下

一無事

一無事

廿日　寅　快晴

一今日ゟ本堂御当番也、御遠慮之内故、御参詣不被成候
也

廿一日　卯　曇　未刻ゟ雨下

一倉橋三位（泰章）様へ御使下申、小野左膳方へ主水ゟ手紙遣ス、
其趣者、廿三日いと姫様関東へ御下向被成候付、御
札・守・御餞別として和紙五束被進之趣申遣ス也

御札・御守　一所（緒）ニ文匣ニ入遣ス
和紙五束
包昆布添

右返書来、御相応候也

一立花飛騨守（貞俶）殿本堂へ御参詣被成候由ニ候
御初尾　金百疋本堂ゟ来ル也

廿二日　辰　雨下

一方内松尾左兵衛方ゟ孫九郎（藤林伊助）方へ手紙来、如左

以手紙致啓上候、然者御用之儀有之候間、明廿三日四
つ時過、西御役所へ御出可被成候、此旨新家方ゟ被仰
渡候、已上
三月廿二日　松尾左兵衛
上書
藤林孫九郎様

右返書畏承候旨申遣候由也

廿三日　巳　晴

一今日四つ時、西御役所へ孫九郎罷出候処、大谷此度之
願土事之事也

一今日一条様御姫君関東へ御下向、倉橋様御姫様ニも御
供ニ而御下り被遊候也

廿四日　午　晴

一今日園部三郎兵衛殿へ宥円坊被遣、見廻旁也、右留主
故子息三之丞ニ逢被申候処、廿六日ニ参候様被申候由
也

廿五日　未　晴

一北野社へ御代参　　　　下部惣助被遣

一金蔵院被参候付、明日南都へ被下候様ニと申渡ス、仲光院同道被致筈之処、内々ゟ仲光院御断被申上候ニ付、金蔵院計被罷下候様申也

一境内四町年寄共・氏子中ゟ窺（伺）書差上ル、其趣者、当地御神事近々罷成候処、御地頭様御遠慮之儀ニ御座候間、当年之儀者御延引被遊儀ニ御座候哉奉窺（伺）候旨書付也

右孫九郎へ渡帰ル

廿六日　申　晴

一今朝卯刻、金蔵院南都へ下向被致候也

一倉橋三位（泰章）様御内おたへかたゟ主水迄文にて申来、其趣者、廿三日おつま様関東へ御下り被成候御こと、御祝御重之内しんしられ（進）候由

赤飯　一重　御文匣ニ入包のし塩添来ル

右之返事御相応申遣ス也

一松平主水様本堂御参詣、御初尾

白銀一枚来

右御札遣ス也

一今日宥円坊、園部氏へ遣ス、委細者別記有之候、尤不幸之由ニ付、寿命軒ゟと申候而椎たけ（茸）一曲遣ス也

廿七日　酉　曇

一為窺（伺）御機嫌参上　　乳母夫婦

菜くき（茎）　一重

ふき（蕗）　一折

右之通差上候也、如毎度飯等振舞候也

一御里坊小倉主殿方ゟ一紙来、如左

於御本坊被仰渡候御用之儀有之間、明廿八日可有下向旨ニ候、可被得其意候、以上

三月廿七日　　小倉主殿

清水寺
成就院御房

追而此節遠慮中之儀ニ候へハ、寿命軒幷藤林孫九郎可有下向之御沙汰候也

右之返書被遣、如左
被仰渡御用之儀候間、明廿八日下向可仕候旨、奉畏候、
已上
三月廿七日　清水寺成就院
小倉主殿殿
追申候、此節遠慮中故、寿命軒并藤林孫九郎（伊助）罷下可申
旨承候、寿命軒儀于今病気相勝不申候間御断申上候、
此節金蔵院南都へ罷下り居申候間、孫九郎計差下し可
申候、御用之儀、右両人江被仰渡候様宜御沙汰頼入存
候、以上

廿八日　戌　雨下
一今朝藤林孫九郎南都へ罷下候也
一園部三之丞ゟ手紙来、内用別記有之、返事主水ゟ申遣
ス

廿九日　亥　晴
一甘露寺様へ下部遣ス、其趣者、昨日［　　］（孫九郎）南都へ下り
候趣、委細森本頼母・高木喜平太両人迄申遣ス也
右返書来、得其意候由、御序ニ可申上候由申来ル、次
而広橋家速水長門守・川端（河）右馬権助□ゟ一封［　　］
一両人ゟ之一封之趣如左
尚以前辺（編）可申入候処、俄ニ御治定候、前後取込及延引ニ
候、已上
一筆致啓上候、春暖之趣候処、弥御堅剛被成御勤仕、珍
重奉存候、然者御本所奏慶去廿一日首尾能被為済候、
右為御知如此御座候、恐惶謹言
三月廿七日　川端（河）右馬権助（景輔）
速水長門守（頼益）
成就院様
右御遠慮之内故不及返書候也

卅日　子　雨下
一今日南都ゟ孫九郎帰ル、尤夜通しニ壱人帰ル也、被仰
渡候趣、委細別記有之
一御里坊江孫九郎ゟ伊右衛門を以追而御役所へ如此相認

持参仕候、則案紙持せ進候由申遣ス也、御役所へ之御
届書控別記有之
一御役所へ御届書持参　藤林孫九郎
委細別記有之、令略畢
一右御役所首尾能相済也、別記有之
一小倉主殿返答、委細別記有之
一夜ニ入金蔵院被参候而南都之首尾被申聞、孫九郎申候
通也
一園部三之丞ゟ主水方へ手紙来、内用ニて不及記
右返書認遣ス、序ニ寿命軒ゟ手紙ニて此節之首尾申遣
ス也
甘露寺様へ伊右衛門遣ス、森本・高木方へ主水ゟ手紙
ニて今日之首尾申遣ス
右返書来、委細申上之由也
一境内之年寄共呼出、孫九郎申渡候者、先達而御祭之儀
相窺(伺)之祭礼者、如例年相勤可申候、自分家来等之儀者
此節之事候間、穏便ニいたし可然由申渡候也

四月朔日　丑　晴　朝之内雨下雷鳴
一今日ゟ奉加場明(開)させ候也
一正印(平瀬)宗輔呼ニ遣し、孫九郎申渡候者、祭礼之儀、如例
年之可被相勤之、内之家来等之儀、此節御遠慮中之事
候間、可有心得候由申渡之
一此間地主木の枝被切候様相聞へ候、此儀此方へ□(断)無之
被為切候儀向後無用ニ候、相障候枝木など有之候ハヽ、
此方へ可被申出之由申渡候
右奉畏候、木枝之儀者曽而此方ゟハ為切不申之由申也
一園部父子ゟ手紙来、内用不及記、令略畢

二日　寅　晴

一関白様(一条兼香)御内白川淡路守被参候而、御庭見申度由被申、
此節遠慮中故断申遣ス也
右承候処、関白様御成之由也
一智孝坊、幸八(奥田)迄申候者、法成寺病気段々差重り候ニ付、
後住之儀先達而者とやかく申候へ共、此節中直(仲)り申、
いよ〳〵智孝へ被仰付被下候様御内意、役人中迄申入

候様法成寺申候由申候也

三日　卯　晴

一門前年寄共為窺(伺)御機嫌　勘兵衛
喜平次
御菓子　一箱差上ル也　喜兵衛
三郎兵衛

一為窺(伺)御機嫌　泰浄
駒の音名酒一樽差上ル也

一桑山下野守(元武)殿へ御使僧　宥円
右者、此間南都ゟ被仰付候趣御書両通之写シ、御役所
御届書写し被登候、則中嶋庄右衛門対談ニ而請取置候
由也

一松平石見守(忠一)殿江右同断、文左衛門(丸山)へ渡被置候也

一甘露寺様へ右同断、尤折節石見守殿御出ニ而宥円坊へ
御逢被成候ニ付、御直ニ委細申上之由

四日　辰　晴

一今朝法成寺病気見廻、幸八被遣、且又後住之儀、此間
役人中迄智孝ニ相極申度由被仰聞候、此儀者先御極被
成候事ハ御無用ニ被成、先々御養生可被成候由申入候
所、何とそ案(安)堵いたし申度候間、宜頼入候旨被申候由
也

一金蔵院被参候而、法成寺後住之事今朝幸八参被申候儀、
何とそ智孝ニ相極申度由被相願候段被申候、仍而智孝
と申候而者思召有之ニ付不相成候、外ニ心当も有之候
ハ、御願可然由申遣ス也

五日　巳　晴

一為窺(伺)御機嫌参上　山形屋善七
大仏餅　三十差上ル

一土山駿河守(武匡)殿ゟ主水方(吉見成連)へ手紙ニ而為御見廻
伊豆海苔　一包一折来ル
右返答相応ニ相認遣ス也

一御里坊へ来(迎)光院・仲光院被参候
右者昨日宮様(尊賞法親王)御上洛被遊候由ニ付此節遠慮為御詫也、

小倉主殿へ逢被申候所ニ、御上洛御延引、今日ニ相成候由、尚又御出之趣、御上洛候ハヽ可申上候間、重而御出候ハヽ、一両日御見合御出可然候、御上洛早速ニ者何か（と）御取込候間、其旨御心得候様ニと被申候由ニ而被帰候也

一今日ゟ文啓被召出、則浜田甚七同道いたし参候、直ニ相勤候也

一於御居間文啓御目見江被仰付候也

一為窺（伺）御機嫌正印平瀬宗輔ゟ主水・孫九郎（藤林伊助）・幸八三人江手紙ニて

　　唐胡麻餅差上ル、長崎ゟ到来之由也

　右返答相応申遣ス也

六日　午　晴

一綏心院（賢雅）様昨日御帰京被遊候由ニ付、宮内（寺田）方迄主水ゟ手紙を以窺（伺）御機嫌として

　　大仏餅　一重　三十包　昆布のし添被進之也

右留主故差置帰ル也

一金蔵院被参候而、法成寺後住之事、何とそ智孝へ被仰付被下候様法成寺願之由被申候、仍而自是被仰付筋可有之由申入候也

一龍潭坊へ手紙遣し候、右之趣、内談仕候上ニ而明日末寺中呼寄申渡ス筈也

七日　未　晴

一金蔵院・来迎院・仲光院呼ニ遣ス、来迎院不快之由ニ而断り来、両人被参候付、於御居間主水・孫九郎・幸八立合申渡候趣如左

法成寺儀病気差重り、後住之事智孝江被仰付被下候様、金蔵院を以被相願候得共、思召入有之候ニ付智孝と申儀御成不被成候、外ニ存知寄之仁有之候ハヽ可被相願候、若又法成寺死去ニ候ハヽ、後住相済候迄、末寺中世話被致候様被仰渡候、此段何茂法成寺へ可被申渡候由申渡ス也

右両僧参智孝へ逢、法成寺へ直ニ可申入之旨被申候所、最早目茂見へ不申候間、手前ニ被仰聞候様申候付、右

之趣被申達候所(処)、智孝申候者、其返答相待居申候、左
候ハヽ、宮様(尊賞法親王)へ罷出御願可申上候旨申候由也
一御里坊ゟ一紙来、如左
御用之儀有之候間、金蔵院・吉見主水・奥田幸八、此
三人明八日午刻、御里坊へ罷出候様可被為伝達候也
未 四月七日　　生田播磨介(忠音)
成就院代　　寿命軒
右返書如左
御用之儀ニ付、金蔵院・吉見主水・奥田幸八、右三人
明八日午刻、御里坊へ罷出候様被仰下、早速申聞、奉
畏候、已上
四月七日　　寿命軒
生田播磨介殿
八日　申　晴
一午刻、金蔵院・主水・幸八御里坊へ参候処、早速播磨
介・主殿(小倉)立合被為尋候趣如左

成就院下坊法成寺病気ニ付、智孝と申者之後住之儀、
則金蔵院を以度々相願候得共返答無之、昨日金蔵院・
仲光院を以後住之儀智孝候へハ不罷成候由被申渡ニ付、
法成寺・智孝願書差出候、尤成就院支配之下坊之事故
取上申儀ニ者無御座候得共、且中加印いたし候事故其
分ニ難差置、達御聞候処、各呼寄一通り承候様ニと被
仰出、仍而相招候、智孝へ後住之儀不成訳被申上候様
ニと被申候事
一金蔵院申上候者、其段者昨日拙僧罷越申渡候、住職不
罷成候訳者、平日気分住職仕候気分之者ニて無御座候、
仍而右之通申渡候由申候事
一播磨介被申候者、其分ニ而者難申上候、差当りいか様
不伝不届有之候ニ付不罷成候と可有之事ニ候、幸八な
とハ年久相勤候得者様子も存知居可申候、其段被申上
候様被申候事
一幸八申上候者、唯今金蔵院申上候通、外ニ差当り悪敷
儀も無御座候得共、兎角住職仕候仁躰ニ而無御座候、
尤是迄不宜儀御座候へ者、早速暇遣申候事ニ御座候由

申候事
一播磨介（生田忠音）被申候者、それニ而者不事済候、主水いかゝニ候哉と被尋候事
一主水申上候者、此儀者御聞捨被成被下候様仕度存候処、最早被達御聞候、智孝儀ハ成就院同宿相勤罷在候、然所（処）此節成就院遠慮中と申、殊ニ其身分限不存、宮様御願申上候なと申不届者ニ候、何茂平日及見申ニ付、住職之儀不罷成候旨申付候、いまた住職不仕、同宿ニ而罷在候而さへケ様之仕方之者ニ候得者、住職申付候ハヽ、いか様之儀罷出シ、御上へ御苦労を懸可申茂難計奉存候由申候事
一播磨介被申者、成程仁躰御吟味之事も尤之事ニ候、殊ニ其元なとハ成就院為ニ不成候者はふき（省）度被存候、尤之事ニ候、左候ハヽ、右之趣三人印形ニて書付差出候様可申之事
一主水申候者、得其意候、併此儀拙者共三人申合申渡候儀ニ而も無御座候、下坊役人何茂衆評之上ニ而申付候得者、迚之儀ニ罷帰、下坊役人何茂連判書付差上可申由申入候事
一播磨介被申候者、左候ハヽ、明朝迄被差出候様ニと被申候也右大概書付候、段々入組取合候得共令略畢
一主水申候者、序ケ間舗候へ共、遠慮之儀何とそ御赦免被下候様相応ニ申入候也
一智孝参、法成寺儀、夜分死去仕候由御届申上候也

九日　酉　晴

一今日地主祭礼、御当院御遠慮中故御客来も無之、御内計御祝被成候也
一甘露寺様・綏心院（賢雅）様・倉橋様へ者如例年之赤飯被進之、則主水ゟ手紙相添遣ス也
一本間八左衛門へも被下候也、是又内々之仁故被遣、其外者御遠慮ニて、例年被遣候方へも不被遣候也
一御里坊へ幸八参ル、則書付持参候也、其趣如左

御尋ニ付以書付申上候覚

一此度成就院末寺法成寺当住光浄儀病気差重、後住之儀智孝江相願候得共、智孝儀成就院江同宿相勤罷在候故、

平日存念能存候者ニ而住職申付候仁躰ニ而無御座候間、外ニ相応之仁躰見立相願可申候、智孝江住職者難成旨申付候、然処此節成就院遠慮之内と申、不顧其身分限を茂、宮様江法成寺為願智孝罷出候由ニ而御尋被遊、右智孝儀、兼而暇遣可申与存罷在候内、成就院遠慮旁ニ而延引仕候、弥以何れ茂見届候通之不届者ニ御座候、殊ニ成就院末寺、不依何事是迄宮様江直軽々敷願書等差上候例茂無御座候

一法成寺旦那加印仕御願申上候旨、旦中之儀者時々之住持寄り旦那ニ而、寺附之旦中と申候者無御座候、勿論他寺・他院之滅罪旦那とハ相違仕候、旁以已来例ニ茂罷成候間、一向御取上不被成下候様仕度奉存候、以上

四月九日

清水寺成就院末寺

金蔵院印

来迎院印

仲光院印

南蔵院印

吉見主水印

藤林孫九郎(伊助)印

奥田幸八印

一乗院宮様(尊賞法親王)御内

生田播磨介殿

右之書付小倉主殿罷出被請取候、幸八申入ハ、法成寺儀も一昨夜相果候段智孝相届候へ者、昨日罷帰承候旨申入候処、主殿申候者、左候ハヽ、先書付請取置候、法成寺相果候儀候ハヽ、差而急申儀も無之候、追而御沙汰可有之候、其内いつれ共被申渡候儀者有之間舗被存候由申候也

一今日御神事ニ付如例年御役所ゟ役人中被参候、未刻過神輿御出、申刻過不済也

与力

渡辺熊右衛門

神沢与兵衛

目附同心

大塚新七

川口彦十郎

目附廻り　黒田初右衛門
森　孫六
所司目附　松田治太夫

十日　戊[illegible]晴
一御里坊ゟ一紙来[illegible]如左
御用之儀有之[illegible]今日巳刻、吉見主水・藤林孫九郎
右両人召連可[illegible]参上者也
宮様ゟ之一紙、[illegible]如此ニ有之也
卯月十日　生田播磨介(忠音)
成就院代
寿命軒
右返書遣ス、如左
[illegible]快ニ候ハヽ、下坊之内可指出候
御用之儀ニ付今日[illegible]刻、吉見主水・藤林孫九郎、右両
人罷出候様被仰下[illegible]早速申達奉畏候、已上
四月十日　寿命軒
生田播磨介殿

一智孝参、幸八迄相窺(伺)候者、法成寺光浄儀死去仕候ニ付葬送之儀、明日仕度候、何とぞ寺中被罷出候様ニ仰付被下候様相願候由也
一右寺中招相談之上、葬礼之用意ハ可仕候、寺中罷出候儀、追而被仰付候由、智孝呼寄、幸八申渡也
一来迎院・孫九郎両人御里坊へ参ル、寿命軒于今病気有之候、主水儀、昨日ゟ不快ニ罷在候、仍而不参仕候旨申遣ス也
一武藤儀介(義助)殿ゟ御使来ル、御口上之趣者、久々御安否御尋不被成候、弥無御別条候哉、儀介(義助)殿ニも十四日比二条御交代被成候、若透も候ハヽ、見合御見舞可仕候、無左候ハヽ、最早懸御目申間舗候由、其外御相応也、右幸八罷出、相応之返答申遣ス、尤此節之様子委細使者へ物語仕、右之仕合故、自是者御無音被成候旨申遣ス也、尤使者へ飯等遣ス也

一美濃部彦左衛門殿ゟ銀子入之書状、御城内浅場三右衛門殿ゟ御届候、尤月ニ三度ツヽ右之方ゟ便有之由使之者申候也
右者年始之御祝儀・御初尾被進之御状也
一御里坊江両人参候処、成就院遠慮御赦免被仰付候旨、播磨介(生田忠音)被申渡候由、尤御書付を以被仰付候、別記有之
一右為御礼御里坊へ金蔵院被遣、小倉殿へ申置候由也
一広橋中納言(勝胤)様へ金蔵院被遣、今日以書付成就院遠慮被仰付被置候を、御赦免被成候旨被仰渡候、仍而御届申上候由御書付之写し遣ス、右取次へ相渡帰ル也
一遠慮相済候儀、境内年寄孫九郎呼寄候而申渡候也
一為御歓参上　正印 平瀬宗輔

十一日　亥　雨下

一御堂参、御供文啓・伊右衛門(中海)也、早速御帰院
一御役所へ孫九郎(藤林伊助)罷出ル、昨日之御届也、委細別記有之也
右両御役所へ罷出候処、聞届候之由也

一今日法成寺葬送ニ付末寺中被罷出候ニ付、智孝被仰渡、如左
葬之儀、末寺中指図を請、後住之格を以供不仕候様被仰付候間、其旨承知可仕之旨被申渡候処、奉畏候旨申候也、文啓坊当院ゟ御出也
一桑山(元武)殿・石州園部氏へも昨日被仰付之趣、則書付之写し宥円坊持参被申入置候也
一倉橋三位(泰章)様へも昨日被仰付之首尾申上候也、則宥円坊被遣候

十二日　子　晴　辰刻白雨少々雷鳴

一今日法成寺什物・雑具等為改、金蔵院・来迎院・仲光院・孫九郎被遣候也
一法成寺光浄廻向料白銀一封差上ル也
一右法成寺什物・雑具等帳面幷光浄印形者封印致させ金蔵院預り、帳面者此方へ留置、散銭箱之鎰是又同人へ御預被成候也

十三日　丑　晴　未刻夕立雷鳴也
一為窺(伺)御機嫌参上　森本頼母
右従頭弁(甘露寺規長)様・御姫様、以御文可仰入候得者、此節御神
事中故御さし控被成候、仍而内々ニ而此節相済候御歓
被仰入候由也、則夕飯・御酒等出ス
御返答御相応也
一市橋下総守(直挙)様御留主居永(長)屋善兵衛ゟ使
庭前之花　御宝前奉備度由申来ル
　杜若　一筒
右返答、早速可献之由申遣ス也

十四日　寅　晴
一松平石見守(忠二)殿へ御使僧　宥円坊
此度関東御下向被成候為御餞別被進之候也
　むらさき(紫)ふくさ(袱紗)　五ツ紙ニ包、台ニ乗ル也
右御直答、追而上京之節御礼被申入候由也
一御遠慮相済候為御歓　土屋平兵衛
　御酒一樽差上ル

十五日　卯　晴
一為窺(伺)御機嫌参上　乳母夫婦
一右同断　如元坊
　やうかん(羊羹)　二棹差上ル
右、何茂御対面被成候也
一昨夜三丁(町)目井筒屋友七所ニ自害人有之由、死切不申候
ニ付検使被参上、親本(元)へ渡候由候也、委細書付孫九郎
方(二)へ有之、東寺之者也
一今日主水、甘露寺様へ参ル、宮(尊賞法親王)様御里坊へも一分為御
礼参ル
右者先達而一分ニ遠慮之事、播磨介迄相願申候処、早
速達御聞候由、御免之自分(ママ)被申候付、播磨介迄忝存候
旨申入、尚又跡(後)之儀も宜様頼入存候旨、取次迄申置帰
ル也

十六日　辰　晴
一今日宇治辺江如例年之年始御礼、幸八被遣候也、何茂
相勤帰ル也

十七日　巳　曇　昼ゟ晴

一御堂参、御供文啓・伊右衛門也、[redacted]御勤御帰院

一御城内布於(施)宗十郎殿ゟ御手紙言[redacted]由ニ而相届候、書面之趣者、十五日交代帰府仕候ニ[redacted]御暇乞申入候由、尤九日之日付也

十八日　午　曇　小雨降

一御堂参、御供文啓・伊右衛門也[redacted]堂へも御参詣被成候也

十九日　未　晴　朝之内[redacted]

一園部三郎兵衛入来、御院主様御[redacted]成候、其後宝珠院へ被参候、寿命軒案内、そは(蕎麦)切[redacted]同所ニ出ス、内々物語なと有之也

一倉橋三位様(泰章)ゟ為御見廻御使小野[redacted]膳、御口上之趣、一通り御見廻、主水へ逢度由、早[redacted]罷出、御口上之趣承之、御尋之筋、此間宮様ゟ何之[redacted]仰出も無之候哉、無覚束思召之由、仍而主水御相応[redacted]返答、御尋之筋も相応申遣ス也

廿日　申　曇　巳半刻雨[redacted]

一(ママ)

廿一日　酉　曇

一(ママ)

廿二日　戌　曇　昼ゟ晴[redacted]

一今日倉橋様へ松八本持せ遣ス也[redacted]迄主水ゟ手紙遣ス

廿三日　亥　雨下

一園部三之丞為御歓被参候也、御酒・飯等出[redacted]、其後主水同道何方へ参ル、暮方被帰候也

廿四日　子　雨下

一安祥院参上、此度万日御願申上候[redacted]勝手ニ公儀へも

御願申上候様被仰付、則申上候処御赦免、難有奉存候、
御礼旁参上仕候由
　御菓子　一箱持参
右御返答、相応申遣ス
一参上　　　　　　　　　　　　　　　　おるい
此度大津へ婚礼相調、廿七日参候ニ付御暇乞参上仕候
由、御逢被成
　方金弐百疋被下之也

廿五日　丑　晴

一甘露寺頭（規長）弁様へ御使　　　　吉見主水
御姫様此度御着帯之為御祝儀也
　昆布　三十本　一折
右被進之也
一綏（賢雅）心院様へも右之御祝儀御口上計也
右何茂返答御相応也、主水儀直ニ北野江御代参相勤ル、
其後甘露寺様へ宿仕候也

廿六日　寅　晴　申刻ゟ雨下 雷鳴

一禁裏御所ゟ御使　　　　　　　　　　寺沢文治
臨時之御祈禱被仰付候由、則師（帥）典侍様御内ミしま方ゟ
如例ふミ（文）来ル
　御撫物
　御檀（壇）料　白銀　一枚
右之通来ル也
右御返書如例、不及記令略畢
一主水今日帰ル、昨日之御返答申上ル也

廿七日　卯　雨下

一綏心院様ゟ為御見廻御菓子来ル、宮内（寺田）方ゟ寿命軒・主
水両人方へ手紙添来ル也
　卯郎（外）餅　三棹
右御返書相応申遣ス也
一禁裏御所ゟ御代参
　御月次之御代参、鳥目四百文、御初尾　　岡本左内
如例御札被差上候、飯・御酒等遣ス

一今晩ゟ主水、甘露寺様へ参ル也

一朝之内御堂参、御供文啓・伊左(右)衛門、諸堂御参、御帰院也

廿八日　辰　快晴

一入来妙楽寺、浅草海苔一包被差上候、即止宿也

一門前壱丁め(町目)袋屋重兵へ悴、今日町入致し候ニ付御礼上ル、御祝儀如例差上ル、御吸物・御酒被下候也、孫九郎(藤林伊助)出合申候、御祝儀鳥目弐拾疋被下候也

一寺田宮内入来

廿九日　巳　晴

御門前 袋屋重兵へ

一白蒸　一重

一御城内逸見五左衛門殿ゟ御初尾鳥目百文・御供米壱袋、吏(使)者ニて来ル、御洗米遣ス、此後毎月十七日御代参来ル筈、其節御札差遣ス筈也

一妙楽寺、今日罷帰ル

一頭弁様(甘露寺規長)・綏心院様(賢雅)へ竹の子大七本ツ、被進之、則主水御使相務也

五月朔日　午　晴天

一今朝御堂参、御供文啓・伊右衛門、即刻御帰院被遊候也

一今日甘露寺様ゟ主水帰ル、此間被進候竹の子・御礼等被仰進申上ル也

二日　未　晴

一御堂参、御供伊右衛門・文啓也

一来迎院隠居宥円坊被参候而被申候者、当住昨はん(晩)出寺仕候、則書置等御座候ニ而持(付)参候、早速何茂披見之処、相替事茂無之、難相立ニ付出寺仕候由也、依之請人土佐屋四郎八・ゑひや(海老屋)吉兵衛両人江罷出候様、役人ゟ申遣候処、節句まへ殊外取□(込)居申候、節句過参上可仕由申来ニ付、又々伊右衛門を以出寺之訳申遣、相尋候様申遣候処、奉畏候、親本(元)等も御座候間吟味仕、追而可

申上候由申候由也

一山本立安母儀死去之由ニ付、今日寿命軒を以御悔被仰遣候也

三日　申　曇

一御堂参、御供文啓・伊右衛門也

四日　酉　雨下　巳刻晴

一御堂参、御供文啓・伊右衛門也

一今日、禁裏様(桜町天皇)へ御巻数台乗・御撫物被献之、帥典侍様へ色ちまき(粽)十把、台ニ乗(載)候也、書付色ちまき(粽)成就院と認被進之、

御使僧
金蔵院
文啓坊

右文啓為見舞被遣候也

一御里坊へ金蔵院被参、(小倉)主殿迄被申入候者、先達而成就院儀、公儀・宮様(尊賞法親王)へ者尚又遠慮仕候様ニ□尤追而被仰渡筋も有之由、其節之御書付ニ有之ニ付、差控へ御詫も不申上候、然処段々数日ニも相成候間、何とそ此節御上洛之節ハ窺(伺)御機嫌ニも罷出申候様ニ坊官中迄も被仰遣被下候様被申入候也

主殿返答被申者、宮様ニも十五日上洛候、其内者何かと御用も候間、御下り候共取合有之間舗候□□右之趣申遣候上ニて、尚御上洛之節各御出候而□□自是可申入候由申也

一来迎院宥信儀弥相見へ不申ニ付、請人方江役人中ゟ書付遣ス、如左

口上

一宥信坊儀、有所相知レ不申候哉、何之沙汰も無(可)之候、仍而今日二条御役所へ御届申上候故、右得御意候

清水寺成就院
役人

五月四日

土佐や
四郎八殿

ゑひや
吉兵衛殿

右之通申遣候処、弥相知不申由ニ付、則御届申上ル也
一御役所江宥円坊・孫九郎(藤林伊助)両人書付持参□□如左
乍恐御届申上候口上覚
一清水寺成就院末寺来迎院当住宥信儀、当月朔日夜出寺
仕ニ付、方々相尋候得共、行方相知不申候故、御届奉
申上候、以上
元文四年未五月四日
清水寺成就院役人
藤林孫九郎
［　］様
乍恐御届申上候口上覚
一私儀、清水寺成就院末寺来迎院隠居宥円と申者ニ而御
座候、弟子来迎院当住宥信儀、当月朔日夜出寺仕候ニ
付、方々相尋申候へ共、行方相知不申候故、御届奉申
上候、已上
元文四年未五月四日
清水寺成就院末寺来迎院隠居
宥円印
御奉行様
一右御月番東御役所へ持参候而、石嶋半之丞取次無相違
相済、尤宥信衣類・道具等者無之候哉被相尋候ニ付、
何も無之由申候所、此方ゟ見改候ニ者出シ不申候、尚
又方内左兵衛(松尾)方ニ而承合候様被申渡、仍而左兵衛方へ
右両通書付両人持参被申入候処、近日中ニ雑式(色)壱人遣
シ可申由也
一雑物無之趣一札差上候、其趣案紙七日所ニ印(記)置候也
五日　戌　晴　午刻過ゟ未刻迄白雨
一御堂参如例、御供文啓・伊右衛門也、早刻御帰院
一金蔵院・仲光院・宥円坊・平瀬宗輔為御礼参上也
一浜田源右衛門参上、今日頭弁様(甘露寺規長)へ首尾能御目見へ仕、
難有被存候旨申候也、主水罷出［　］堂上方御礼、御遠
慮中故無之也
六日　亥　晴
一御堂参、御供文啓坊・直八也
一今日方内雑式(色)西村直右衛門筆許勘(耕)三郎召連［　］(来迎)院へ来、
諸道具等書付帰ル由也

□九郎立合存候、今日出勤不仕□不相知□

□(七)日　子　曇　今日入梅也

一御堂参、御供文啓坊・伊右衛門也

一去四日御役所へ差上候一札、如左

奉差上一札

一私儀、清水寺成就院末寺来迎院隠居宥円と申ものニ而御座候、弟子来迎院当住宥信儀、当月朔日出寺仕候旨、今日御訴申上候処、宥信所持之雑物改置候様被仰付候へ共、自分之雑物一品も無御座候、若隠置重而相知候ハヽ、如何様共可被仰付候、尤寺附諸道具改置候様ニ候と被仰付、奉畏候、為後日一札仍如件

清水寺成就院末寺
来迎院隠居
宥円印

元文四未年五月四日

役人
藤林孫九郎印

御□□(奉行)様

一［　］六日来迎院へ方内直右衛門(西村)参、寺附之道具・絵図等相認罷帰、尤追而立木等改ニ参儀も可有之候、此通請書致させ可遣候間、其節御役所へ御持参候様ニと申候由也、孫九郎立合候也

八日　丑　雨下　未刻ゟ晴

一(ママ)

九日　寅　曇

一為窺(伺)御機嫌参上　八右衛門夫婦
如例夕飯等被下候也

一禁裏御所ゟ御代参　水口右衛門尉
御初尾六百文、如例夕飯・御酒等遣ス、御札被献上之、御院主様御逢被成候也

十日　卯　晴

一今日甘露寺様へ御出、御供主水・伊織(飛鳥)・伊右衛門也、御留主故、綏心院(賢雅)様へ終日被成御座候也、暮過ニ又々甘露寺様御出、御宿被成候也

頭弁様へ
　煮梅　一器被進之
綏心院様へ
　竹のこ　拾本被進之

十一日　辰　雨下

一今日茂御止宿也
一今日ゟ本堂御番也

十二日　巳　晴

一四つ時孫九郎（藤林伊助）・伊右衛門御迎ニ来候得共、今一日御滞留被成候様被仰出候付戻ル也
一今日御大名方巻数配り、仲光院・文啓参候也

十三日　午　晴

一今日甘露寺様ゟ直ニ北野へ御社参、能住へ御立寄御休足、御酒等出ス、御帰欠（掛）ニ倉橋様へ御出、昼御膳出ル、二軒ちや（茶）屋へ御立寄、龍潭坊御逢、其後同人宅へ御出、夜半過ニ御帰院被成候也
一今日来迎院寺附道具帳面孫九郎持参申候処、明日承ニ罷出候様左兵衛（松尾）申候由申候、差置帰ル也、右帳面控孫九郎方ニ有之也

十四日　未　雨下　昼ゟ晴

一今日孫九郎、方内部屋迄参候処、来迎院跡之儀宇治之例有之由内意左兵衛申聞候、其趣者、追而右道具之事被願出可然候、尤旦中と申すか講中ニても一両人加印いたし願出候得者弥以首尾能候由、ちと早ク候へ共来月ニ成候へハ御月番替り申候間、廿五六日頃被願出候様可然由申候由也、尤それ迄ハ来迎院戸さし（鎖）被居候様孫九郎ゟ申渡ス也

十五日　申　晴

一御堂参、御供文啓・伊右衛門也

十六日　酉　晴

一御堂参、御供直八・文啓也
一今日御里坊へ金蔵院・仲光院被遣、其趣者、宮様(尊賞法親王)此度御上洛ニ付先達而之御詫、又々先比被仰付候当院役者之儀、早速書付を以可申上候処ニ末寺殊之外無人、仍而延引之段御断、寿命軒もいまた病気相勝不申由、此等之趣宜坊官中迄御申入願入之旨、(小倉)主殿迄被申候様申含遣ス也
一中蔵院ゟ寿命軒迄使ニ而、朱傘二本袋共、市女笠四蓋借用申度由、早速甘露寺様江申遣し用達遣ス也、朱傘一本者正印ゟ借候也
一御里坊小倉主殿へ逢被申候処、委細承候、今日ハ殊之外取込ニ候、追而家老中迄可被達候由申候也
一中蔵院へ右之品々遣候処、留主之由差置帰候也

十七日　戊　晴　申刻前白雨

一御堂参、御供文啓・伊右衛門也
一御城内逸見五左衛門殿ゟ手紙来、十七日夜儀頼来、御初尾幷白米一袋来ル也
右返書相応申遣ス、尚又御札等明日自是可進由申遣ス也

十八日　亥　快晴

一御堂参、御供伊右衛門・文啓坊也
一禁裏御所江当月御祈禱之御巻数被差上候間、帥典侍様迄御使僧文啓
あんす(杏)　一籠
右帥典侍様へ被進之
一松平伊賀守殿(忠周)へ当月御祈禱巻数等被遣候也
如例御書添　　御使僧同人
一御城内逸見五左衛門殿へ十七夜儀之御札等被遣也
尤手紙相添也　　御使僧同人
右五左衛門殿返書来ル
其外禁裏御所・伊賀守殿(松平忠周)首尾能相済也
一園部三之丞被参候、如毎度飯・御酒等出ス、寿命軒・主水罷出挨拶仕候也
一阿部伊勢守殿御参詣、御自筆之絵馬被献候、則御初尾

百疋添也
一養心院殿御代参、御初尾如例、金蔵院役者同道、御札
等遣ス也
一方内（松尾）左兵衛方ゟ明日大谷為見分御役人中被参候由、立
合候様と孫九郎（藤林伊助）方へ申来候由也

十九日　甲子　曇　暮方ゟ小雨降

一御堂参、御供文啓・伊右衛門（中海）也
一中蔵院ゟ此間借用之品々被戻候、則請取相認遣ス也
一甘露寺様へ朱傘・市女笠抔を返ス、喜平太（高木）へ主水ゟ手
紙ニて遣ス也
右返書請取来、尚又来廿二日伊予守殿ゟ御使者有之候
間、其節参取持候様、主水へ申来ル也
一中蔵院入来、御院主御出御逢被成、夕飯・御酒等出ス
也
一来迎院隠居宥円坊へ為見廻伊右衛門被遣、此節不自由
可有之候間、無遠慮内用之事可申越候、此品被遣之候
ニ而鳥目壱貫文被遣候也

廿日　丑　雨下

一御堂参、御供文啓・伊右衛門也
一今日如例大盤（般）若転読有之候也、金蔵院・仲光院計候也
一昨日大谷為見分役人中被参候、如左
東　木村与惣兵衛
西　神沢与兵衛
西同心　斎藤与次兵衛
東同心　脇山治左衛門
方内　西村直右衛門
本願寺役人　岡田多仲
同大谷預　小川助次郎
建仁寺役人　森武右衛門
右之通、此方ゟ孫九郎立合候也、一札上ル、如左

差上申一札之事

一大谷入口海道筋南側石橋ゟ東江馬町道迄之間東西拾壱
間之所、土手ニ被成度旨本願寺ゟ先達而御願被成候所、
此度右之場所高□（サ）壱尺計根石をすへ（据）、其上ニ土を置、
芝を伏せ、上ニ土砂留御附被成度旨、重而本願寺より

御願被成候ニ付、今日為御見分木村与惣兵衛殿・神沢与兵衛殿御出、私立会、棹先御覧を被成候通相違無御座候、此度右願之通被仰付候而も、先達而も書付差上候通、少茂差障儀無御座候、已上

元文四年未五月十九日

清水寺役人

藤林孫九郎印

御奉行様

右之通一札差上候由也

一方内左兵衛(松尾)ゟ切紙、明日四つ時御用之儀候間、罷出候様孫九郎へ申来ル也

廿一日　寅　曇

一大岡越前守(忠相)殿ゟ年頭之返翰、樋口半蔵方ゟ相届候也、孫九郎・幸八(奥田)方へ書状相添来ル也

右返書相応申遣ス也

一今日四つ時孫九郎御役所へ罷出ル、如左一札差上ル

清水寺役人

藤林孫九郎

清水寺門前四丁(町)目廿二人之者共、年貢未進既ニ差詰り、所持之茶屋株を三条通十五軒町古仏や五兵衛方ニ居申候近江や(屋)きん方へ質物ニ差入、同三丁(町)目升や(屋)喜兵衛印形を以、銀子借請居候ニ付、此外ニ門前ニ而是迄右之類も御座候哉と御尋被成候

此儀是迄門前之内右廿二人之外ニ、御茶や(屋)株質物ニ書入、銀子借請申儀無御座候、尤四丁(町)目之儀、近年殊之外衰微仕、明(空)地・明(空)家計ニ罷成、町役等も難勤、少々残り候もの共ゟ諸事勤申候、勿論年貢之儀者段々相重り、明(空)地屋敷之分ハ一向年貢不納仕候程之儀ニ而、殊之外地頭成就院迷惑仕候儀ニ御座候

右之通相違無御座候以上、未五月廿一日

藤林孫九郎

廿二日　卯　曇

一今日主水、甘露寺様へ参ル

一今日御里坊江仲光院参ル、主殿(小倉)迄御詫之事申入候也、主殿面談、いまた御用何かと取込、其沙汰ニ不及候間、

追而可申入之由申候也

廿三日　辰　晴

一御堂参、御供文啓・伊右衛門也

一今日主水帰ル也、増十郎(森本)参上、宿仕候也　今日田村将軍正忌ニ付御参詣也

廿四日　巳　曇

一妙楽寺入来

廿五日　午　晴

一今日主水、甘露寺様へ参ル、北野之御代参も相勤也

廿六日　未　曇　申刻ゟ雨下

一今日来迎院跡之儀ニ付御役所へ願書出ス、尤宥円坊・孫九郎(藤林伊助)両人罷出候由也、願書如左

乍恐奉願口上書

一成就院末寺来迎院当住宥信儀、当月朔日出寺仕候ニ付、同四日御届申上候処、宥信雑物之儀御尋被遊候へ共、曽而無御座候段申上候得者、寺附諸道具御改被遊、則帳面ニ認差上置申候、右寺附之諸道具拙僧へ被下置候様奉願候

右願之通被為仰付被為下候ハヽ、難有可奉存候、已上

清水寺門前二丁(町)目
来迎院隠居
宥円

未
五月廿六日

清水寺役人
藤林孫九郎

御奉行所様

右之書付差上候処、追而可被召出候由也

廿七日　申　雨下　昼ゟ晴　夜入雨下

一本多主膳正(康敏)殿ゟ如例御初尾青銅百疋来ル、則留主居小東太ゟ手紙ニ而来ル也

右返書相応申遣候由也

一主水、今日御里元ゟ帰ル也

廿八日　酉　曇　午刻雨下　日中晴雨有

一御堂参、御供文啓坊・直八也

一秋元隼人正（御番頭）（貞朝）殿為御巡見御出、当院ニ而御弁当被成候也、本堂御案内金蔵院相勤、御院主御出御対面、御帰之節も御出、御式台迄御送被成候也、主水・幸八罷出ル

本堂御初尾　百疋

為御礼金子　弐百疋被差置也

廿九日　戌　晴

一智孝呼寄、金蔵院・孫九郎立合申渡趣、如左

其方儀、此度御暇被遣候、然上者法成寺江茂難差置候間、勝手次第ニ何方へそ引取可申候、法成寺諸道具等者自是立合、帳面之通ニ可請取候由申渡ス也

智孝申候者、御意相背ニ者無之候得共、先達而宮様（尊賞法親王）へも御願申上置候処、相替儀も候ハヽ、御届申候様被仰付候間、御届申上候、上ニ而御請可申上候由申候也、両人被申候者、其段者勝手次第候、先御請被申可然由被申渡候也

一御里坊へ金蔵院・仲光院被遣、其趣者遠慮之御願、乍序智孝儀今日暇申渡候、然者法成寺へ難差置候ニ付何方へそ引取候様申付候、此段先達而申上候様、弥御聞捨被成被下候様申入候也

一御役所へ御届書差出ス、其趣如左

乍恐御届申上候口上之覚

一清水寺成就院末寺門前弐丁（町）目法成寺住持光浄儀、病気差重後住之儀成就院ニ相勤居申候同宿智孝と申者仕度由相願候得共、右智孝儀住職仕候仁躰ニ而無御座候間、外之者吟味之上相願候様申渡候、然処右智孝儀、成就院不顧遠慮之内をも、宮様御家来中江申込、先月上旬ニ願書差出候、依之金蔵院と申末寺幷成就院家来被召呼、如何様成儀ニ而後住ニ不申付候哉御尋ニ付、一通り書付を以申上、此儀御取上不被下候様ニと申上候得者、追而可被仰出之由ニ御座候、其後光浄儀相果申候故、此間迄其分ニ仕置候得共、忌中も明キ申候ニ付、此度智孝儀暇遣申候、然上者法成寺ニも難差置候、何方江成共引取候様申付候、右申上候通之不所存者ニ御座候

得者、後日如何様之儀御公儀様へ申上候茂難計奉存候、
仍而御届申上置候

元文四未年五月

清水寺成就院役人
藤林孫九郎（伊助）印

御奉行様

右、東御役所ニ而差出候処、木村勝右衛門罷出被申候者、此書面ニ而者いまた宮様（尊賞法親王）方不相済様見へ候間、先宮様方事済候上ニ而御届可然候、定而今日御届も可有之候間、其被仰出之上ニ而御届可然候由、其外内々心入之事共被申聞候由也、仍而右之書付者持帰ル也

一宮様事、右之口上ニ而申上候処、書付を以申上候様、尤何茂連判ニ而可被差上候、無左候而者言上難成候由、仍而右口上之趣書付いたし差上ル、其趣如左

乍恐口上之覚

一成就院ニ相務候同宿智孝儀、今日暇申渡候、然上者法成寺へも難差置候間、何方へ成共引取候様申付候、此段先達而申上候通、弥御聞捨被遊被下候様奉頼（願）候、尤智孝儀、毎度御役所へも差出候者之儀御座候故、暇遣候段、役人藤林孫九郎今日御役所へも御届申上候儀ニ御座候、已上

未
五月廿九日

清水寺成就院末寺
金蔵院印
仲光院印
南蔵院印
吉見主水印
藤林孫九郎印
奥田幸八印

一乗院宮様（尊賞法親王）御内
生田播磨介（忠音）殿

右之書付両僧持参之処、主殿対談之上、書面ニ御聞捨ニ奉願候と有之候、此儀不都合ニ候間、右之所ぬき（抜）書直し持参候様被申渡候、尤右之書付者先此方へ預り置候、明日持参之上引替可申由被申候也

一方内松尾左兵衛方ゟ明日八つ頃来光院隠居召（迎）連被罷出候様申来ル也、尤闕所方役人中ゟ被仰付候由書付也

晦日　亥　晴

一今日御里坊江金蔵院・仲光院被遣、則昨日之書付認直し差上候也

右持参之処、取次奥ニ持参、早速持出候而、昨日二条へ被届候事候へハ及延引候故、夜前則昨日之書付を以及言上候間、此書付者差返候、尚又御用も候ハ、自是可申入候間、先可被帰候由也、昨日之書付ニ而相済候也

一午刻、宥円坊・孫九郎同道ニ而御役所へ罷出ル、昨日方内ゟ呼ニ来ニ仍而也

一御里坊ゟ一紙来、如左

御用之儀有之候間、今朝伺公(候)之両僧幷藤林孫九郎、今日中ニ致参上候様可有御申達候、為其如此ニ候、已上

五月晦日

〆　小倉主殿

清水寺成就院ニ而

寿命軒御房

右返書遣ス、如左

御用之儀ニ付、金蔵院・仲光院・藤林孫九郎右参人今日中ニ参上可仕旨被仰下候、孫九郎儀依召御役所へ罷出候間、帰次第ニ参上仕様可申達候、此段宜御沙汰奉憑候、已上

五月卅日

〆　寿命軒

小倉主殿様

一御里坊へ寿命軒ゟ主殿迄使遣ス、伊右衛門口上之趣者先刻□御手紙被下候、其節申入候通、孫九郎儀御役所へ罷出、于今罷帰不申候、及暮申候、何時罷帰候儀難計候、及深更ニ候而も参上可仕候哉、明朝ニ而も不苦儀ニ候ハ、明日早々罷出候様可申達候、此旨宜御沙汰頼入候由申遣ス也

一右返答播磨(生田)介迄、右之段申入候処、御無用之儀候間、今晩御中被参候様可被成候、孫九郎いまた不帰候ハ、主水・右両僧早々被参候様ニと申来ル也

一御役所ゟ孫九郎帰ル、闕所方草間甚介被申ハ、来光(迎)院寺附之道具、是迄記録ニ而有之、それを以引渡候哉と

被尋候
右返答申入候者、是迄左様之儀も無之、有合之道具を
相渡来候由申候由也
甚介被申候者、左候ハ、今一応近所へ参候節相改可申
候間、左様相心得候様被申渡候由也
一金蔵院・仲光院・孫九郎（藤林伊助）御里坊へ参ル、戌半刻也、被
仰渡候趣、如左
一法成寺存生之内、講中加判を以差（ママ）書差上候ニ付、先達
而此儀追而御沙汰可有之由申渡候処、此度智孝儀暇申
渡、御役所へも御届申上候由、此儀唯今御了簡半之儀
候処、難心得仕方ニ候、仍而此御方ゟも則御役所へ法
成寺儀ニ付、成就院ゟいか様申出候とも、御取上不被
成候様ニと御使者被遣候へハ、成就院ゟ相届申候得共、
聞届候ニ而も無之候、委細奉畏候之旨、伊賀守殿（向井正暉）・長（嶋
正祥）門守殿返答ニ候、智孝儀暇遣候事不罷成候、法成寺へ
差置可申候、近々還御ニ候、南都ゟ可被召候、其節ハ
智孝も被召候事茂可有之と被申渡、其外寺中孫九郎な
と心入不宜候、畢竟成就院為ニ不相成儀ニ候由

「（後補裏表紙）文政五壬午九月
表紙付仕立直
清水寺
成就院」

成就院日記三十三—二

元文四年　従六月至十二月

「(後補表紙)元文四未年
　御日記
　従六月至七〔十二〕月」

「(原表紙)元文四未夏、従六月至冬十二月委記
　　　　　　　　　吉見成連奉之　」

　朔日　卯〔子〕　晴

一御堂参、御供文啓・伊右衛門(中海)、諸堂御参詣御帰也
一当日、為御祝儀金蔵院・仲光院参上、乍序夜前宮様(尊賞法親王)ゟ
被仰渡候趣相談之上、智孝呼寄申渡趣、如左
夜前宮様へ何茂被召寄、其方暇遣候儀者成申間敷候、
法成寺へ差置可申候、追而従南都可被召寄之旨被仰渡
候、然者宮様御意重ク有之候間、事落着迄暇者不被遣
之間、其旨可相心得之旨申渡候也
右御儀奉畏候旨申候也
　　　　　　　　　　立合　金蔵院
　　　　　　　　　　　　　孫九郎(藤林伊助)
一逸見五左衛門殿ゟ書状来、御初尾来ル也
右返書相応申遣ス也

　二日　辰〔丑〕　曇　午刻ゟ晴

一御堂参、御供文啓・伊右衛門也
一今日来迎院隠居宥円坊、道具之願ニ孫九郎同道ニ而罷
出候、願書差上ル、如左
　乍恐奉願口上書
一私儀、清水寺成就院末寺来迎院隠居宥円と申者ニ而御
座候、弟子来迎院当住宥信出寺仕候節、御断申上候処、
宥信所持之雑物改置候様被仰渡候へ共、一品も無之ニ
付一札差上置候、其外寺附之什物・諸道具ニ而紛敷儀、
曽而無御座候、宥信儀不行跡ニ而、所持之物者悉売払、
其上寺附之道具さへ表立候物者売喰ニ仕候由、自筆書
残置候品茂御座候へハ、只今残り有之道具者寺附ニ相

違も無御座候、宥信儀不埒ものニ而御座候得者、所詮
帰寺仕候義（儀）とも不奉存候ニ付、相応之後住も入寺致さ
せ申度奉存候間、御慈悲之上、寺附之諸道具等私江被
下置候ハ、難有可奉存候、已上

清水寺成就院末寺
来迎院隠居
宥円印

元文四年未六月二日

同役人
藤林孫九郎（伊助）印

御奉行様

右差上候処、書残り品御尋ニ付、則書置本紙差上候得
者、
孫九郎江自筆紛無之哉御尋、則左之通、一通差上ル

清水寺成就院役人
藤林孫九郎

成就院末寺来迎院宥信書置残出寺仕候ニ付、宥信書置
手跡見知り有候候哉御尋被成候
此儀、右書置吟味仕候処、私見知り有之候而、
宥信手跡紛無御座候
右之通、相違不申上候（ママ）

未六月二日
藤林孫九郎印

右之通ニ而事済、追而呼出し可申由被仰付候也

三日　寅　朝之内曇　昼ゟ快晴

一御堂参、御供文啓・伊右衛門也
一甘露寺様（規長）ゟ御用之儀有之、主水（吉見成連）召ニ来、早速参上、初
夜過帰ル也
右御用者、伊予守様（本多忠統）ゟ五百姫様御婚礼罷帰候御使者来
候付為取持也、先達而之御使者、兵部様ゟ御使者也
一方内左兵衛（松尾）方ゟ明日午刻、宥円召連参候様、欠所方役
人中被申渡候由申来、尤印形持参候様申来候由也、右
書面孫九郎方へ有之也

四日　午卯　快晴

一御堂参　御供文啓・伊右衛門也
一本多主膳正様（康敏）ゟ先月之御返書来ル、野々山小東太方

へ役者請取遣ス也
一今日、御役所へ孫九郎、宥円坊同道罷出ル也
一東御役所ニ而左之通一札差上ル
　奉差上一札
一当院当住宥信儀出寺仕候ニ付御断申上候得者、寺附諸道具改置候様被仰付、相改帳面差上申候、然所(処)、右寺附什物幷諸道具私へ被下置候様ニ先達而奉願候処、御吟味之上、寺附ニ紛無御座段申上候ニ付、今日被召出、御願之通被下置、難有奉存候、然上者、此以後寺附什物幷諸道具ニ而者無之と申もの有之候ハヽ、私共いか様之越度ニも可被仰付候、為後日之仍而如件
　元文四年未六月四日
　清水寺成就院末寺
　来迎院
　隠居　宥円印
　清水寺役人
　藤林孫九郎印
御奉行様
　奉請取一札
一来迎院寺附什物幷諸道具御尋之儀ニ付、宥信ゟ私へ差越候書置一通
右之者、先達而差上置候処、今日御戻シ被遊、慥奉請取候
　元文四年未六月四日
　清水寺成就院末寺
　来迎院隠居
　宥円印
　清水寺役人
　藤林孫九郎印
草間甚助殿
右之通、証文ニ而書置、御戻し、且又先達而差上置候道具之帳面、是又孫九郎へ被下候由也
一参上御礼申上ル也、今日首尾能相済ニ付　宥円坊
　五日　辰　晴　未刻過ゟ曇　白雨早速晴
一御堂参、御供文啓・伊右衛門也
　六日　申(巳)　晴

一御堂参、御供文啓・伊右衛門也
一祇園西梅坊ゟ手紙来、明日神事ニ付御出被成候様ニと
文言候也
右返書遣ス、相応也、尤無拠御用御断也

七日　午　晴

一御堂参、御供文啓・伊右衛門也
一高木喜平太ゟ主水(吉見)へ手紙来、明日、中条権右衛門被召
候間、取持ニ参候様被仰付候、早々参候様ニと申来ル、
右奉畏候旨申遣ス也

八日　未　晴

一今日甘露寺様へ主水参ル也

九日　亥(申)　晴　朝之内少雨降

一甘露寺様ゟ主水夜ニ入帰ル

十日　子(酉)　雨下

一無事
一夜前本堂舞台ゟ二十計男飛候由、無事ニ而居申候を門
前ゟかこ(駕籠)ニ乗せ送り候由

十一日　戌　雨下　昼ゟ晴

一御里坊へ金蔵院被参也
右者御当院御詫被申上候也
一松平石見守(忠一)殿御留主為御見舞金蔵院被遣、御子息熊三
郎殿江御口上如左
向大暑候、石見守様於江戸表弥御堅固被成御勤之旨承
之、珍重存候、御留主中御別条無御座候哉、承度存候、
為御見廻以使僧申入候、仍而此品懸御目候由
御菓子　一箱　台ニ乗　のしこんふ添
右被進之、丸山文左衛門江も弥御無事御留主御勤被成、
一段奉存候、熊三郎様へ為御見廻御吏(使)被進候、尚又宜
頼入存候由申也
一右御返答御相応申来ル也
宮様(尊賞法親王)御里坊ニ而者、以取次被申入候処、御聞届被成候、

先罷帰候様ニ被仰出候也

十二日　亥　曇　午刻ゟ雨下 申半刻晴

一来迎院隠居宥円坊ゟ此間事済候為御礼左之通差上ル、幸八(奥田)方迄口上書ニ而来ル也

そうめん(素麺)　廿把

御酒　一樽

右主水方ゟ致披露候処、御満足思召之旨申遣ス也

十三日　子　快晴

一昼夜無事

十四日　丑　快晴　今夜子刻 土用ニ入也

一如例年土用小豆餅一重差上ル、門前万屋ゟ

十五日　寅　晴　夜ニ入雨下

一御堂参、御供文啓・伊右衛門也

一御城内逸見五左衛門殿ゟ手紙ニ而御祈禱之儀申来

右御返書相応申遣ス、今日ゟ御祈禱相勤、十七日ニ御札進可申由申遣ス也

一松平大膳大夫様(毛利宗広)ゟ御使者藤川太郎左衛門

右者先月之御返書幷御初尾白銀一枚来

堅田安房ゟ書状来ル也、請取認遣ス、例文不及記、尤使者へ吸物・御酒等出ス也

十六日　卯　晴　朝之内雨下

一今日甘露寺様(規長)へ御出被成候也、御滞留也、御供主水・伊右衛門・伊織(飛鳥)也

十七日　辰　曇　申刻ゟ雨下

一今日茂御里江御滞留也

一御里坊江仲光院被参候、遠慮之御詫也

右以取次被申入候処、近々還御ニ候、追而南都ゟ被仰出候、御滞留候共、右被参候儀無用之由被申候也

一御城内逸見五左衛門殿ゟ如例御初尾手紙来ル也

右返書相応申遣候由也

十八日　巳　雨下 中刻ゟ大雨雷鳴

一御里ゟ御帰、直ニ祇園上河原監物所ニ御出、御輿払（洗）御見物、初夜過御帰院也

十九日　午　晴 午刻ゟ雨下

一小笠原右近将監（忠基）殿ゟ御代参留主居高田三右衛門
　御初尾来
　右御院主様御逢被成、已後盃等出ス、本堂江者文啓案内仕候也

一昨日御出被成候祇園町上河原監物方江主水ゟ挨拶之手紙遣ス、則素麺十把被下候也、右御礼返書来ル也

一松平山城守殿御内山村縫殿助ゟ年始之返翰来ル、文言不及記、尤縫殿助在所勝手ニ被仰付候由、尚江戸同役松平弥右衛門と申仁之由申来ル也

廿日　未　雨下　昼ゟ晴

一今日ゟ主水、甘露寺様へ参ル也

廿一日　申　晴

一園部三之丞被参候、御院主御逢被成候也

廿二日　酉　晴

一主水帰ル也

一金勝院様ゟ為見廻　御使者
　真瓜（桑）　一籠来
　右寿命軒御返答申遣ス也

廿三日　戌　晴

一為御機嫌窺（伺）、宝徳寺ゟ瓜一籠差上ル

一同　りんこ（林檎）一籠　菱屋六三郎ゟ差上ル
　右、龍潭坊ゟ被届候也

廿四日　亥　晴

一松平近江守殿御状、御内片山弥右衛門殿・永井五左衛門殿ゟ書状、先日之返書也
　右谷口三右衛門方ゟ届也

一金勝院様へ御使　泥谷直八
素麺　一折　廿把
暑気為御見廻進之、御返答相応也
一甘露寺様へ　御使僧　文啓
真(桑)瓜　一籠　暑気為御見廻進之
一綏心院(賢雅)様へ　同人
真(桑)瓜　一籠　右同断
一八千姫様へ　同人
りんこ(林檎)　一籠
一□(倉)橋三位(泰章)様へ　同人
真(桑)瓜　一籠　暑気為御見廻也
右者筑後守(本多忠英)殿御死去ニ付御忌中為御見廻也
右何茂御口上御相応也、御返書是又御相応也
一真(桑)瓜一籠、寺田宮内留主御見廻旁被遣候也
右左膳(小野)方へ主水ゟ御状ニ而遣ス也

廿五日　子　晴　午刻雷鳴、夕立即刻晴

一禁裏御所ゟ御申次之御代参　田中兵部
御初尾如例
右御院主御逢、御札被差上候也
一今日園部氏へ寿命軒被参候ニ付暑気為見舞
くつちまき(葛粽)　三把被遣候也
一高台寺天満宮江御参詣、御供主水・伊織・伊右衛門

廿六日　丑　晴

一今日頭弁(甘露寺規長)様御出、楊弓被遊、辰刻前御出、戌刻御帰被遊、御料理等出ス

廿七日　寅　晴

一今日紀江御出被成候、御供主水・伊織・孫九郎(藤林好房)・直八・幸八也、御弁当持せ、直ニ甘露寺様江御出、御宿被成候也

廿八日　卯　晴

一戌刻過御帰院、御供主水・直八・伊織也

廿九日　辰　晴

一方内(松尾)左兵衛方ゟ触状来、明日御目附本多大学殿御巡見之由申来ル也、右之触状如例鳥部(辺)野へ遣ス

一右之趣、一山へも申遣ス也

晦日　巳　曇

一昨日寺田宮内大坂ゟ帰京ニ付、今日御酒一樽被遣之、則寿命軒・主水ゟ手紙添遣ス也

一今日御目附本多大学殿為御巡見御出被成、金蔵院御案内罷出相済、当院御立寄御弁当如例、御院主御出御対面、御帰之節御式台迄御出、午刻御出、未刻御帰被成候也

一御役所へ仲光院被遣候、右為御届也、如例切紙被遣、如例文候也如左

口上

今日御目附本多大学様御巡見相済候、仍而御届申上候、已上

成就院使僧

六月晦日　仲光院

一本多大学様御旅宿へ如例御使僧被遣、名札持参

七月朔日　午　晴

一御堂参、御供文啓・直八也、従今日当院御番也

一宥円坊呼ニ遣、早速被参候、仍而被仰渡趣如左

来迎院再住被仰付候間、弥念を入被相勤候様被仰渡候旨、主水(吉見成連)申渡ス也

右御請早速被申上候也

一桑山下野守殿へ御使僧　来迎院

暑気御見廻御口上御相応ニ而

甲州岩茸　一箱　台乗(載)被進之也

右御内中嶋庄右衛門江むなひほ(胸紐)二掛被遣之、片木ニ乗(載)ル、右御返答御相応也

一末寺中・正印(平瀬)・法徳(宝)寺へ来迎院事申遣ス也

一明日御墓参之段、如例年末寺中江申遣ス也

一暑気為窺(伺)御機嫌参上　山本立安

香しゆ(薷)散　一包持参

二日　未　晴

一御堂参、御供文啓・直八也、直ニ御墓江御参詣、寺中何茂参候、直ニ御当院ニ而御斎被下候也

三日　申　晴　未刻少々夕立　雷鳴

一御堂参、御供文啓・直八也

一町御奉行向井伊賀守（政暉）殿御死去ニ付為御悔御使僧仲光院被遣候也、御同役嶋長門守（正祥）殿へも御悔被仰遣候、何茂申置帰ル也

一今日御掛物・御色衣之類虫払仕候也

四日　酉　晴

一御堂参、御供文啓・直八也

一窺（伺）御機嫌、先日之為御礼参上　寺田宮内
御逢被成、御酒・飯等出ス也

一今日御茶具・手鑑等虫干仕候也

五日　戌　晴

一御堂参、御供文啓・直八也

一松平伊賀守（忠周）殿五月之御返書来、中根次郎右衛門ゟ返書来、則両通請取認遣ス也

六日　亥　晴

一御堂参、御供直八・文啓也

七日　子　晴

一御堂参、御供文啓・直八・伊織（飛鳥）也

一今日為御祝儀参上、金蔵院・仲光院・来迎院、何茂御逢被成、宝徳寺是又御逢被成、正印（平瀬）ハ申置候由也

一当日為御祝儀参上　浜田源右衛門
右御居間始（初）而御逢被成候也

一参上　止宿八日之朝帰ル　妙楽寺

一参上　森本幸治
右者明日伊織御里元江御語合被成候ニ付為替也、止宿

一甘露寺様（規長）へ孫九郎（藤林伊助）被遣候、御使僧可被進候処、御当番

御無人故御断被仰入候也

八日　丑　晴

一御堂参、御供文啓・直八也
一今朝伊織、甘露寺様へ被遣候也、戌刻過帰ル也
一御城内逸見五左衛門殿ゟ御祈禱頼来ル、則手紙来ル也
右御返書相応申遣也、且又去ル朔日御初尾来候、御
札・供米等遣ス也

九日　寅　晴

一御堂参、素■〔絹〕紋白御着用、御供　泥谷直八
森本幸治
飛鳥伊織
諸堂御参詣、御帰院
一今日新家事役人中如例年被参候
新家与力
木村与惣兵衛
同

芦谷祐四郎
同同心
千賀与惣右衛門
同
深山弥五右衛門
右之外町廻り与力・同心・目付
与力
熊倉市右衛門
同
石崎左五郎
同心目付
大塚新七
同
川口彦〔十〕重郎
同心目付
黒田西右衛門
〔所〕
諸司代組目付
小野与市郎

石野新九郎
右之通、朝倉堂ニ而休足、孫九郎(藤林伊助)罷出ル、御院主様ゟ
御使僧文啓被遣候、御口上例年之通也
一入来　森本頼母
頭弁様(甘露寺規長)ゟ御伝言、明後十一日御出可被遊候旨被仰進候、
御返答、御勝手次第ニ御出被遊候様被仰遣候也

十日　卯　快晴　未刻白雨早速晴ル

一御堂参、御供孫次郎・直八・伊織、前日之ことく諸堂
へ御参詣
一薗(園)部三之丞被参候、御酒・飯等出ス
一夜ニ入、御堂参、御供主水・直八・伊織也

十一日　辰　晴

一今日、甘露寺様(規長)御出被遊、御料理等出ス、昼之内楊
弓被遊、初夜過御帰り被遊也
一執行・目代・六坊ゟ使僧来ル、其趣者、泰産寺閉門之
節、入用銀之事被遣候様ニと申来ル也
右今日者御取来候間、自是可申入候由申遣ス也

十二日　巳　晴

一無事

十三日　午　晴

一無事
一六坊・目代ゟ使僧ニ而、又々泰産寺入用之事、盆後幾
日頃可被遣候哉之由申来ル
右返答、盆後自是可申入候由申遣ス也

十四日　未　晴　未刻白雨申刻晴

一如例年法事有之寺中隙入有之、来迎院計被参候也
一入来　寺田宮内

十五日　申　朝之内白雨小雨折々昼ゟ晴

一御堂参、御供文啓・直八・伊織也
一当日為御祝儀参上、来迎院・金蔵院・仲光院、何茂御

逢被成候也

十六日　酉　晴　申刻ゟ白雨

一従禁裏御所御代参、大石平治

臨時御祈禱、師典侍様御内ミしまゟ文来ル

御撫物

御檀《壇》料　白銀一枚来ル

右御請返書如左

師典侍様より仰として

上様《桜町天皇》ます〳〵御機嫌よく奉恐悦候、さりながらひとひ《一日》比ゟおり〳〵御たん御きの御あつまり御のほり、少々御ふるい《震》なと出まいらせられ候、はやく御しつまり遊されれ、御機嫌よく成せられ、御寿命御長久の御祈たう《禱》来十七日より一七ケ日よく〳〵相勤候やうニ仰つけられ、かしこまり《畏》てうけ給り候、御なてもの《撫物》・御たん《壇》料白かね《銀》一枚めてたく拝受仕候、御祈禱まんさ《満座》のせつ《節》、御撫もの《物》・御巻数さし上申候へく候、此たん《段》よろしく御沙汰たのミ《頼》入存候、めてたくかしく

清水

成就院

師典侍様御内

みしま殿

御返事

なを〳〵よろしく御とりなしたのみ《頼》入存候、めてたくかしく

如例飯・御酒等出之、御院主御逢被成、御返書御渡被成候、別紙御檀《壇》料受取、役者ゟ認遣ス、委細如例

十七日　戌　晴　申刻白雨早速晴ル

一御堂参、御供文啓・直八也

一御城内逸見五左衛門殿ゟ如例十七日夜待之御初尾等来ル、手紙被添

右御相応ニ申遣ス也

十八日　亥　晴　未刻白雨　早速晴

一御堂参、御供文啓・直八也

一松平石見守（忠一）殿江　　　　御使僧来迎院
此度於江府御役替之御歓被仰入候、仍而此品被進之由
御手綱　二　台ニ乗（載）ル
右被進之、丸山文左衛門江御相応之御口上ニ而
方金弐百疋　へぎ（片木）ニ乗（載）ル
右被遣候也
一右御返答、御子息熊三郎（松平）殿御書、三左早速江戸へ可申
遣　候由也、文左衛門者留主故被申置候由也
一逸見五左衛門殿へ十七夜待之御札等持せ遣ス也
右御返書来、御相応也

十九日　甲子　曇　折々小雨降

一御堂参、御供直八・文啓也
右者禁裏御祈禱ニ付而也
一石見守（松平忠一）殿内文左衛門方ゟ来迎院へ手紙来ル、其趣者、
昨日被下候御目録返進仕候由、何分御礼申上度由ニ而
目録帰ル候也
右留主之由申遣、請取遣ス也

一松尾左兵衛方ゟ孫九郎（藤林伊助）へ一紙来、如左
明廿日四つ時分、西御役所へ御召被成候間、印形御持
御出可被成候、尤門前之者も御召ニ而候、御前へ被召
出候由ニ御座候間、其心得ニ而御出可有之候事
未七月十九日　　　　松尾左兵衛
藤林孫九郎殿
右如例返事いたし候由也

廿日　丑　曇

一御堂参、御供文啓・直八也
一今日孫九郎病気ニ付幸八（奥田）為名代罷出ル、右御用筋者門
前四丁（町）目茶屋株之事候也、尚吟味仕候様ニ被仰渡候也
一寺田氏ゟ昨日大津へ石見守殿御子息御立ニ付参候、文
右衛門方ゟ取戻候金子、大津ニ而可渡由ニ付遣候也

廿一日　寅　曇

一御堂参、御供文啓・直八也
一盆之為御礼参上　　　　八右衛門

素麺　三把差上ル　　　御乳母
右如例夕飯等被下候也
一禁裏御所ゟ御使
　御紋之御丁ちん（提燈）・らうそく（蠟燭）一丁
　青銅拾疋
右如例年被下之候由也、則御使へ如毎度・夕飯等出ス
　廿二日　卯　晴
一御堂参、御供文啓・直八也
　廿三日　辰　晴
一今日、禁裏御祈禱就結日如例
御撫物・御巻数献上
帥典侍様へ　いわたけ（岩茸）一箱　台ニ乗（載）差上也
　御使僧文啓
一今日盆之為御祝儀、甘露寺様・倉橋様江御出、御供主
水・直八・伊織也
甘露寺様江　ふとう（豆腐）　一籠被差上ル也

倉橋様江　音羽焼重物被進之
是者先月有掛御入被成候、其節御存知不被成、今日
乍序被進之
甘露寺様へ御宿被成候也
　廿四日　巳　晴
一禁裏御所ゟ御代参
御月次之御代参也、御初尾四百文、如例飯酒等出ス
　廿五日　午　晴
一甘露寺様ゟ直ニ北野江御参詣、御供主水・直八・伊織、
申刻過、又々甘露寺様へ御帰御休足、綏心院（賢雅）様へ御出、
戌半刻過御帰院
　廿六日　未　快晴
一門前一丁目（町）よしすや（葦簀屋）市郎兵衛女房今壱人、先達而山内
江立入候を山廻り伊右衛門召捕、両人江御定之通、過
料差上候様、孫九郎（藤林伊助）ゟ急度申付候処、家主・宿老段々

御詫申上候、仍而証文ニ而相済被申条、此通相認候様申渡候処、年寄・家主証文之儀御断申上之上、市郎兵衛儀者、七月廿五日迄ニ過料急度差上可申候、今壱人者他所取替為仕可申旨年寄申出候、仍而孫九郎申渡候者、其段此方ゟ者不申付候、勝手次第ニ可仕候旨申渡候処、盆前取替いたし候由、右市郎兵衛則壱貫文今(目)日差上候ニ付孫九郎方ゟ差出候也

廿七日　申　雨下　未刻ゟ晴

一昼夜無事

廿八日　酉　曇

一御堂参、御供文啓・孫四(次)郎也

一御城内逸見五左衛門殿ゟ御手紙来ル、其趣ハ、普門品奉納、弥御祈禱奉頼候旨、御初尾青銅百文来

右御返答相応申遣ス也

一申刻出火、上京千本辺之由、暫して消ル

廿九日　戌　快晴　二百十日

一巳刻過出火、西七条辺ニ相見へ候、早速消ル也

一鳥目壱貫文　来迎院

一同　壱貫文　金蔵院

一金子百疋　仲光院

右文啓御使僧ニ而被下付之候也、去年已来何茂南都御里坊江毎度被遣候ニ付而也

一白米壱斗　南蔵院

右者当春已来久々病気ニ而引居候ニ付、御合力ニ被下候也、幸八(奥田)方ゟ手紙ニ而遣ス也

右何茂難有之旨申候也、金蔵院者此間病気之由

一今夕祇園町踊ニ御出、御供主水・孫次郎・伊織也、寿命軒も被参候也

八月朔日　亥　快晴

一御堂参、御供孫次郎・文啓也

一当日之為御祝儀参上、昨日之御請申上ル也　仲光院

一参上　宝徳寺
一同断　浜田丹治
一今日之御祝儀、且昨日鳥目被下候御礼申上ル　来迎院

二日　子　晴

一御堂参、御供文啓・直八（佐谷）也
一今日綏心院（賢雅）様へ八千姫様御出被遊候也、宮内（寺田）夫婦御供、
御料理二汁五菜出之ス、夜ニ入御帰
中啓　一柄
唐米素麺　一箱
右之通被進之也

三日　丑　晴

一御堂参、御供来迎院・文啓・直八也
一金子百疋　駒井左源太へ被下
御酒一樽　三升樽
右孫九郎（藤林伊助）御使被遣、御口上者如左
此間、直八を以内々被仰入候御講談之事、早速御領掌
之旨御大慶思召候、弥明日ゟ御出席被成様思召候、仍
而此品御祝儀印迄被饋遣候旨申也

四日　寅　晴

一御堂参、御供来迎院・文啓・直八也
一今日ゟ大学講訳（釈）始ル也、駒井左源太講、則昼過参上、
御院主様ゟ初而御逢被成、御盃被下候也、料理等出ス
一霊鑑寺宮（祥山宗真女王）様御成、御弁当被遊、早速還御

五日　卯　曇　今朝寅刻雨下 雷鳴 卯刻雨止　風吹

一御堂参、御供来迎院・文啓・直八也
一未刻ゟ大風、田村堂之前有之金燈籠吹こかし（倒）くたけ（砕）申
候、其外御当院御居間等屋祢（根）及大破候也、夜ニ入、戌
刻風少々止候而雨降
一風立候条、火用之儀入御念候様、方内触状来ル也
一地方高役附之触状来候由、委細孫九郎方へ控有之筈也

六日　辰　雨下

一御堂参、御供来迎院・文啓・孫次郎也

一今朝本堂舞台ゟ飛落候者有之由、尤無事ニ罷在之旨相届候也

一昨日風ニ而くたけ（砕）候金燈籠之施主桔梗屋伊兵衛方へ御使僧被遣也、則文啓参候処ニ、此間伊兵衛病気罷在候、追而御口上之趣為申聞、自是可申上候由也

七日　巳　晴

一御堂参、御供来迎院・文啓・直八也

一方内ゟ孫九郎へ書付来、其趣者、明日四つ半時、東御役所へ御用有之候間罷出候様、新家方役人中被仰渡候由申来ル

右承候旨如例申遣ス也

一桔梗屋伊兵衛手代参候而、金燈籠一覧仕度申候由、幸（奥）（田）八取合也

八日　午　晴

一東御役所へ孫九郎罷出候処、四丁（町）目茶屋株之事也、則四丁（町）目年寄・五人組も呼寄被申候由

一今日東寺へ御参詣　　吉見主水

　十二燈被献之　　御供　藤林孫二（次）郎

　　　　　　　　　　　　飛鳥伊織

一金勝院様へ御出、為御見廻也

　南京米索麺一箱被進之

右御酒・御料理等出ル也、御帰欠（掛）ニ

一法金院殿へ御出、御師方へ被仰置候也

右者御見廻、且当春御出被成候御挨拶も被仰置候也

一金蓮院殿へ御出、御見廻被仰置候也

　三半刻　御出

　申刻過御帰院

九日　未　晴

一今日駒井左源太参ル、大学古文講訳（釈）有之也

十日　申　雨下

一今日宝徳寺へ御香典鳥目五拾疋被下之、文啓御使僧相
務也
右者先住一回忌ニ付昨日御菓子等差上候付而也

十一日　酉　晴

一西本願寺遷化ニ付為御悔御使僧被遣候也
仲光院
侍壱人
右御口上者御相応也、御家来　さほり殿
北村舎人へも御寄被成候
一逸見五左衛門ゟ如例手紙・御初尾来ル
一文啓坊国元ゟ呼ニ参ニ付御暇被下候也
一右為替智元坊被召出候也
一今日主水御暇申上、罷出ル

十二日　戌　雨下

一四丁（町）目茶屋株之儀、何茂得心之連判証文今日御役所へ
差上ル、孫九郎（藤林伊助）罷出ル
右証文認様悪敷候由ニ而認替一両日中ニ差出候様被仰
付候由也

十三日　亥　晴

一禁裏御所御代参　西池靫負
臨時御祈禱被仰付候、則御撫物・御檀（壇）料白銀一枚来
ル、帥典侍殿御内ミしまより御ふミ（文）来
右御請申上ル、左のことし
帥典侍様より仰として
上様（桜町天皇）ます〳〵御機嫌よく奉恐悦候、先達而御祈禱仰
付させられ候後、いよ〳〵御機嫌よくならせられ候、
なを〳〵何の御さし（さ）はりもあらせられす、御機嫌よ
く御寿命御長久ニあらせられ候やうニ、来十三日より
一七ケ日御祈禱仰付られ、かしこ（畏）まりてうけ給り候、
御撫物・御檀（壇）料白銀一枚めてたく拝受仕候、御祈禱
満さ（座）のせつ（節）御撫物・御巻数さし上申候へく候、此たん（段）
よろしく御さた（沙汰）のたの（頼）ミ入存候、めてたくかしく
帥典侍様御内

みしま殿　　清水
御返事　　成しゆいん(就院)
猶々廿三日目出度、御撫物・御くわん(巻)数等さし
上申候へく候、此たん(段)よろしくたの(頼)ミ入存候、
已上
外ニ切紙ニ而
来十六日ゟ御祈禱相勤、廿二日満さ(座)ニて候へとも、御
日柄あ(悪)しく候まゝ、廿三日満さ(座)仕候様可相勤候旨、こ(か)し
こまりうけ給り候
右之通相認遣ス、別紙御撫物・御檀(壇)料之請取、役者ゟ
認遣ス、例文也、御院主御出御請被仰上候也

十四日　子　晴

一六波羅普門院参上、口上之趣如左
此度入院仕候、任先格参上仕候由
扇子一箱　台ニ乗(載)ル
右於御書院御逢被成候也
一今日駒井左源太参上、如例講談有之也
一御役所へ孫九郎四丁(町)目年寄共召連罷出ル、則此間之書
付認直し差上ル也、尤東御役所也

十五日　丑　曇　巳刻ゟ雨下

一御堂参、御供智元坊・直八也

十六日　寅　雨下

一六波羅普門院江御使僧智元坊
御口上之趣者、此度入院之御祝、先日御出之御挨拶、
自是も御祝儀被仰入候也
中啓　一柄　台ニ乗(載)ル
右被遣候処、御返答相応也
一為御機嫌窺(伺)参上　　八右衛門夫婦
餅一重持参
右者十八日祭礼之祝儀差上候由也、如例飯等振舞遣ス
也

十七日　卯　雨下　辰刻過ゟ晴ル

一御堂参、御供智元・孫次郎也
一園部三之丞被参候、飯・御酒出ス、寿命軒・主水罷出ル
一本多中務太(大)輔御内井上又右衛門・千馬郷左衛門連名之返書、上(植)柳甚四郎持参、主水請取、則五月御札被遣候返書也
一逸見五左衛門殿ゟ御初尾百銅・米一袋来、御手紙添、十七夜待申来候也
右御返書相応申遣ス、御札等者明日遣筈、尤去十一日之御札一所(緒)ニ遣筈也

十八日　辰　晴

一御堂参、御供智元坊・孫次郎也
一今日御霊御祭りニ付御内之御祝イ有之、如例
一主水、今日甘(規長)露寺様へ参ル也
一逸見五左衛門殿へ十七夜待之御札・御供、去十一日之御札等被遣候也

十九日　巳　晴

一無事
一駒井左源太来候由也

廿日　午　雨下

一今日、主水帰ル也

廿一日　未　雨下

一逸見五左衛門ゟ如例御初尾等来ル、御手紙御留主御別条無之御便有之由ニ而、尚又御祈禱御頼申入候旨申来ル、御家来吉山陣太左衛門方ゟ納所中へ、使之者へ毎度馳走被成被下候、忝存候旨申来ル
右何茂相応返書遣ス也

廿二日　申　曇　昼ゟ晴

一甘露寺様御出、御楊弓被遊、初夜過御帰り被成候也

廿三日、酉　晴

一今日禁裏様(桜町天皇)へ御巻数被献之
御祈禱就満座也
師典侍様へ松茸一籠被進之候也　御吏(使)僧　智元坊
一禁裏御所ゟ御代参　大石平治
右者御月次御代参也、御初尾如例
一勧化所〇道具小屋取繕候様相見へ候付、則延命院江此方役
人ゟ之口上ニ而、其元ゟ被仰付候事ニ候哉と円入を以
内々申遣候処、延命院家来之者、あまりもり(漏)申候由ニ
付取繕させ申候、延命院只今用事取込候故不懸御目之
由申候由也

廿四日　戊　曇　午刻ゟ小雨降

一西本願寺御家来北村舎人方へ寿命軒方ゟ使僧遣ス、其
趣者、廿六日御送葬之由、当院ゟ可被罷出之処、禁裏
御祈禱之中ニ而候間代僧可被出候、尤以前者御使者ニ而
申来候得共、此節御沙汰無之故、御内意承度由申入候
也
右返答、此方ゟ者御出被成候様とも否之御差図ハ難申
入候由申也
一今日駒井左源太不参也
一仲光院呼ニ遣し、明後廿六日西本願寺送葬ニ被罷出候
様申渡ス也

廿五日　亥　雨下

一今日西本願寺送葬、風(諷)経場札立ニ遣ス、泥谷直八今壱
人遣ス也

廿六日　子　曇　巳刻過ゟ晴

一今朝寅半刻過、西本願寺送葬ニ被遣候也、仲光院、七
条法服、乗物四人、侍弐人上下着用、片挟箱・長柄・
笠籠一荷、伴僧智元、素絹・紋白着用、かこ(駕籠)ニ乗也
右午刻過、相仕廻帰ル也

廿七日　丑　晴

一今日宇野勝蔵竹内宅ニ而能仕候ニ付、則寺田氏(宮内)申合、
寿命軒・孫九郎(藤林伊助)・主水為見物参ル也

御院主様ニ者、此節悉曇御読被成候故御出不被遊候也

廿八日　寅　晴

一御堂参、御供智文(元)・孫次郎也

廿九日　卯　晴　夜ニ入雨下

一駒井左源太来ル

晦日　辰　雨下

一甘露寺様へ御使僧被遣、御口上之趣者、御安産之御祈禱被仰付、御札・御符(護)被進之ニ目出度御頂戴可被成候、且又此品庭寿(樹)之ニ而候間被懸御目候由、且先日寿命軒へ被仰付候御弓矢加持も相勤候間、今日被差上候由申也

御札幷御符(護)

御所柿一籠　包こんふ(昆布)添

右御返答御相応也

一松平山城守殿御内松平弥右衛門方ゟ書状一箱、徳治円心方ゟ相達候也、五日之御返書也、右請取相認遣ス

九月朔日　巳　雨下

一御堂参、御供仲光院・智元坊・孫次郎也、今日ゟ本堂御当番也

一逸見五左衛門殿ゟ御手紙・御初尾来ル

右御返答御相応也

二日　午　晴

一御堂参、御供仲光院・智元坊・直八(泥谷)也

三日　未　快晴

一御堂参、御供仲光院・智元坊・孫次郎也

一逸見五左衛門殿へ御札幷当山之松茸一籠被遣之、則御手紙添也

右御返書来、御相応也、但十七日護摩之事申来ル也

一堂上方五六人、子安長光案内ニ而山へ御出被成候由

一主水(吉見成連)御用之儀ニ付宮内(寺田)方へ参ル、其後甘露寺様へ参、

暮過帰ル也
一園部三之丞内用之事ニ付被参候、路踏(頭)ニ而幸八(奥田)・宥栄坊逢被申、今日ハ寿命軒・主水致他行候、何そ御用も候哉と相尋候処、内意物語いたし度事有之由ニ付、則宥栄坊方へ同道、委細内意之事承候之由、其子細難記令略畢

　四日　申　曇

一御堂参、御供仲光院・智元坊・孫次郎也
一御里坊小倉主殿ゟ一紙来ル、如左切紙也
　御用之儀候間、寿命軒且又成就院家来之内壱人同道ニ而、一両日中御本坊江差上可有之候、若又寿命軒所労之儀茂候ハヽ、下坊之内一両人伺公可有之候、已上
　　九月三日
　　　　生田播磨介(忠音)
　　　　中沼兵部権少輔(秀延)
　　　　高天法印(好章)
　清水寺成就院代
　　　　寿命軒

右主殿ゟも手紙来ル、同返書如左
就御用之儀、成就院家来之内壱人同道ニ而、一両日中ニ御本坊江参上可仕候、若又私所労ニ罷在候ハヽ、下坊之内一両人参上可仕之旨、奉畏候、私之儀所労ニ罷在候間、下坊之内ゟ申合罷下可申候、已上
　九月四日　　寿命軒
　　高天法印殿
　　中沼兵部権少輔殿
　　生田播磨介殿
右上包美濃紙ニ而包、主殿へ之寿命軒ゟ返事一所(緒)ニ遣候也
一延命院ゟ吏(使)来ル、口上寿命軒迄
南都宮様(尊賞法親王)ゟ御召被成候、其元御下向被成候哉、下坊之内御下向ニ候哉、幾日比御下向ニ而候哉、御下被成候節、御同道可仕旨申来ル、此方ゟ返事
宮様ゟ御指紙到来致し候、定而下坊之内、罷下可申候、未何れ下りとも相知不申候、明後日罷下候積りニ御座

候と申遣ス
一倉橋三位（泰章）様へ為御見廻左膳（小野）方迄手紙主水ゟ遣ス、松
茸・はり（針）茸被進之也、籠ニ入昆布添、右左膳ゟ返書来
ル、相応也
一弐町目・三町目建家見分として二条役人今日見ヘ申候、
御見分ケ所弐町目吉野や四郎兵へ・つるかや（敦賀屋）半兵衛・
山形屋善七、借屋三丁め（町目）升屋喜兵衛茶碗竈場、同丁（町）長
崎屋仙介借屋
右五ケ所也、絵図委細者孫九郎（藤林好房）日記詳候也、仍而略畢、
今日御出見分役人覚

西組新家方与力
木村与三（惣）兵衛
同組新家方同心
宮川茂八郎
東組新家方与力
芦谷祐四郎
同組新家同心
脇山治左衛門
雑色
西村直右衛門
執筆
竹内勘三郎

右孫九郎立会首尾能相済
一駒井左源太入来

五日　酉　晴

一御堂参、御供仲光院・智元坊・直八也
一桑山下野守（元武）殿江　御使僧　智元
時節御見廻之御口上ニて当山之松茸被進
松茸　一折十五本　被進之也
右御直答、□□（愚）意之御申上、且当春遠慮之時節御心□
□およひ宮様へ被仰入候由、其外当院之事共御尋被成
候へ共、智元坊昨今之事故、不存候旨申由也
一六坊円養院ゟ使来ル、弥明日御下り候哉、となた様御
下り被成候哉御尋来候付、金蔵院・仲光院・孫九郎罷
下り候由申遣ス也

一園部三郎兵衛殿へ寿命軒ゟ手紙ニ而松茸一籠遣ス、且又明日南都へ御召ニ而下坊両人罷下り候、いかゝの事候哉、無心元候、何之御沙汰も御聞不被成候哉、相替事共候ハヽ、以参可得御意候由申遣也
右御返書来ル、相応之礼申来、南都之事、此間前田主水対談之処、不埒成事申候、定而今度も御難渋之事と存候、何事ニても御取合無之様ニと存候、御返答候ハヽ、其筋□取付、又々いか様成儀出来候も難計なとと委細申来り、一両日中ニ寿命軒被参候様申来候也

六日　戊　曇

一御堂参、御供来迎院・智元坊・孫次郎也
一今朝寅半刻、金蔵院・仲光院・孫九郎南都へ下ル也
一倉橋三位《(泰章)》様ゟ御使、御口上之趣如左
弥無御変候哉と珍重思召候、此御方御揃被成、御替も不被為有候、先日者御督様御眼中気被為有候へ共、昨今者御心能被成御座候間、可易御心候、且又此間ハ何ゟ之品被進、別而御満足思召候、然者明後八日非蔵人両人被召連、御出可被成候、御さし合も無御座候哉、尤何も御構不被成、山ニて一日御歴被成度候、若三位様御出不被成候ハヽ、両人計被参候儀も可有御座候、此段被仰入度、以御吏《(使)》被仰候由
右御返答御相応ニ而、八日之事、成ほと御出被成候様申遣ス也
一今日寿命軒園部氏へ遣ス

七日　亥　曇

一御堂参、御供来迎院・智元坊・直八《(泥谷)》也
一今日中貝《(海)》伊右衛門江御暇申渡候也、右者此間御暇御願申上置候ニ付而、則願之通御暇被下候也
一松平大膳大夫殿御留主居中村孫右衛門方ゟ御手紙来、其趣者、養心院殿御死去ニ付為御見舞御音物、江戸表御飛脚等被遣候儀御断被申入候由申来ル
右返書相応申遣ス也
一宇治星野宗以ゟ書状来、如例年茶壺取ニ来、則返書如左

芳翰令拝見、如承意旦暮冷気候へ共、弥御平安之旨珍
重御儀ニ候、然者、如例年御茶御詰可被遣候由ニ而、
壺取ニ被遣、則御史(使)附進候、毎度被入御念候存(ママ)候、恐
惶謹言

九月七日　成就院
御判

星野宗以様

一甘露寺頭弁(規長)様へ　御使僧宥栄坊
時節之御口上ニ而
松茸　一籠被進之、包昆布添
右御返答御相応也

八日　子　快晴

一御堂参、御供智元坊・孫次郎也
一綏心院(賢雅)様へ御使下部遣ス
松茸　一籠　包昆布添
右左膳(小野)方迄主水ゟ手紙ニて申遣ス也
一松茸　一籠　寺田宮内江被遣也
右主水ゟ手紙ニて申遣ス、
一松平大膳大夫殿御屋鋪江御使僧智元坊
御口上之趣者
養心院殿御死去之段、驚入奉存候、御病中不被存候故、
御見廻不被申上候、右為御悔以吏(使)僧被申入候、此段宜
関東へ被仰遣給候様ニと、留主居孫右衛門(中村)方迄被仰遣
候也
右返答、早速関東へも可申遣候由也
一松茸一籠、駒井左源太へ被下候也
右主水ゟ手紙ニ而申遣ス也
一綏心院様・寺田宮内御返答御相応也
一倉橋中務権大輔(泰孝)様、非蔵人四人被召連御出被遊也
松室石見
子
同　筑前
藤野井讃岐
越前
右之人数御酒・料理等出ス、山へも御酒遣ス、暮過御

帰
一南都ゟ金蔵院・仲光院・孫九郎（藤林伊助）帰ル、被仰渡之趣如左、
昨七日昼時ニ高天（好章）法印・生田播磨（忠音）介両人立合ニ而被申
渡候者、御修覆之儀ニ付御開帳相願、散物・寄附等有
之候処、修覆御願今日ニ至不申上候段不届思召候、寿
命軒へ院代被仰付候へ共、病気と申御請不申上、下坊
ゟも御願等可申上儀思召候、古来書物等有之候ハヽ、其
段申立、古格之書付を以、来十五日願書差上可申候、
筋道相立候事を御聞立被遊間鋪と被申儀ニ而者無之候
旨被申渡候也、則一山ゟ円養院壱人罷出候也、外ニ御
末寺中江被仰渡候趣如左
古来ゟ寺院僧官ニ何を申上、或者何代已前者上人、或
者何官申上候と申儀、来十一日迄御里坊迄書付差上候
様被申渡候也
右之趣承之、翌日出足仕候由也
一宇治上林三入ゟ手紙ニ而粉茶一袋来、如例年御壺詰可
進之処、近年不如意有之ニ付暫御断申上候由也
右返答相応申遣ス也

重陽　丑　曇
一御堂参、御供智元房・直八也、素衣・紋白御着用也
一為当日御祝儀参上、金蔵院・来迎院・仲光院、何茂御
逢被成候也
一同日参上、宝徳寺長光・浜田丹治
右主水罷出相済也
一入来、妙楽寺、止宿
一戌半刻出火、早速消ル、火本妙心（元）寺寺中之由
一方内左兵衛（松尾）方ゟ之触状来、委細者孫九郎日記ニ有之令
略畢

十日　寅　曇　午刻過ゟ雨下
一御堂参、御供智元坊・直八也、今日迄本堂御番相済也

十一日　卯　晴
一一乗院宮（尊賞法親王）様御里坊へ御使僧　来迎院
先達而南都ニ而被仰付候当院寺格之書付差出ス、其趣
如左

清水寺成就院代々寺格目録

一任叙不知　顕豫
一右同断　安興
一右同断　康尚
一任叙之口宣・宣旨紛失
文明十四年九月十三日、清水寺造営之御綸旨、願阿上人御房と御座候　願阿上人
一任叙不知　宣阿
一右同断　清忠
一右同断　弁清
一右同断　頼秀
一御綸旨年号無之、十月十日　観誉
右少弁惟房（甘露寺）と御座候
一天文十四年十一月十七日上人号勅許　清金上人
一任叙不知　賢周
一右同断　観行上人

一文禄三年四月廿一日上人号勅許　玉円上人
慶長十八年三月七日上人
一
勅許、法印権大僧都周仙上人
法印権大僧都之御綸旨紛失、牌銘ニ御座候
一寛永十年正月六日　上人号勅許　堯順上人
一寛文十年十二月廿五日　上人号勅許　寿性上人
一天和三年八月九日　上人号勅許　寿慎上人
一元禄十一年五月十五日　上人号勅許　寿清上人
一享保元年十月十二日　上人号勅許　隆性上人
右之通御座候、当院任官位・任叙之儀者審難相知、代々上人号ニ而伝来仕候、已上

元文四年未九月　清水寺　成就院

右小倉主殿へ相渡候処、請取候由也
一広橋中納言殿（兼胤）へ御使僧　来迎院
宮様（尊賞法親王）へ被差出候書付之写シ、為御控被差出候也
一金蔵院・仲光院ゟ口上ニ而智孝へ半六遣ス、其趣者、此間途中ニ而得御意候、定而南都宮様へ御越と存候、

依御召御下り候哉、御尋申入候由申遣ス
右返答ニ、如仰此間者途中得貴意候、成程南都へ罷下り申候、御召ニ而者無御座候、先達而御世話被遊被下候御礼、尚又宜様奉願旨申上候、急度願書に差上候儀ニ而者無御座候由申候也
一広橋殿ゟ御返答御相応ニ而、右之御書付者先々御帰(返)し被成候、尚又追而宮様方諸事相渡候ハヽ、其節願書等之写し被遣候様ニと主膳を以被仰付候由也
一園部三郎兵衛事江(ママ)南都へ此度被差出候書付三通、願書一通内見ニ来迎院持参之処、早速逢被申候而、成ほと此通可然候、此書付者留置、桑山殿へ可懸御目候由ニ而留被置候、尤十七八日比ニ者可参候由申来ル也
一長門留(守)主居方へ養心院殿御葬送之事承合ニ来迎院被遣候処、十四日夜之由、寺者大徳寺黄梅院之由也

十二日　辰　晴

一松平大膳大夫殿留主居中村孫右衛門方より手紙来ル、其趣者、養心院殿法事十七日ゟ十九日迄、大徳寺塔頭於黄梅院被致執行ニ、右之節、御香典且法事中御音物等之儀御断之由申来ル也
右返書、得其意候由申遣ス也
一今日御大名衆へ之巻数抔を遣ス也、御使僧智元坊、大膳大夫殿江者、此節之儀故御巻数不被遣候、尤昨日留主居迄承合候処、自是可申入由申来候ニ付差控へ候、其外所々別記ニ有之也
一松茸一折ツヽ方々江遣ス、是又同人御使僧相勤ル、所々別記ニ有之也
一仲光院呼ニ遣し、明後十四日南都へ罷下り被申候様ニと被仰渡候也
右御請申上ル

十三日　巳　曇　酉刻ゟ雨下

一今日、主水甘露寺(規長)様へ参ル
一南都願書末寺中印形取ニ遣候也

十四日　午　晴

一今朝卯刻、仲光院・孫九郎(藤林伊助)願書等持下ル也、差出候書付之趣、委細者別帳ニ有之、仍而令略畢

一駒井左源太入来、講訳(釈)

十五日　未　晴

一御堂参、御供智元坊・直八也

十六日　庚申　晴

一今日申刻過、南都ゟ仲光院・孫九郎帰ル也、書付差出候処、願書認直し、十九日ニ罷下り、廿日ニ差上候様被仰渡候由也、委細別記有之

十七日　酉　晴

一御堂参、御供智元坊・孫次郎也

一逸見五左衛門殿ゟ御手紙幷御初尾来ル

右御返書認遣ス、例之ことく

一園部三郎兵衛殿参候、御院主様御出御逢被成、御酒・料理等出ス、寿命軒・主水罷出ル也、内談之事共有之

一今度被召出候柳枝嘉右衛門ニ御目見へ被仰付候也、尤御居間ニ而御逢被成候也

一二条御城内西御小屋布施惣(宗)十郎殿ゟ八月十九日の御状今日相届候、尤差置帰之由、右御状之趣者、此度代人ニ又々御在番之由申来ル也

十八日　戌　晴

一御堂参、御供智元坊・孫二(次)郎也

一今朝寅刻過出火、寺町百万遍屋敷之由、与力屋敷二軒焼失

一右御見廻として御使僧被遣、所々如左

一甘露寺様(規長)・桑山下野守(元武)殿・中井主水(嘉基)殿・土山駿河守(武匡)殿・森本頼母

右之通、智元坊被遣候也

一禁裏御所へ当月御祈禱御巻数被献、帥典侍殿迄被進之

しめち(占地)　一折　帥典侍殿へ被進候也

一松平伊賀守(忠周)殿へ御巻数・御状等如例被遣候也

一禁裏御所ゟ御代参、御初尾六百文、御院主御逢被成候

也　　　左門

一今日舞子会有之ニ付園部父子同道ニ而為見物参ル、寿命軒・主水

一仲光院・孫九郎江明朝南都罷下り候様ニ被仰付候、御請申上ル、何かと申談、願書等相渡ス也

一御城内逸見五左衛門殿へ御札・御供米被遣

一同布施惣(宗)十郎殿へ御返書遣ス也、御文言相応、不及記

十九日　亥　晴

一今朝寅刻過、仲光院・孫九郎、南都へ罷下ル也、願書等別記有之也

一西洞院様・尾張様御出、御院主様御逢、山へ御出、御案内、其後御雑煮等出ス

一駒井左源太入来

廿日　甲子　晴

一今日御祈禱、大般若経転読有之也

一今日宗門帳、寺家・末寺印形取之

一倉橋様ゟ御吏(使)、明日督様御成被遊由申来ル也

廿一日　丑　晴

一倉橋中務少輔(泰孝)様・督様・御姫様御出被遊候也、御料理等出ス、暮方御帰被遊也

一丹後御代官海上《ウナカミ》弥兵衛殿御出、庭御見物被成度由、則直八御案内申候也、女中同道也

一逸見五左衛門殿ゟ御使、御相応之御口上ニ而、則関東便有之、何茂無事ニ罷在候、尚又御祈禱奉憑候由ニ而、十二燈五ツ来ル

右御返答御相応ニ而御祈禱之儀得其意候、今日内客有之候、仍而口上ニ而御返答申入候由申遣ス也

廿二日　寅　晴

一土山駿河守(武匡)殿ゟ使、此間近所出火之節御使被遣候為御礼也、申置帰ル也

一藤野井讃岐(守)ゟ主水方へ手紙ニ而、今日六条之衆中御山へ被参度由、無拠被頼候由ニ而、山江一人案内頼之由

申来ル、則人遣し候也
一寺田氏ゟ今日大坂ゟ上京之用事も候ハヽ、申可聞之旨申
来ル也
右返答、差而相替申儀無御座候、南都ゟ定而今日可被
帰奉存候、様子相知申候ハヽ、自是可得御意旨申遣ス也
一南都ゟ仲光院・孫九郎（藤林伊助）申刻過帰ル也、願書等廿日差上
候由、委細別記有之也、先日上置候願書と引替ニ戻候
由也

廿三日　卯　晴

一西本願寺ゟ　　御使曽我半左衛門
先達而御送葬之節、御使僧被遣候ニ付為御挨拶
金子弐百疋来
右御相応ニ御返答申遣ス也

廿四日　辰　晴

一南無地蔵之南ニ無縁塔建申度由、兼而願者有之、則今
日孫九郎為見分彼場所へ罷越候、子細無之故差赦免之
請文致させ取之候也、右一札之儀者、孫九郎預置候也
一先日慈心院ゟ使ニ而、此間随求堂之下ニ盗人入申候、
依之経堂之方築地之上ニ忍返し仕度候、不苦儀候ハヽ、
可申付由申来之由、幸八返答申遣候分、しのひ（忍）返し被
成候分ハ不苦候由申遣候由也

廿五日　巳　小雨降　昼ゟ晴

一今日六つ半時、孫九郎御役所へ宗門帳幷帯刀人之証文
持参仕候也、右帳面之控等何茂孫九郎方へ委細有之也
一二条御城番（大番頭）水野出羽守（忠毅）殿御内清水九郎左衛門小田嘉右衛門、右両人ゟ
用達を以、明日天気能候得者出羽守殿為巡見、東辺へ
御出ニ付御休足ニ御立寄被成度由申来ル也
右返答、何のさし合無之旨申遣ス也
一高台寺之天満宮江御参詣、御供主水・直八（泥谷）・伊織（飛鳥）、御
十二燈被献之、早速御帰院

廿六日　午　晴　折々時雨

一今日大御番頭水野出羽守殿為御巡見御出、当院ニ而如

例御弁当被成、与頭衆両人御同道、御院主様御出御対
面、御帰り之節、式台迄御出被成、主水・幸八・直八
罷出ル也、本堂御案内智元坊遣ス
　御初尾金百疋、御内証へ弐百文差出也
一高木喜平太方ゟ主水方江手紙来ル、其趣者、昨廿五日
御安産御姫様御出生被遊候、兼而御祈禱被遊被進候付、
別而御安易ニ而御満足と思召候、此段申上候様申来ル
也、尤片便故不及返書候也
　廿七日　未　晴　　吉見主水
一甘露寺頭弁（規長）様へ御使
御安産之御歓御口上御相応也、御姫様へも御同前也
　大仏餅　一折
右被進之
一綏心院（賢雅）様へ右御歓且為御見廻御吏（使）同人
　柚　一籠被遣之也
右御返答御相応、弥御二方様共御機嫌克被為成候由也
一松平大膳大夫（毛利宗広）殿留主居中村孫右衛門方より手紙ニて当
月御巻数、明日被差出候様ニと申来ル也
右得其意候由申遣ス也
　廿八日　申　晴
一御堂参、御供智元坊・直八也
一松平大膳大夫殿へ御巻数被進之、則御状等今日之日付
ニ認也、御使僧智元
一甘露氏様へ為御機嫌窺（伺）、孫九郎被遣候也
右御返答、弥相続御機嫌克被為成候由也
一本多主膳正（康敏）様留主居野々山小東太方ゟ手紙来、当月之
御初尾在所ゟ差越候故進候由也
　鳥目百疋来ル
右返書認遣ス、如左
御手帖令拝見候、如承意冷気相成候へ共、弥御堅固御
勤役之旨、珍重御儀ニ候、然者当月御初穂青銅百疋御
持せ被下、目出度令受納候、尚又御在所へ宜御沙汰頼
入存候、已上
　九月廿八日

上書

〆野々山小東太様　清水寺　成就院

右杉原切紙ニ認遣ス也

一曇(華)花院宮様(聖珊女王)御成、御弁当被遊、七つ過還御

廿九日　酉　晴

一本多伊予守(忠統)様御屋敷迄、先達而御婚礼被済候御祝、祝儀被仰入候、御使藤林孫九郎被遣候

五百姫様へ

ひき合　十帖　白木台壱重くり(刳)

昆布　三拾本　同断

兵部様へ御祝儀御口上御相応、右取次蓮井又五郎、右宜関東表可申上由

一倉橋様ゟ御使者　瀧野監物

一吉見主水今日御里へ参上、宿

十月朔日　戌　曇　晩時雨おり〱

一今朝御堂参、御供来迎院・智元・直八、諸堂御巡拝、即刻御帰院

二日　亥　雨下

一御堂参、御供智元坊・直八・来迎院也

一逸見五左衛門殿ゟ御手紙来、御札申請度由ニ而鳥目百文来、尤明日此方ゟ御札取ニ可遣由也

三日　子　晴

一御堂参、御供智元・嘉右衛門(柳枝)・来迎院也

一今日、甘露寺様へ御七夜之為御祝儀、左之通被進之

井籠(蒸)　一組

こんふ(昆布)　三拾本

右之御吏(使)□也

一逸見五左衛門殿ゟ昨日之御札取ニ来、則被遣候也

一主水(吉見成連)帰ル、今(ママ)朝之御返答申上ル、夜亥刻

四日　丑　曇

一御堂参、御供〇(来迎院)・智元・嘉右衛門也

一夜四つ過、三丁(町)目丸屋清八、裏ノ木小屋ゟ出火、早速
門前之者共欠(駆)付、相消申候、尤火消青山殿消候跡(後)ニ
参ル、方内松尾左兵衛、其外方内も参候由
右為御見廻□之□御吏(使)等来ル、如左
一大仏金剛院殿・安井御門跡内御内河野御吏淡路守・又本多
主膳(康敏)正様留守居野々山小東太被参候、木村主馬・清閑
寺、又高台寺役人永田甚内被参候、槌屋九兵衛其外御
出入之者共被参候也

五日　寅　晴

一御堂参、御供来迎院・智元・直八也
一昨夜之火事為御届、両御役所へ孫九郎(藤林伊助)罷出ル也、口上
書認出ス、控等者孫九郎方ニ有
一焼跡為見分北尾善介(助)・福田武右衛門、雑(西村)式(色)直右衛門立
合、則一札取之被帰候、此方より幸八(奥田)立合申候也、□(写)
書・絵図等者孫九郎方へ有之也
一夜前御吏(使)来候、所々江為御返礼智元坊と直八両人手分
いたし被遣候也

一青山因幡守殿当月火消御月番ニ而、則同勢欠(駆)付候付、
為御挨拶沼谷直八被遣候
一小堀仁右衛門(正誠)殿ゟ火事場人御出し候故、為御挨拶孫九
郎被遣候也、不参候也
一方内左兵衛(松尾)方へも孫九郎被参候
一門前之者共夜前早速欠(駆)付取消候ニ付、為褒美御酒一樽
五升・鳥目三百文被下候、右名前者孫九郎方へ記有之
也
一甘露(寺)頭弁(規長)様ゟ御吏(使)喜多川藤治、此間御祝儀被進候為御
返礼、左之通被進之由、外出火之御見廻も申来ル也
　くつかた(沓形)餅　一重　　湯波(葉)一折　三十
右御直答、尤御酒出ス

六日　卯　晴

一御堂参、御供来迎院・智元・嘉右衛門也
一宇治星野宗以方ゟ御茶詰来ル、尤書状添来
右返書認遣ス、如左
尊翰令拝見候、如承意冷気弥増候へ共、弥御平安之由、

珍重存候、然者御茶如例年御詰被下、幾久目出度致受
納候、早速口切奉備宝前御祈念可申上候、毎度入御念
候段不浅忝奉存候、尚期後音之時候、恐惶謹言

十月六日　清水寺
成就院
御判

星野宗以様
御報

一園部三郎兵衛殿ゟ一昨日夜門前出火為御見廻吏(使)来、三
之丞ゟ者寿命軒・主水方へ手紙来ル也
右返書遣ス、相応候也

七日　辰　晴

一御堂参、御供来迎院・智元・直八也
一甘露寺様へ仲光院被参ニ付、乍序為御見廻御口上被仰
遣候也、尤此間之御礼も被仰進候
一一乗院宮(尊賞法親王)様去三日御上洛之由、仍而今日末寺惣代先達
而願書差出候、為御窺(伺)歓被遣候也
右此度者兵部(中沼秀延)少輔御供之処、今日他行之間、被帰次第
ニ可申達候、先罷帰候様取次被申候由也
一甘露寺様御返答御相応也、弥以御二方様共御機嫌克御
肥立被成候由也

八日　巳　晴

一昼夜無事

九日　午　曇

一(ママ)

十日　未　雨下

一園部三郎兵衛宥栄坊へ被参候付寿命軒・主水被召也

十一日　申　晴

一今日甘露寺様御出、楊弓被遊也、戌刻前ニ御帰り、如
例御料理等出ス
一御里坊へ仲光院被参、御願之儀為御窺(伺)也、右兵部へも

取次を以被申入候処、いまた御了簡之程不被仰出候、
追而可被仰付候由也
一本多主膳正（康敏）様ゟ九月御返書来ル

十二日　酉　晴

一為窺（伺）御機嫌参上　中嶋利兵衛
御院主様御逢被成候也
一逸見五左衛門殿御代参、御初尾百銅来ル
右手紙ニ而御返答申遣ス也

十三日　戌　晴

一為御機嫌窺（伺）参上　御乳母夫婦
如例夕飯等出ス也

十四日　亥　雨下

一仲光院一旭隠居之願書被差出候也、則請取、追而可被
仰出之由申渡ス

十五日　子　晴

一御堂参、御供智元・嘉右衛門也
一仲光院後住ニ相願候恵春同道、玄関ニ而何茂知人ニ罷成、
御院主様ニも御透見被成候也
一一旭隠居、願之通ニ被仰付候也

十六日　丑　晴

一妙楽寺参上、宿
一東福寺江御参詣、御供寿命軒・智元坊・主水・孫九郎（藤原伊助）・伊織（飛鳥）也、御弁当持せ候也、暮方御帰

十七日　寅　雨下

一御堂参、御供智元・嘉右衛門也
一禁裏御所ゟ御代参　木元兵庫
御初尾　四拾疋
右如例飯・御酒等出ス、御札被献上之、御院主様御出、
御渡被成候也
一逸見五左衛門殿ゟ手紙来ル、例のことく十七夜待之事

申来ル、御初尾青銅拾疋・仏餉米来ル
右御返事相応相認遣ス也

十八日　卯　晴

一御堂参、御供智元・嘉右衛門也
一霊鑑寺宮様（祥山宗真女王）御内寺田大炊方ゟ手紙来、如左

以切紙致啓達候、然者当宮御方先日者御輿被立候而、暫御休息被為成、御満足ニ思召、且又此御菓子一折、御院主様へ被進之候、宜被仰上候、右之趣各方迄如斯御座候、已上

十月十八日　　霊鑑寺宮御内
寺田大炊

返書御院〻〻〻〻
成就院様
御家来中

饅頭一折来ル、右御返書被遣、如左

家来共方迄御切紙致拝見候、先以被為成宮様益御機嫌克、目出度御儀奉存候、先頃ハ愚一院被為立御輿、忝奉存候、右御挨拶為仰御菓子一折被下之、忝仕合奉存候、御請之段何分宜預御沙汰候、已上

清水寺
十月十八日　成就院
寺田大炊様

右小奉書折紙ニ認、上包美濃紙

一甘露寺（規長）様へ御出、御供主水・〇孫九郎・直八・伊織（飛鳥）也
まんちう（饅頭）一折
右菊姫様へ初而御対面被遊候、為御祝儀被進也、直ニ御宿
一園部三之丞被参候、御院主様御逢、直ニ御出也

十九日　辰　雨下　折々晴曇

一参上　布施長兵衛
右者園部三之丞引付ニ而初而御当院へ参候、寿命軒知人ニ成候由也

廿日　巳　晴
一甘露寺様ゟ御帰欠(掛)ニ倉橋様へ御出、夜ニ入御帰院、御供主水・直八・伊織也

廿一日　午　晴
一仲光院一旭隠居、後住職之儀、願之通恵春へ被仰付候段、末寺中へ廻状ニ而相知らせ申候也、役人方へ文言記有之也

廿二日　未　雨下
一今日仲光院恵春坊入院御礼相勤ル也
金子　弐百疋
扇子　一箱　三本入
右持参、則大床間ニ而御対面、御口祝被下之、御吸物御相伴被仰付、御盃被下之、寿命軒・一旭坊御相伴仕候也
一林丘寺宮様(元秀女王)御内赤尾右近方ゟ手紙来ル、其趣如左
以手紙得御意候、然者当春観音へ之御初尾取紛致失念罷在候、乍延引毎年之通、白銀一封御備ニ候、御落手可被下候、已上
九月廿五日　林丘寺宮御内　赤尾右近
成就院殿
御役人中
白銀一封来ル
右御返書遣ス、如左
家来方方迄御手紙令拝見候、宮様益御機嫌克被為成、目出度御儀ニ奉存候、然者為御初尾白宝一封、幾久目出度致受納候、奉備御宝前御祈念可申上候、此段宜御沙汰頼入存候、已上
十月廿二日　清水寺　成就院
赤尾右近殿
右小奉書横四つ折認之、上包美濃紙
一仲光院一旭へ御使　泥谷直八

御口上之趣如左
今日入院相済、一段思召候、其元御引渡御寺相済候ハ、、兼而御頼之儀候間、此方へ御勝手ニ御引越候様ニと思召候旨申也、当住恵春坊へ今日者始(初)而御対面、御満足思召候由申也
右御請、何分宜申上度旨被申候由也

廿三日　申　晴

一昼夜無事

廿四日　酉　晴雨下ゞ

一円養院ゟ使僧、口上之趣如左
弥無御別条珍重奉存候、然者本堂内々陣ニ有之候高燈台之儀、法事等之節、風吹候得者ほんほり(雪洞)無之、とほ(点)れ不申、仍而此度施主有之、右之高燈台ほんほり(雪洞)可仕由申候、御差構無之候哉御尋申入候由
右返答御相応ニ而、高燈台之事、新調ニ施主有之被致候儀、御勝手次第ニ可被成候、尤是迄之燈台堂附之事ニ候間、其儘被差置可然候由申遣ス也

廿五日　戌　晴

一曽根五郎兵衛殿へ御使一旭坊
右者松平石見守(忠一)殿御替禁裏御附也、此間御上京ニ付、為御歓也
一御里坊へ一旭坊被参候、右者先達而ゟ之願為窺(伺)也
右諸大夫中被申候者、いまた何之御沙汰も無之、何かと御用多候、御沙汰次第可申達候由也
一曽根五郎兵衛殿御返答御相応也
一高台寺天満宮江御社参、御供孫九郎(藤林伊助)・直八(泥谷)・伊織(飛鳥)也、初夜過御帰院

廿六日　亥　晴

一中嶋利兵衛ゟ手代を以、寿命軒迄口上之趣ハ、此間者久々ニ而参上仕候処、御目見へ仕、忝奉存候、寒冷之御見廻旁此品差上候由ニ而
かんさらしわらひ(寒晒蕨)一箱来、台ニ乗(載)ル

右御返答、寿命軒相応ニ申遣ス也
一方内ゟ触状来、明廿七日ゟ丹後守（土岐頼稔）様御巡見、長門守（嶋正祥）様
御同道被成候由申来ル、委細ハ役人方記有之
一明日御巡見ニ付寺田宮内方江主水手紙遣ス、右返書来、
無間違候様可仕旨、且園部方へ内々承合候様申来ル也、
御院主様御出向之事也
一今日ゟ仲光院隠居一旭坊御当院へ引越被申候也

廿七日　子　晴

一今日御巡見之事、則夜前宥栄坊園部方へ被参候処、父
子共御上屋鋪相詰被居候由、委細申置被帰候処、今朝
父子ゟ手紙ニ而申来候者、高台寺ニ而御昼休被成候、当
寺者御再見之事候間、御立寄□□被成間鋪、乍去長門
守様初而之事ニ而□□（候間）不計御立寄被成事茂可有之由、
左候ハヽ、御菓子計用意仕候様、御院主御出之事ハ御使
僧ニ而可相済由申来ル也
一為御案内孫九郎三丁（町）目境内はつれ（外）迄罷出、尤麻上下着
用
一昨日触来候節、早速門前年寄中申付、清閑寺庄屋へ牛
馬通り候事相済候迄差留候様申遣候処、畏入候旨申来
候由也
一来迎院・一旭坊両人為御案内御出被成、何茂素絹・紋
白着用、則経書堂ニ而待合、三年坂の上ゟ御供仕候筈
也
一未刻過、丹後守（土岐頼稔）殿・長門守殿為御巡見御出、如例諸堂
へ御参詣、直ニ御帰り被成候、当院御立寄不被成候、
尤加（伽）藍帳差上候也
一甘露寺様ゟ桂丹下被相詰候也
一土岐丹後守殿へ今日御巡見首尾能相済候為御礼、御使
僧一旭坊被遣候也
一嶋長門守殿へ右同断
一甘露寺様ゟ菊姫様御宮参之御祝飯一器、喜平太（高木）ゟ手紙
ニ而来ル也

廿八日　丑　朝之内時雨　雨下

一御堂参、御供智元坊・嘉右衛門也

廿九日　寅　晴
一松平大膳大夫(毛利宗広)殿ゟ九月之御返翰来ル
御使者藤川太郎左衛門
白銀一枚御初尾
堅田安房殿ゟ返書来ル也
右一旭坊罷出及挨拶、則為例請取認遣ス
一入来　駒井左源太
如例講訳(釈)有之也
一方内松尾左兵衛方ゟ御目附衆明日御巡見御出被成候旨
触来候由也

晦日　卯　晴
一御目附中山勘ケ由(解)殿・柘植三四郎殿御巡見、如例当院
御弁当被成候也、為御案内如毎度孫九郎(藤林伊助)・一旭坊罷出
ル、加(伽)藍帳差上ル、当院御入被成候而御院主御挨拶ニ
御出、御帰之節、御式台迄御出被成候也、午刻御出、
未半刻過御帰り
一御役所江御巡見相済候御届、御使僧智元、切紙ニ而被
仰遣、其趣如左
口上
今日御目附中山勘ケ由(解)様・柘植《ツゲ》三四郎様御巡見相済
申候、仍而御届申上候
清水寺成就院使僧
智元
十月晦日
一中山勘ケ由(解)殿・柘植三四郎殿方へも御使僧被遣、如例
名札持参候也

十一月朔日　辰　晴　時雨折々降
一御堂参、御供智元坊・嘉右(柳枝)衛門也
一御城内逸見五左衛門殿ゟ御使ニ而十二燈五ツ来ル、御
口上御相応ニ而、御祈禱奉憑之由也
右御返答御相応ニ申遣ス、則十二燈之請取遣ス也

二日　卯(巳)　晴
一御堂参、御供智元・直八(泥谷)也
一町御奉行馬場讃岐守(尚繁)殿昨日上京之儀、木村勝右衛門御

供ニ而罷登り被申候ニ付、内々ゟ為悦宥栄坊被参候故、
かんさらしわらひ（寒晒蕨）□粉二箱被遣之候也

三日　午　晴

一御堂参、御供一旭坊・直八也

一甘露寺様へ御使吉見主水被遣、御口上者、此間菊姫様御宮参御歓被仰入候、綏心院（賢雅）様へ御同事也

右御返答御相応也

一方内ゟ馬場讃岐守殿御礼之儀、寺社方ハ五日ニ御務候様ニと触状来ル也、委細之控者孫九郎方へ有之

四日　未　晴

一御堂参、御供一旭坊・智元坊・嘉右衛門也

一入来　　駒井左源太

五日　申　曇　昼ゟ雨下

一御堂参、御供一旭坊・智元・嘉右衛門也

一今日町御奉行所へ御出礼之儀、御遠慮中故、御出不被成候也

六日　酉　曇　朝之内雪降 昼ゟ晴

一御堂参、御供一旭坊・智元坊・嘉右衛門也

七日　戌　晴

一御堂参、御供一旭坊・智元坊・嘉右衛門也

八日　亥　曇　昼ゟ晴

一無事

九日　子　曇　午半刻ゟ雨下

一松平伊賀守（忠周）殿ゟ九月之御返書来、并中根次郎右衛門御返書来ル也、則役者請取、相認遣ス

十日　丑　晴

一宮様（尊賞法親王）御里坊へ一旭坊被遣、其趣者願之儀為御窺（伺）也、右諸大夫中留主之由也

一吉見主水、寺田氏へ参ル、御内用ニ付而也、暮方帰ル
也
一御堂参、御供智元・嘉右衛門也、今日ゟ本堂御当番ニ
付而也

十一日　寅　晴

一裏松前中納言様（益光）、頭弁様（甘露寺規長）御同道ニ而御出被遊、昼御
飯・夕御料理等差上ル也、□半刻御出、酉半刻御帰被
遊
一逸見五左衛門殿ゟ御手紙、御祈禱之儀申来ル也、如例
御初尾等来ル
右返書相応申遣ス也

十二日　卯　晴

一御堂参、御供智元坊・嘉右衛門也

十三日　辰　晴

一御堂参、御供智元坊・直八也
一正印宗輔（平瀬）湯治ゟ罷帰候由ニ而但馬のり（海苔）・湯花等等さし
上ル也

十四日　巳　曇　午刻ゟ雨下　雷鳴

一御堂参、御供智元坊・直八也
一庄田小左衛門殿内嶋定右衛門方ゟ手紙来、如例年之御
初穂金弐百疋来、御札之儀、当月中ニ遣候様ニと申来
ル也
右返書役者ゟ相応申遣ス也

十五日　午　晴

一御堂参、御供智元坊・直八也
一逸見五左衛門殿へ此間申来候御祈禱満座ニ付、御両人
江御守被遣候、則御手紙ニて其趣申遣ス也
右御留主故、御家来ゟ請取来ル
一入来　　駒井左源太
昨日不参ニ付今日被参、則如例講訳（釈）有之也

十六日　未　晴

一御堂参、御供智元坊・嘉右衛門也

一今日如例年御火焼也

十七日　庚申　曇　夜ニ入雨下

一御堂参、御供智元坊・嘉右衛門也

一今日戒心坊被召出、則御目見江被仰付候也、御菓子一箱差上ル

一逸見五左衛門殿ゟ如例御初尾・仏餉米等来ル、則御手紙ニ而申来ル也

右御返答御相応申遣ス也

一園部三之丞入来、如例昼飯・御酒等出ス也

一妙楽寺入来、宿

十八日　酉　晴

一御堂参、御供智元坊・嘉右衛門也

一逸見五左衛門殿へ十七夜待御札・御供被遣候、御手紙添遣ス也、文言不及記令略畢

一今日就御火焼、御霊社江御膳被供候也

一逸見五左衛門殿御返書来、御相応也

十九日　戌　晴

一御堂参、御供智元坊・嘉右衛門也

一仲光院入院為御祝儀、来廿二日御招請仕度候、御隙も不為有候哉、御窺(伺)申上候由御参上

右何之御隙入も無御座候、勝手次第ニ被越候様申遣ス也

一入来　駒井左源太

一為窺(伺)御機嫌参上　八右衛門夫婦

牛房(蒡)一把差上ル、如例夕飯等出ス也

廿日　亥　晴　申半刻ゟ雨下

一御堂参、御供戒心坊・嘉右衛門也

廿一日　甲子　朝之内霧深シ曇折々小雨　未刻ゟ晴

一今日子祭り也、如例年備物等有之

廿二日　乙丑　朝之内霧深シ 昼ゟ晴

一今日仲光院入院為御祝儀御料理差上候付、御先格鳥目
百疋被下之

一午刻仲光院江御出、御供主水・孫九郎（藤林伊助）・直八・伊織・
寿命軒也、御料理等出ル、申刻過御帰院

一為御礼参上　仲光院
今日何之風情無御座候処、御機嫌克忝奉存候旨、主水
及挨拶帰ル也

廿三日　寅　雨下　午刻晴

一今日御□（里）へ御用ニ付主水参上、止宿

廿四日　卯　巳刻ゟ雨下

一昼夜無事

廿五日　辰　晴　折々小雨降

一甘露寺様（規長）へ御出、直ニ北野へ御参詣　御供
吉見主水
藤林孫九郎
泥谷直八
飛鳥伊織
御社参御帰又々甘露寺様へ御出、御止宿候也

一本多兵部様ゟ御使者　蓮井又五郎
先達御婚礼御祝儀・御音物等御進候御返礼也

一禁裏様（桜町天皇）御代参　水口右衛門督
月次御代参也、御札如例、飯酒等遣之

廿六日　巳　晴

一主水ゟ孫九郎迄手紙来ル、今明日御逗留被遊候由申来、
廿八日昼時御迎参筈也

廿七日　午　雨下　九ツ時ゟ晴

一曽根因幡守殿（澄次）ゟ御返礼書状来ル

一白糸五□壱重　祖母病気為見舞 寿命軒ゟ手紙添遣ス　中村捨七へ遣之

廿八日　未　曇天

一甘露寺様ゟ御帰院、主水(吉見成連)御供ニ而帰ル、亥刻前

廿九日　申　晴

一大坂天王寺勧化金御当院ゟ金百疋、末寺中ゟ銀弐両、
支配寺安祥院ゟ金百疋
右目録ニいたし、方内松尾左兵衛方へ孫九郎持参いたし候也
右持参候処、左兵衛申候者、寺社方ハ直ニ被遣可然候由、尤天王寺役者宿ハ二条孫橋町ニ而候由申ニ付、則持帰ル也

十二月朔日　酉　晴

一御堂参、御供金蔵院・一旭坊・直八也

二日　戌　晴

一御堂参、御供金蔵院・一旭坊・直八也
一今日天王寺勧化金旅宿へ持参候也、孫九郎
一一旭坊舎兄由右衛門参上
御酒　一樽
蕎麦粉
右被差上候ニ付、則於御書院御逢被成候也
一柳枝嘉右衛門儀病気有之ニ付、今日ゟ下宿仕、養生可仕候旨被仰付候也、則引取候也

三日　亥　曇

一御堂参、御供金蔵院・一旭坊・直八也、直ニ御廟参被成候也
一慈心院ゟ使ニ而南都ゟ御飛脚、此方封箱ニ一所(緒)ニ参ニ付、御届申候由ニ而、宮様(尊賞法親王)ゟ之御召状来ル、其趣如左

御用之儀候間、明後五日辰刻、御殿へ参上可有候、尤
下坊之内、二三人同道可有之候、已上

未
十二月三日　　生田播磨介(忠音)
中沼上総介(秀延)
高天法印(好章)

清水寺
成就院

右切紙、上包美濃紙半分ニ而包、成就院へ計有之
右御請状之趣如左
御用之儀有之候間、明後五日辰刻下坊之内二三人召連、
御殿へ参上可仕旨、畏承候、已上

清水寺
成就院
極月三日

高天法印殿
中沼上総介殿
生田播磨介殿

右小奉書半切、上包美濃帋、上書成就院認之、慈心院
迄持せ遣ス、御吏(使)市兵衛也、一山被下候事、内々承合
候処、執行・目代幷六坊之内壱人御召之由也
一二条御役所へ為御届、藤林孫(伊助)九郎被遣候
口上書之趣、如左

口上

清水寺成就院役人
藤林孫九郎

一清水寺成就院当春以来、御公辺・宮様へ罷出候儀差控
候様ニ宮様ゟ被仰付置候、然処明後五日辰刻南都御殿
へ参上仕候様ニ只今被仰下候、仍之明朝下向候ニ付御
届申上候、已上
右小奉書半切認之、両御奉行所へ持参候処、御届之儀
承置候由也、西役人棚橋八太夫・東役人喜平次取次也
一入来　駒井左源太
今日講訳(釈)南都御下向ニ付御断也
一中貝(海)伊右衛門兼而帰参之儀相願候ニ付、今日ゟ御語合
分被召出、則明日南都御供被仰付也

四日　子　快晴

一今朝七つ半時、南都へ御発駕、御供一旭坊・主水(吉見)・伊
右衛門、御輿三人、草履取、長柄挟箱壱荷、外ニ片挟
箱・傘籠持、上下拾壱人
一参上　仲光院
為御見舞参上也
一九ッ時御帰院、小倉堤迄御出被成候処、従南都御飛脚
被下、今日下向延引仕候様ニ被仰下候、其趣者、中院
前(通躬)右府様薨去ニ付五三日御延引之由也

一昨日二条御役所へ御下向之御届有之候故、又々御帰之趣口上書認、孫九郎持参

口上

一昨日御届申上候通、成就院儀、今朝南都へ出立仕、小倉堤迄罷出候処、従南都御飛脚被下、中院前右府様薨去ニ付罷下候儀延引可仕之旨被仰下候故、引返罷帰り候ニ付、御届申上候、已上

清水寺成就院役人
藤林孫九郎

十二月四日

生田播磨介
忠音
中沼上総介
秀延
高天法印
好章

右何茂差留帰り候也、西御役所下田庄右衛門ニ渡ス、東者当番与力ニ渡ス

一従南都小倉堤迄被下候御状、慈心院ゟ来ル、則写し留、執行江遣ス、請取有、御状之趣如左

態以飛脚申入候、然者一昨日飛脚を以、明日御召之事申遣候、定而今日各御下向と存候、然処中院殿御事ニ付御用向御延引候間、先帰山、重而御召之節御下向可有之候、定而四五日も御延引ニ而可有之候、為其如此ニ候、恐々謹言

十二月四日

執行
目代　中
六坊中
成就院

一今朝中院前右府公(通躬)薨去ニ付鳴物御停止之触状来り候由、委細孫九郎方記有之、仍而令略畢

五日　丑　晴

一御堂参、御供金蔵院・一旭坊・直八也

一戒心坊今日ゟ出勤、此間御暇被下候御礼申上ル

六日　寅　晴

一御堂参、御供金蔵院・一旭坊・直八（泥谷）也

七日　卯　晴

一御堂参、御供金蔵院・戒心坊・伊右衛門也

一今日柳枝嘉右衛門御暇被下、則重兵衛迄右之段幸八（奥田）申渡ス、尤御目録百疋被下候也

一今日四条芝居江御出、御供主水（吉見成連）・孫九郎（藤林伊助）・直八・伊織（飛鳥）也、駒井左源太父子御供也、芝居過二軒茶屋へ御出、酉半刻過御帰院

八日　辰　晴　昼ゟ曇　夜ニ入雨下

一今日寒ニ入、如例年門前万屋ゟ寒餅差上ル也

一為御暇乞参上　中左衛門
於御茶間主水対談、大福茶碗一箱被下之也

九日　巳　晴

一今日如恒例御煤払也

十日　午　晴

一今日本堂煤払也、如例年御境内之者共勤之

十一日　未　晴　夜ニ入小雨降

一入来　駒井左源太
宿被致候也、尤講訳（釈）有之

十二日　申　晴

一今日仕廻之講訳（釈）有之　駒井左源太
御暇申上帰ル

十三日　酉　晴　昼ゟ曇

一今日事始、如例年願之臼ニ而米突（搗）也

十四日　戌　晴

一昼夜無事

十五日　亥　晴

一御堂参、御供戒心坊・伊右衛門（中海）也

一執行・六坊中ゟ使僧来、今年泰産寺入用銀之事申来ル
右自是可申入由申遣ス也
一為窺(伺)御機嫌参上　　乳母夫婦
もち一重
くき一重　持参差上ル
右如例夕飯等出ス
一四条芝居座本中村市郎左衛門ゟ孫九郎方へ手紙ニて、
顔見せ桟鋪千百間余のほり(幟)十七日迄本堂へ立呉候様申
来ル也
右得其意候旨申遣ス

十六日　子　晴　夜ニ入雨下

一為御機嫌窺(伺)松下兵松方ゟ主水(吉見成連)へ書状ニ而近江蕪差上候
也
右返書相応申遣ス
一今日ゟ伊織(飛鳥)事、繁と改名被仰付候也、則御礼申上ル

十七日　丑　雨下

一御堂参、御供戒心坊・伊右衛門也
一寺田宮内病気為御見廻、御酒一樽被下之、則主水方ゟ
手紙相添遣ス
一如例年御酒一樽持参　　衛士藤井土佐
右者御神楽御榊申請ニ来ル也、則遣ス也

十八日　寅　晴

一御堂参、御供戒心坊・伊右衛門也
一今日如例年禁裏御所へ御巻数献上之処、御神事中故途
中ゟ帰ル也
一今日ゟ御用ニ付、主水甘露寺(規長)様へ被参宿仕也
一駒井左源太御家来ニ相願候ニ付、今日御役所へ御届ケ、
孫九郎罷出候由、早速相済候也、届書等廿一日所ニ有
之也

十九日　卯　晴

一禁裏御所ゟ御代参
右御月次御代参也、飯・酒等出ス、御院主御出被成、
御札被献候也

一逸見五左衛門殿ゟ如例御祈禱之儀、手紙ニ而申来候由
也
一参上、為窺（伺）御機嫌申置帰ル也　端七兵衛

廿日　辰　晴

一今日禁裏御所へ御巻数被献、御使僧一旭坊、右首尾能
相納、尤御撫物も相納ル、御檀（壇）料之儀者追而御越被成
候由、大典侍様其外様へ如例年之通大福茶碗被遣、委
細者進物帳ニ有之
一御里坊ゟ一紙来、如左
被仰渡候趣、明廿一日於御里坊小倉主殿可申達候間、
可有被参上候、為其如此候、以上
生田播磨介（忠音）
中沼上総介（秀延）
高天法印（好章）
十二月廿日
清水寺
成就院御坊
右之通ニ候間、明日九つ時迄之内御直参、下坊何れ成
共可有御同道候、已上　小倉主殿
右同紙上包美濃紙半分
右御返答如左
被仰出候趣御座候ニ付明廿一日御里坊へ参上可仕旨、
奉畏候、已上
十一月廿日　成就院
小倉主殿殿
右小奉書
一倉橋三位様（泰章）ゟ御吏（使）、寒気御見廻、其外御内々安祥院事
被仰進候由也
右寿命軒対談、安祥院願之事者不相成筋之由申上候由
也
一今日御寄合ニ付、甘露寺様へ繁御談合被成候ニ付、早朝
ゟ参候也

廿一日　巳　晴

一御里坊へ御出、御供直八・伊右衛門・一旭坊也、尤御
輿三人、甘露寺様へ御立寄、巳半刻過御出被成候也

一於御里坊午刻小倉主殿罷出被仰出候趣如左
六坊延命院・慈心院宰相・執行代真福寺也、御院主様
一旭坊被召連、何茂列座
一成就院へ被仰渡候趣、成就院儀、対宮様(尊賞法親王)不届之筋共就
有之、先達而遠慮被仰付置、去ル四月一通り被免候得
共、当宮様公辺之儀者被致遠慮候様被仰付置候、然処
最早歳末・年礼等差掛り申ニ付、今日ゟ被免候、此旨
御承知可有之旨被申渡候
一御修理之儀、先達而従下坊中願書被差出候趣、御沙汰
可有之と先頃一山御召被成候処ニ、中院(通躬)殿事ニ付御延
引、其後無拠御用等も有之、最早及月迫候ニ付、来春
御沙汰可有之候之間、此旨御承知可有之由
一成就院家来之内、宮様思召之者有之間、此儀茂来春御
沙汰可有之候間、此旨御承知可有之との事
一右被仰渡候通、雖被免候、成就院儀兼々万端被入御念
候様ニと被仰出候
一此後公辺へ被願出品有之節者、前方ニ宮様へ御届被申
出候様ニとの事
一右被免候御請幷歳末之御祝儀旁、成就院直ニ下向候様
被申渡候也
一歳末之為御祝儀、例年大福茶碗被献候、然所ニ近年被
献候茶碗ほそく(細)麁末ニ有之、大福御用ニ難相立候、御
吉例ニ而右被献候茶碗、大福御用相成候事候間、随分
入念可被献候、成就院幼年之事ニ候間、委細者寿命軒
前格存各可申候間、此段聞合麁末無之様可致之由、一
旭坊ニ向被申渡候事
右之通被申渡候ニ付、御院主・一旭坊御請御申上、六
坊延命院へ向、御修理之儀、只今成就院へ被仰渡通、
来春ニ至り可被及御沙汰候、何茂へ此段申入候様ニと
被申渡候事
一延命院申候者、御修理之儀、成就院修理元之儀ニ御座
候間、職掌も相立候様、先達而御願申上候通、宜被仰
付候様御取持被下候様被頼候、段々御修理及延引候へ
者、畢竟観音御為ニ相成不申候間、来春ニ至、早速被
為仰付候様御取持被下候へと申候、主殿申候ハ、成ほ
と致承知候由被申也、何茂罷立候処、主殿延命院呼戻

し被申候、宰相両人・真福寺も跡(後)ニ残り申候也
一甘露寺様迄御帰被成、素絹・紋付ニ御改被成候而、御里坊へ為御礼御出被仰置候也、御供前之こと(如)し、又々甘露寺様へ御立寄、一旭坊・直(泥谷)八先ニ御戻し被成候也
一広橋様へ御吏(使)、一旭坊被遣、寒気之御見廻、且又今日遠慮被免、廿三日南都御下り被成候旁御届被成候由申也

右御留主故申置也　　取次佐原源吾

一禁裏御所へ一旭坊被遣、来年御撫物・御檀(壇)料之事為窺(伺)也

右来廿五日ニ相渡候間、何レ成共請取ニ参候様被申候由也

大典侍様取次
三木藤左衛門

一御院主様・綏(賢雅)心院様・倉橋様へ御出、暮過ニ御帰り、御供主水・繁・伊右衛門也
一御役所へ孫九郎(藤林伊助)被遣、右為御届也、如左

乍恐御届申上候口上覚

一先達而以書付申上置候成就院遠慮之儀、今日一乗院宮(尊賞法親王)様御里坊へ成就院被召呼、御公辺・宮様へ罷出候儀、今日ゟ被免候、右為御請早々南都罷下り候様被仰付候、仍明後廿三日南都へ罷下り申候ニ付、右之段御届申上候、以上

元文四年未十二月十一日

清水寺成就院役人
藤林孫九郎印

御奉行所

右両御役所へ持参、当番与力衆へ相渡候由也
一去十八日駒井主税御届申上候口上書ノ趣如左

乍恐御届申上候口上之覚

一清水寺成就院家来駒井主税与申者、新町通四条下ル丁(町)堺屋新兵衛与申者家ニ借り宅仕候、仍之御届申上候、所ニ被仰付被下候様奉願候、重而宅替仕候か、万一暇遣候節者、早速御届可申上候、已上

元文四年未十二月十八日

清水寺役人
藤林孫九郎印

御奉行所様
右御月番西御役所へ差出、証文方当番ニ渡ス、則野村
与一兵衛取次、早速相済候也、東御役所へも同前、当
番ニ相渡ス也

廿二日　午　晴

一園部三郎兵衛殿へ寿命軒ゟ昨日被仰渡候趣申遣、来廿
七日御屋敷へ御院主御出可被成候、丹後守(土岐頼稔)殿御対面被
遊候様御取持被下候様ニと申遣ス也
一妙法院(堯恭法親王)宮様ゟ御使者　三谷左助
来申年御祈禱頼来ル
右役者請取相認遣ス也
一本光院ゟ口演書ニ而山口勘兵衛殿ゟ之御初尾正・五・
九月分如例年来ル、外ニ久太郎殿御初尾青銅拾疋来ル
右伊兵衛ゟ返翰遣ス、御札等如例遣候也
一末寺中江廻文遣ス、其趣者、昨日御里坊ニ而被免之旨
被仰渡候、為知也
一園部氏ゟ返書来、相応也

一為御悦参上　来迎院
一同断　金蔵院
一住吉酒　一樽
　砂糖漬　一壺　宥栄坊
為御祝儀被差上候也

廿三日　未　晴

一今朝七ツ半ツ(ママ)時、南都御発駕、一旭坊・主水・伊右衛
門也、御輿三人、草履取壱人、挟箱壱荷、外ニ片挟
箱・傘籠持上下拾壱人
一為御悦参上　仲光院
一同　平瀬宗輔
一入来　薗(園)部三之丞
於書院寿命軒対談
一銀子壱匁　いつ屋
いと兵衛
十二燈
白餅　壱重
右願之臼ニ而つき(搗)候鏡、例年致頂戴之由、右之初尾
也

廿四日　申　雪折々□

一御悦参上　長覚房

一同　宝徳寺

一石原清左衛門（正利）殿ゟ為歳暮御祝儀、干大根五拾本到来、
手紙添来ル、返書遣ス

一近州蕪　一籠　歳末之為御祝儀被差上候　来迎院

一寒気御見廻　大仏養源院殿ゟ　吏（使）僧慈教房
昨日寒気見廻被進候御挨拶も有之

一為歳末之御祝儀、葛差上ル　中嶋利兵衛

一銀六匁百燈明料　薩摩や次兵衛

一金百疋　一尾伊織殿ゟ
右近州代官山本活兵衛方ゟ役人方迄手帋にて来ル、御
礼例年正印（平瀬）［　　］差下ス筈、右役者請取いたし遣
ス

廿五日　酉　晴

一本多中務大輔様ゟ九月返書、家老中ゟ来ル

一蜜柑　一籠　角倉与市ゟ使者
右寒気御見廻、且歳末之為御祝儀

一砂糖　一壺　差上ル　門前酒内屋伊兵衛

一練酒　一壺　差上ル　門前丹後屋甚兵へ

一唐茄子　一つ　山科文左衛門

一南都ゟ御帰京、申半刻過、何茂御供帰ル也、宮様（尊賞法親王）御対
面被遊候、御首尾能御勤被遊候也、南都御勤之首尾御
滞留中之日次別記有之、仍而略之畢

一夜ニ入、宥栄坊江御出、御供主水・孫九郎（藤林伊助）・主税・矢
一・繁也、寅刻御帰院

廿六日　戌　曇

一今日如例年餅つき（搗）也

一山本立安ゟ孫九郎方手紙ニ而、屠蘇散一包上ル
右返書遣ス也

一中田三郎左衛門方ゟ如例年御檀（壇）料金弐両来ル

廿七日　亥　晴

一今日二条辺御出被成筈ニ相催候処、智（知）恩院宮様（尊胤法親王）薨去之由、依之御延引被成、則孫九郎（藤林伊助）両御役所へ南都ゟ御上京之御届ケ口上書にて持参候也、如左

一廿（去）一日御届申上置候成就院儀、南都ゟ昨日帰京仕候、仍而御届申上候、已上

未
十二月廿七日　清水寺役人
藤林孫九郎

右小奉書切紙　外ニ孫九郎改名之事、方内及内談、御役所其外役人中江届書持参候由也

一方内松尾左兵衛ゟ之触状、霊山ゟ来、如左

覚

智（知）恩院宮（尊胤法親王）薨去ニ付今日ゟ来ル廿八日迄三日之内鳴物停止之旨、洛中洛外へ可触知者也、但普請者無構

未
十二月廿六日

右之通、就被仰出申進之候、以上

元文四年未十二月廿六日　松尾左兵衛印

右触状之表、清水寺と有之、下ニ藤林孫九郎と書、印形いたし遣ス也

一甘露寺頭弁様（規長）へ御使　吉見主水

歳末之御祝儀、且今度南都御下向之為御土産一種被進之、如左

大福御茶碗　箱入御紋付、笹ニ雀、金縁 二重くり台、包昆布添

御鏡料白銀一枚　小奉書ニ包 同断

右両品如例年、頭弁様へ被進之

大福御茶碗　箱入御紋付□□也 二重くり台、包こんふ添

右奥方様へ被進之

あられ（霰）酒　一樽　包こんふ（昆布）添

右御二方様へ南都御土産として被進之

一綏心院様（賢雅）へ御使　同人

右同断、御口上ニ而

大福御茶碗　御紋笹に雀 二重くり台、包こんふ添

金子弐百疋　御鏡料　右同断

右歳末之御祝儀

法輪みそ（味噌）　一壺

右南都ゟ御土産ニ進之
右何茂御返答御相応也
一方金百疋　寺田宮内
一白銀弐両　森本頼母
一白銀弐両　高木喜平太
右如例年歳末之御祝儀被下之也、何茂御請申上ル也
一従今日藤林孫九郎(伊助)儀、改名兵庫と改申度御願申上候ニ
付、則其通被仰付候也、尤御里元ニも寺田氏迄主水申
入置候也
一御里坊へ御使僧、(知)智恩院宮様御悔、戒心坊被遣候也

廿七(八)日　子　晴

一御堂参、御供戒心坊・伊右衛門也
一執行・目代ゟ使、口上之趣
去年之泰産寺入用銀之儀、被遣候様ニと申来、右返答、
此儀者追而自是可得御意候旨申遣ス也
一白銀壱枚　駒井主税ニ被下之、御吏矢一
右御請申上ル

廿九日　丑　晴

一今日歳末之御祝儀、寒気御見廻、諸方御出、如左
土岐丹後守(頼稔)様　大福茶碗被遣、御紋付也、如例年之
右之御用人薗(園)部三郎兵衛殿へも御出、同茶碗被遣
嶋長門守(正祥)殿　大福ちやわん(茶碗)箱入
馬場讃岐守(尚繁)殿　金子百疋 大福ちやわん
右者御寒気中ニ而上京之節、御出不被成候故、今日一
所(緒)ニ御歓被仰入候也
小堀仁右衛門(正誠)殿、御城番頭御両人布施惣(宗)十郎殿
右者歳末之御祝儀・寒気御見廻被仰入候也
逸見五左衛門殿　大福ちやわん(茶碗)一箱入、御札被遣候也
一曽根因幡守(澄次)殿　歳末之御祝儀・寒気御見廻也
一桑山下野守殿　大福茶碗一箱入被進之
一甘露寺様江御立寄御休足
一広橋中納言(兼胤)様へ御出、事済候ニ付而也
一倉橋三位(泰章)様へ御出　上下泥谷矢一
御出之刻限卯刻過　御供　中貝三郎助
御帰院午刻過　一旭坊召連

一組屋敷所々江戒心坊大福茶碗持参候也
一金勝院僧正様ゟ御書中ニ而
　水菜　一折　被進之
右御返書認遣ス也

　　晦日　寅　曇　昼ゟ雨下
一御堂参、御供戒心坊・三郎助
一逸見五左衛門殿ゟ御手紙来、御初尾等来ル、尤昨日御
出被成候御挨拶も申来ル也
右御返書御相応申遣ス也
右之通、年中心懸書記候得共、事々付落、又者此方へ
不承事茂有之、尤後年可預用捨候也
　　　　　　　　　　　　　　　　吉見主水（成連）

（裏表紙）
「文政五壬午九月
表紙付仕立直
　清水寺
　　成就院　」

成就院日記三十四

元文五年

「(後補表紙)元文五庚申年
御日記
従正月至六月」

「(後補表紙)元文五庚申年
御日記
従正月至六月」

「(原表紙)元文五庚申年
日次記
吉見成連
正月吉祥日　奉之」

元日　卯　晴　暖気

一寅刻過御若水上ル、護摩堂御勤相済、卯刻過如例年末寺中為御礼参上如左
来迎院・金蔵院・仲光院・法(宝)徳寺也、何茂御年玉持参如例、則御書院ニ而御礼御請、御口祝・大福被下之、寺中相済、主水(吉見成連)・兵庫(藤林伊助)・金右衛門始(初)、何茂御家来御口祝・御盃被下之、其後寺中御雑煮御相伴如恒例事済
一御堂参、御供仲光院・一旭坊・戒心坊三人、主水・兵庫・矢一(泥谷)・繁(飛鳥)・三郎助(中海)也、如例年諸堂御参詣、其後執行・目代・六坊不残御出、尤今朝早々何茂被参候、御挨拶被仰置候也、御帰欠(掛)ニ宝珠院へも御参詣、御帰院
一御境内四丁(町)町之者共御礼参上如例年、於御書院御請被遊
一今朝ゟ御衣躰素絹・紋白也
一参上　平瀬宗次
　　　　平瀬宗輔
右於御書院御礼御請、御口祝被下之
一今日御里元方々へ吉見主水御礼参ル、夜ニ入帰候也
一今日ゟ天下泰平御祈禱千手護摩奉修候也、寿命軒勤之

一参上
右於御客間御逢被遊、御口祝被下之也　浜重兵衛

　二日　辰　晴

一卯刻護摩堂御勤相済、辰刻本堂其外諸堂江御参詣、御
供仲光院・戒心坊・矢一・三郎助也、御衣躰昨日之通
也
一今日護摩修法有之、寿命軒勤之
一参上　清水利(理)右衛門
右於御居間御逢被遊、御口祝被下之也

　三日　巳　曇　午刻過ゟ雪降

一御堂参、御供一旭坊・仲光院・戒心坊・矢一・三郎助
也、卯刻護摩堂御勤相済、直ニ御出仕也、御衣躰元日
之通也
一今日御出初也
　泥谷矢一
御供　飛鳥　繁

中貝(海)三郎助
辰半刻御出　八郎兵衛
御衣躰素絹・紋白也
御帰院申刻前　御従者　一旭坊
奥田金右衛門
右之通御供ニ而御沓持・御長柄持・御挟箱片、一旭坊、
侍壱人、草履取壱人、金右衛門、草履取壱人、笠籠二
荷、竹挟壱荷也
　御出之所々御音物等如左
一祇園社御社参、御初尾青銅弐拾疋
同御神楽料百廿文
同所二軒茶屋藤屋へ百文被下之
一東梅坊へ御使僧、西梅坊へ同断、扇子三本入被遣之
一安井御門跡へ御出　一六波羅普門院
一はりこ中小のし昆布添　二重くり(刳)台　西本願寺江御出
一御札御供扇子三本入青銅弐拾疋　東寺宝持坊江
御吏(使)僧ニ而被遣
一大師御開帳料　百廿文　御参詣

一御礼中啓一本包　台ニ乗
　芳野葛ニ箱　台ニ乗　金勝院僧正様へ御出

一中啓壱本　台乗（載）　金蓮院僧正様へ御出

一御礼御供平ちやわん一包　御影堂
　重阿弥へ被遣

一木村宗（惣）右衛門殿　一養元（源）院僧正様　一日厳院殿

右三所御出、御礼計ニ仰入也

一萱谷式部卿殿　一同刑部卿殿　一松井能登守殿（永範）

一松井民部卿殿（永之）　御使僧被遣御礼計被仰入候也

一御礼小奉書扇子三本入　台ニ乗（載）　智積院僧正様へ御出

一平ちやわん（茶碗）二　紙ニ包　隣春坊へ被遣

御礼小奉書　二重くり（刳）台　但御年寄

一はりこ（張子）中小同　妙法院主様（尭恕法親王）へ御出

昆布添

一金剛院殿へ御出、御礼計被仰入

一平ちやわん（茶碗）壱包ツ、　山本立安・高森敬立被遣之

一松井但馬へ御使僧被遣

一御出欠（掛）ニ御玄関ニ而山本立安参候ニ而御逢、旧冬御目録被遣之、御礼申上候也

一金勝院様ニ而御雑煮出候由也

一金蓮院殿ニ而御盃出候由也

一妙法院主様御歓楽故、御対面無之由也

一今日護摩昨日之通奉修法也、寿命軒

四日　午　晴

一御堂参、御供仲光院・戒心坊・三郎助也、御衣躰御平生之通也

一町御奉行御両所へ御使僧戒心坊

右者一昨日御参詣被成候、高台寺へ成就院ゟ挨拶使僧なとニは不及候由被仰置候段、昨日本堂ゟ申来候付、為御挨拶被遣候、御口上者、一昨日御参詣不存候ニ付、御案内不申候由被仰遣也、御両所共申置也

一松平豊後守殿（親純）御代参後藤文左衛門御初尾百疋持参如例御酒・吸物出之、御院主様御出御逢、御口祝被遣也、

一旭坊挨拶、尤御札者跡（後）ゟ遣ス筈、金子請取遣ス也
　　　　　　　　　　　　　　　　　吉見勘（解）ケ由
一参上
　右於御居間御口祝被下之

　　五日　未　晴
一御堂参、御供仲光院・戒心坊・三郎助也
一今日御所方為御礼御出如左　御衣躰 素絹紋白
　　御供　　　　泥谷矢一
　　　　　　　　飛鳥繁
　　　　　　　　中貝（海）三郎助
　　　　　　　　　八郎兵衛
　　御跡（後）ゟ　一旭坊
　　　　　　　　吉見主水
　　　　　　　　御挟箱片
　　　　　　　　御沓持壱人
　　　　　　　　御長柄壱人
　　　　　　　　笠籠二荷
　　　　　　　　竹挟箱壱荷
　　　　　　　　一旭坊侍
　　　　　　　　　壱人
　　　　　　　　草履取
　　　　　　　　　壱人
　　　　　　　　主水草履取
　　　　　　　　　壱人
右之通被召連、御出門卯半刻、御帰院酉刻前
一角倉与市殿　御礼被仰入候計
一倉橋三位殿（泰章）　御札・はりこ・のし昆布 一所ニ台ニ乗
右之通り被成、如例年御盃事等有之、中通り御吸物・
御酒出ル
一難波殿　御札・はりこ・のし昆布 一所ニ台ニ乗
一園池殿　御札・茶碗二ツ　ぬり（塗）台ニ乗（載）
右御両所一旭坊御使僧相勤ル
一林丘寺宮様（元秀女王）御里坊　中奉書 御札・はりこ・のし昆布 台弐ツニ乗
一桜井三位殿（氏敦）・長谷殿・綾小路按察使殿・庭田前大納言（重孝）
殿、右御四方御礼計被仰入也

一広橋中納言(兼胤)殿　小奉書御札台乗、はりこ・のし昆布台ニ乗
外ニ青銅百疋台なし
右御内雑掌両人江青銅弐拾疋ツヽ、ぬり(塗)へき(片木)一所(緒)ニ乗(載)ル
一梅渓中納言(通条)殿　御礼計被仰入
一御休足　本間又右衛門所
右ちやわん(茶碗)二ツ被下之、又右衛門ハ江戸留主也
一飛鳥井中納言(雅香)殿　御札・はりこ・のし昆布一所ニ台ニ乗
一茶碗壱包　柳屋幸助
一青銅弐拾疋　川(河)端(景輔)右馬権助
右三所一旭坊被遣
一光照院宮(尊乗女王)様　中奉書御札台ニ乗(載)、はりこ(張子)・のし(熨斗)昆布、台ニ乗(載)
ル
一倉橋二位(泰貞)様　御札ちやわん(茶碗)二　ぬり(塗)台ニ乗(載)、のし(熨斗)昆布
一上御霊江御社参、十二結被献候、御札請候
一青銅弐拾疋　速水長門守(藤蔵)
右一旭坊持参候也
一曽根因幡守(澄次)殿　御礼計被仰入
一冷泉前大納言(為久)殿　御札はりこ(張子)・のし(熨斗)昆布、一所(緒)ニ台ニ
乗(載)
一近衛大納言(内前)様　小奉書御札台ニ乗(載)、はりこ(張子)・のし(熨斗)昆布台ニ
乗(載)
一一条関白(兼香)様　中奉書御札台ニ乗(載)、はりこ(張子)・のし(熨斗)昆布台ニ
乗(載)
右関白様へハ当年始(初)而御出被成、尤倉橋様より御差図
ニ付御供仕候也
一一乗院宮(尊賞法親王)様御里坊御礼計被仰入
一園前大納言(基香)殿　御札・はりこ(張子)・のし(熨斗)昆布・台ニ乗(載)、一
所(緒)ニ
一甘露寺頭弁(規長)様　御札・はりこ(張子)・のし(熨斗)昆布・同断
一奥方様へ　右同断
一綏心院(賢雅)様へ　右同断
一八千姫様へ　御菓子一箱　台乗(載)、のし(熨斗)昆布
一茶碗一箱　岩瀬ニ被下
一葉室前大納言(頼胤)殿　御札・はりこ(張子)・のし(熨斗)昆布、台ニ一所(緒)
ニ乗(載)
一桑山下野守(元武)殿　御札計被仰入

一中井主水殿（嘉基）へ　御札・百味供箱入 ちやわん二ツ包　ぬり（塗）台ニ乗（載）
一高辻前中納言殿（総長）　御礼計被仰入
右何茂御出、御帰欠（掛）ニ宥栄坊へ御立寄
一近衛様ニ而御雑煮・御吸物・御酒出ル、御対面也
一関白様（一条兼香）ニ而ハ御逢可被遊候処、御客来故、重而御逢可
被遊候由、諸大夫を以被仰出候也
一倉橋二位様（泰貞）ニ而御通り被成、中通りニ葩出ル
一光照院宮様（尊乗女王）ニ而御通り、御上臈様御逢御酒等出由也
一甘露寺様ニ而御雑煮・御膳出ル、中通り雑煮被下候也
一綏心院様御歓楽故被仰置、八千姫様御逢
一為御祝儀参上　谷口三右衛門
右御留主故寿命軒挨拶、盃等出ス由也、尤如例松平近
江守殿御初尾持参、自分銀子壱両持参候由也
一参上宿仕也　駒井主税
一広橋中納言殿（兼胤）諸大夫両人ゟ如例諸礼之事申来ル、役人
請取致遣ス也、例文不及記

六日　申　晴

一今日二条辺御礼御出御供
御衣躰素絹紋白
御出門卯刻過
御帰院巳刻過
泥谷矢一
飛鳥繁
中貝（海）三郎助
八郎兵衛
御跡（後）　一旭坊
戒心坊
藤林孫九郎（伊助）
御沓持
御挟箱片
御長柄
笠籠二荷
竹挟箱一荷
一旭坊侍壱人
草履取壱人
孫九郎
草履取壱人
御出所如左
一土岐丹後守様（頼稔）　五本入扇子箱・焼杉之箱 紐付、但もへき台ニ乗　くわん・

右之御用人　園部三郎兵衛殿へ茶碗二ツ御持せ御出
西役所
一嶋長門守殿《（正祥）》　金子百疋　台乗　のし昆布添
東役所
一馬場讃岐守殿《（尚繁）》　右同断
一小堀左源太殿　御礼計被仰入
一御城内御番頭御両人布施惣《（宗）》十郎殿・逸見五左衛門殿へ
者御札・茶碗二ツ被遣、其外者御札計
一石原清左衛門殿《（正利）》・松波五郎右衛門殿・秋山吉右衛門
殿・三輪七之助殿、右之分御出
一沢平八殿・海中源五郎殿・井上三郎兵衛殿・中野六右
衛門・町御奉行衆御用人取次ニ如例何茂御使僧・茶碗
被遣、又者御札計、進物帳ニ委細有之也、其外組屋敷
江者戒心坊勤之
一曇花《（華）》院宮様《（聖珊女王）》へ御出、御札台ニ乗《（載）》、右被仰出候也
一中宿大坂屋へ如去年青銅弐百文被下候也
一今日如恒例大工作右衛門斧《（手）》始有之、其外六人参、於台
所義《（儀）》式有之、御院主様御出、事済、竹の間ニ而如例雑
煮等被下之、則御出一通り御挨拶被成、御入御跡《（後）》ニ而
一旭坊為御名代盃事有之、被下物等如例年

一桂姫名代飴持参被下物等如例
一御堂参、御供一旭坊・主税《（駒井）》・矢一・繁也、御衣躰素
絹也
一於御居間主税へ御盃被下候也
一参上　藤林藤内
右於御居間御口祝・御盃被下之
一参上　兵庫《（藤林伊助）》妻
同妹　つる
右両人江御居間ニ而御口祝・御盃被下之也
一方内松尾左兵衛・西村直右衛門・沢与右衛門、如例年
参上、御料理・御酒・御茶等被下之、其後御院主様御
出、御逢被成候也

七日　酉　晴

一御堂参、御供仲光院・戒心坊・三郎助也、御衣躰素
絹紋白也
一参上　浜田丹治
右於御書院御逢被成御口祝被下之候也

一参上　　　　　大工久作
於御居間御逢御口祝被下之
一今日御暇申上帰ル　　　駒井主税
一如例年関東江之御状等、今日何茂相調、明日飛脚へ遣ス筈也、御状・御札等之儀音物帳ニ委細有之、仍而令略畢
一執行・目代ゟ使僧両人来、口上之趣如左
今日御里坊ゟ執行・目代召ニ来候ニ付宰相参候処、被仰渡候者、当年宮様(尊賞法親王)御四十二被為成候、御星も悪敷候間、一山御祈禱相勤申候様ニと被仰付候、此方成就院・六坊江も可申達旨ニ付、以使僧申入候由
右口上金右衛門罷出承之、御祈禱之日限等者不被仰出候哉相尋候処、其後ニ何共不承候由申帰ル也、其後慈心院使僧計参候而、先刻申残候、御祈禱御勤被成候ハヽ、御札可被差之(上)旨申也
右返答、委細承候旨申遣ス也
一今日就節分御堂参、酉刻御供兵庫・矢一・一旭坊・戒心坊也、諸堂・地主社・春日社へも御社参被成候也
一年男藤林兵庫大豆打之、為御祝儀鳥目弐拾疋如例年被下之也
一今日迄一七ケ日御祈禱之護摩寿命軒相勤備満座也

八日　戌　晴

一参上　　　　　如元坊
於御居間御逢、御口祝被下之
一右同断　　　　智円
一御里坊江御使　　戒心坊
御口上之趣如左
昨日執行・目代江被仰付候当年宮様御星も悪敷被為有候故、御祈禱仕候様被仰付候段、夜前執行・目代ゟ申越承之、畏入候、追而御札差上可申候、為御請以使僧申上候、此段坊官・諸大夫中迄宜御申達可被下候旨申遣候也
右之席ニ年始御礼御使僧遣ス、如左
一土山駿河主殿(武匡)　御札へぎ(片木)ニ乗(載)せ
　　　　　　　　　　ちやわん一包
一押小路前中納言殿(実岑)へ　茶碗一包ぬり(塗)台

一今城中納言(定種)殿へ　　　右同断
一高倉前中納言(永房)殿へ　　右同断　へぎ台(片木)ニ乗(載)
一広橋中納言(兼胤)殿へ御使僧　　　　戒心坊
　来十三日之諸礼御不参之書付遣ス也
　文言如記
来十三日辰刻諸礼ニ付参内可仕之旨、御本所御命之趣
承候、未得度以後参内不仕候間不参仕候、宜預御沙汰
候、已上
　　正月八日　　　　　　　　　成就院
　　　　　　　　　　　　　　　　清顕
　速水長門守殿
　川端右馬権助(景輔)殿　　小奉書横四ツ折上包美濃帋、上書有
右差置帰ル也
一曇華院宮様(聖珊女王)ゟ御使者来
御口上之趣、此間御出被成候御挨拶、あなた様ゟ茂
年始御祝儀被仰入候由申置帰ル也
　九日　亥　晴

一従今日一乗院宮様御厄年之御祈禱相勤候也
　　　　　　　　　　　　　　　　寿命軒
一二条御番頭水野出羽守(忠毅)殿ゟ御使者来ル、此間御祝儀御
出被成候為御挨拶也
右御返答、御堂参被成候旨申遣ス也
一松平丹後守殿留主居神田佐右衛門方より書状来ル、其
趣者、如例年明後十一日御院代被遣御祈禱被相勤候様、
則板札弐枚来ル也、右之返答御相応申遣ス也
一智元坊事、八幡江引越申度御暇乞旁昨日参候ニ付、去
年御談合料旁金子二百疋被下候、則主水方ゟ手紙被申
遣候
一今日町入有之、委細兵庫(藤林伊助)日次有之、仍而令略畢
　十日　子　快晴
一今日御院主様御誕生日也
一御霊社江御供被献之
一如例年来迎院被召候処、檀(壇)用有之由御断申上ル、為御
祝儀まんちう(饅頭)一重差上ル也

一今日御大名衆江之御札・御状其外町方所々年礼御札・
茶碗等如例年配之、戒心坊勤也
一布施惣(宗)十郎殿ゟ此間御出被成候御返礼御使者来、申置
帰ル也
一参上　金右衛門母妻様
右於御居間御口祝・御盃被下之也
一参上　森本幸治
右今日御誕生日故、御留被成宿仕候也
一於御居間如例年御祝蕎麦切、寿命軒・幸治・主水・一
旭坊相伴被仰付候也
一高木喜平太方ゟ手紙来、其趣者、御補略一冊矢一ニ被
仰付候、且又明日天気次第ニ頭弁様(甘露寺規長)御出可被遊旨申来
也
右返書相応申遣ス、明日之事此御方何之御差構無之旨
申遣ス也

十一日　丑　晴

一今日松平丹後守殿御屋鋪江為御祈禱寿命軒・戒心坊被
遣、如例年之諸事相調、卯半刻より参ル也
一参上　八右衛門夫婦
右於御居間御口祝・御盃被下、夕飯等被下之也
一甘露寺頭弁様御出・御雑煮・御吸物・夕御膳等差上ル、
尤昼之内御楊弓被遊也、酉刻過御帰り
一綾小路按察使殿(俊宗)御出、年始御祝詞被仰入、且此間御
出被成御挨拶被仰候由也、尤被仰置候
一頭弁様御供之輩乍序祝詞申上ル、何茂御口祝被下之、
藤木要人・寺田左膳・桂丹下・逸見正蔵也
一頭弁様御年玉御持せ被遣　墨壱丁
筆一包　台ニ乗(載)也

十二日　寅　晴　昼ゟ晴

一執行真福寺へ御使僧戒心坊被遣、其趣者、此間宮様(尊賞法親王)ゟ
御祈禱被仰付候、右御札等者何茂使僧ニ而南都へ御下
被成候哉、御里坊迄被献候哉、且又外ニ御祝儀何そ被
献候哉、承度候由被仰遣

右真福寺留主ニ而追而可申上候由申上候也
一御城内御番頭秋元隼人正（貞朝）殿ゟ御使者来ル、此間御出被
成候為御挨拶也、　石川十右衛門
右一旭坊罷出承之、申置帰ル也
一執行真福寺ゟ使僧来ル、先刻御使僧被遣候御返答、口
上之趣如左
宮様へ被差上之御札之事御尋被下候、此方之ハ大奉書
仕立之御札箱ニ入、釘〆ニ仕、上を紙ニ包、上下折返
し、中を水引ニ而結差上申候、尤右之箱之上ニ当年中
之星之御守差添申候、其外之供物等洗米も差上不申候、
十五六日頃ニ者宮様御上洛之筈御座候故、其節御里坊
へ差上申筈ニ御座候所、今日承合候得者御上洛も御延
引之様承候、尚又慈心院へ御聞合被成候ハヽ、承知可申
由申来ル也
右一旭坊罷出承之、尚又真福寺迄相応之御返答申遣
ス也
一参上　主税召連　駒井勝太郎
右於御居間御口祝・御盃被下之、父子共宿

十三日　卯　快晴

一今日諸礼也、御得度以後御参内無之ニ付御理（断）去八日広
橋殿へ被仰入候也
一禁裏御所江　御使僧　一旭坊　戒心坊
如例年御巻数被献之、其外御女中方へ御音物例年之通
被進之、委細別記有之也
右帰り懸（掛）ニ御里坊小倉主殿へ銀子一包、母義（儀）江ちやわ（茶碗）
ん一、門番へ銀子一包被遣之候、則一旭坊参ル
一林丘寺宮様（元秀女王）へ如例年麦（麦）餅被進之、右序ニ到岸様其外御
尼様へちやわん（茶碗）被進之也
一今日講談初也、於御書院駒井主税相勤、何茂聴聞、御
院主様素絹・紋白御着用、何茂熨斗目上下也、大学読
之、巳半刻始、午刻前済
一如例年千秋万歳来ル、於御台所御覧被成、何茂罷出ル
也
一参上　妙達

右於御居間御口祝・御盃・御雑煮被下之也
一三浦内膳殿ゟ年始御状・御初尾来ル也
　右御返書・御札等を自是遣ス筈也
　　十四日　辰　晴
一本多伊予守(忠統)様御屋鋪迄御使僧戒心坊等、五百姫様へ年始之御祝儀被仰入、如例年之はりこ(張子)中小二、御札・のし(熨斗)昆布添一所(緒)ニ台ニ乗(載)せ被遣候、本多主馬殿へ御状も頼遣ス也
右留守居蓮井又右衛門慥請取、早速差下シ可申由申也
一参上　森本頼母
右於御居間御口祝・御盃被下之、夕飯等出ス也
一三浦内膳殿江返翰・御札等如例年遣ス
一一尾伊織殿へ御返書、御札等如例年遣ス也、右之代官近江役人山本治兵衛方へ役者ゟ書状相添遣ス也
一小笠原右近将監(忠基)殿留主居高田三右衛門ゟ役者へ手紙ニ而此間被遣候御状之名前相違有之候ニ付、在国・江府之違書付来ル也
右自是認替可遣旨返事遣ス
　　十五日　巳　晴
一御堂参、御供ニ戒心坊・矢一也、御衣躰素絹・紋白也
一今日如例年末寺中・境内之年寄与頭・御出入輩、御節被下候也、末寺中者何茂御相伴、境内之輩者竹の間ゟ大床之間ニ而何茂御料理被下之
一小笠原右近将監殿留主居高田三右衛門方へ昨日之書状認替持せ遣ス、江戸在勤小笠原権左衛門壱人之由ニ付御札被進之趣を申遣ス、残ル三人之家老中へ者年始御祝儀被仰遣候也、則役者ゟ手紙にて三右衛門方迄申遣ス也
　　十六日　午　曇　昼ゟ雪降
一今日御里坊へ御使僧　戒心坊
　御口上之趣、如左
先達而被仰付候御祈禱、昨日迄満座仕候ニ付、御巻数・御供物等被献之候、此段宜頼入存候旨、御留主

居小倉主殿迄被仰遣候也
御巻数　二重くり（刳）台ニ乗（載）　巻数也
御菓子七種、御供物箱ニ入、釘〆封付ル
右之通被献之、主殿留主之由申置也

十七日　未　雪積ル

一御堂参、御供戒心坊・矢一也
一御城内逸見五左衛門殿より御手紙来、如例年御初尾供
米一袋来
右御返書遣ス、如例文
一今日駒井主税父子帰ル也

十八日　庚申　晴

一御堂参、御供戒心坊・矢一也
一小笠原右近将監（忠基）殿御代参高田三右衛門参候、吸物・御
酒遣ス、御院主様御風気故御対面無之、寿命軒挨拶仕
候也
一入来、年始之御祝詞被申上也、宿　妙楽寺
一逸見五左衛門殿へ十七夜待御札・御供被遣也、手紙相
添ル
右返書来ル、御相応也
一冷泉前大納言（為久）殿ゟ御返礼御使来、申置也
一梅渓前中納言（通条）殿ゟ右同断、申置也

十九日　酉　晴

一倉橋三位（泰章）様ゟ御使　瀧野監物
年始御祝儀、但此方ゟ御出被成候御挨拶茂被仰進候、
其外主水・兵庫（藤林伊助）へも御挨拶有之也
右御返答被仰進、尤監物月分御礼遣上ル也、夕飯・御
酒等出ス也

廿日　戌　快晴

一今日如例年大般若転読有之也、寺中来（迎）光院・金蔵院・
仲光院出座、満座之節、如毎度非時被下候也
一入来　寺田宮内
於御居間、御口祝被下、御盃等被遊、其後暮ニ而夕飯

出ス也
一藤堂和泉守殿(高朗)奥方御代参　内藤孫助
如例年之方金百疋来ル、則請取認遣ス、跡(後)ゟ箱入御札
遣ス筈也
廿一日　亥　快晴　申刻風雪　夜ニ入晴
一従今日本堂御当番也
一御堂参、御供一旭坊・主水也、依御当番也
一参上　中田三郎左衛門
為御祝詞表迄参候得共、少々不快故申置候由、手代を
以申入、御院主様へ者参候分ニ申上呉候様申置帰ル由
也
廿二日　甲子　晴
一御堂参、御供戒心坊・矢一也
一林丘寺宮様(元秀女王)ゟ御使者、御口上之趣如左
年始為御祝詞御里坊迄早々御出被進御満足思召候、自
是御祝詞被仰入候、且如例年之御初尾被献之旨、白銀
一封来候、尤申置帰ル也
一西本願寺ゟ　御使者
年始之御祝詞被仰入候、只此間早々御出被進候御挨拶
も被仰進
干瓢　一箱来ル
右御返答御相応ニ申遣ス也
廿三日　丑　晴
一御堂参、御供一旭坊・矢一也
一小笠原右近将監殿(忠基)留主居高田三右衛門方へ此間御代参
之御札持せ被遣、尤箱札也、三右衛門へ手紙相添遣ス
一藤堂和泉守殿(高朗)奥方此間御代参内藤孫助参候付、則御札
但箱札也、役者手紙相添遣ス、右何茂早速相進可申由
返事也
一倉橋二位様(泰貞)ゟ御使
年始之御祝儀被仰入由ニ而御菓子一箱来ル、尤此間御
出被進候御挨拶も被進候也
右御返答、尤御使へ夕飯・御酒等出ス也

一園部三郎兵衛殿入来、御院主様御出御対面、尤金子百疋持参、右之御挨拶被仰、御酒・蕎麦切等出ス、寿命軒・主水罷出ル

廿四日　寅　晴

一御堂参、御供一旭坊・矢一也

一禁裏御所ゟ御代参　田中兵部

御月次之御代参也、御初尾如例、如例夕飯・御酒等出ス

御院主様御出、御札被献之也

一小堀左源太殿御出、年始御祝儀被仰入候、此間者早々預御出、忝存候由被仰置候也

一中井主水(嘉基)殿御入来、右同断

廿五日　卯　晴

一今日北野江御社参、御供一旭坊・主水・金右衛門也

一繁儀、今日ゟ休足ニ被遣

一北野ゟ直ニ甘露寺様へ御立寄、御宿被成候也

一曽根因幡守(澄次)殿御出、寿命軒罷出、御院主様御留主之由申也、則同人ニ被仰置、暫御休足、御帰被成候也

廿六日　辰　晴　昼ゟ折々雪降

一甘露寺様ゟ御帰院、御供主水・矢一也、亥刻、廿八日迄御滞留之筈之処、御城番頭明日御巡見之由申来候由ニ付御帰被成也

廿七日　巳　晴

一今日大御番頭秋本隼人正(元)(貞朝)殿為御巡見本堂へ御出、則一旭坊為御案内罷出ル、御当院へ者御立寄不被成候、尤御院主様へ御伝言一旭坊へ被仰而御帰被成候也

一松平大炊頭殿御母公栄光院殿ゟ御内々御代参、御内水原久治方ゟ初而書状ニ而申来ル、則金子百疋御初尾来ル也

御代参足軽

右、御返答被遣、万帳ニ控有之、箱札御返翰箱ニ入、早速使ニ相渡ス、尤使へ飯・御酒等出ス也

長谷川甚平
一本多主膳(康敏)正殿御留主居野々山小東太方ゟ手紙ニ而当月
之御初尾鳥目百疋来ル
右御返答相応申遣ス也
利兵衛悴
一参上　中嶋宗(惣)四郎
年始為御祝儀也、寿命軒挨拶ニ被帰ル也

廿八日　午　雪積ル

一御堂参、戒心坊・矢一也
一右京大夫殿
新大夫殿　ゟ御使ニ而如例年昆布一折五十本来ル
小大夫殿　文添也
右御返書被遣、御相応也、例文不及記、御吏(使)ニ御酒等
遣ス由也

廿九日　未　雪積

一御堂参、御供戒心坊・矢一

一押小路前中納言殿(実岑)ゟ年始御使僧被進候、為御挨拶御吏(使)
申置帰ル也

二月朔日　申　雪積

一御堂参、御供来迎院・戒心坊・矢一也
一今日一乗院宮様(尊賞法親王)へ御出、御供一旭坊・矢一也、御輿ニ
而御出、主水(吉見成連)儀綏心院様(賢雅)迄参ル、被差上候品々如左
はりこ(張子)　大　弐ツ　二重くり台ニ乗
　　　　　中　　　　のし昆布添
うつら(鶉)焼　一箱　足付之箱也
　　　　　　　　のし昆布添
右之通被献上候、御供之坊官二条法眼・生田播磨介(忠音)両
人江銀三匁ツ、被遣之
右播磨介罷出御返答申上候者、御対面可被遊候へ共、
御社参り被遊候付、唯今御懸り湯被遊候ニ付、尚重而御
出之節、御逢可被遊候由也、尤自分御礼も申候也、御
帰欠(掛)ニ綏心院様へ御出、夕御膳等被召上、御供何茂寺
田氏ニ而料理出ル、七ツ過帰院
一逸見五左衛門殿より御手紙ニ而如例御初尾等来ル、御
返書相応申遣ス也

二日　酉　晴　雪積ル

一御堂参、御供来迎院・戒心坊・矢一也

一逸見五左衛門殿へ御手紙ニ而御札・守儀を遣ス也、疱瘡之御守也、三ツ被遣

右御返書来、御相応也

三日　戌　曇　折々雪降夜ニシテから積ル

一御堂参、御供来迎院・戒心坊・矢一也

一雀部勝之丞殿ゟ年始之御返翰来ル、十八日之日付也、御文言不及記、令略畢、御知行所ゟ相届候也

一南都与力斎藤甚右衛門子息九左衛門方より年始之書状来ル也

一寺田氏へ御用之儀ニ而主水方ゟ手紙遣候処、頭弁様（甘露寺規長）昨日参議勅許之旨申来ル也

四日　亥　晴

一御堂参、御供来迎院・戒心坊・矢一也

一参上　松本立松

年始為御祝詞、且繁此間下宿仕候処、今日ニ罷帰ル、（飛鳥）雨天故延引之御断申上ル也

五日　子　晴

一御堂参、御供来迎院・戒心坊・矢一也

一松平紀伊守殿ゟ年始之御返書来ル、当地従御屋敷来、請取帳ニ書遣ス也

一今日甘露寺様へ自分御歓参上、主水暮方ニ帰ル

六日　丑　曇

一御堂参、御供一旭坊・戒心坊・矢一也

一東寺金蓮院僧正御出、年始之御祝儀被仰入候由、早々御出被成候御挨拶も被仰、扇子一箱御持参被仰置候也

一参上　高木喜平太

年始御祝詞申上ル、於御居間御盃被下、夕飯等出之、御たはこ（煙草）入壱ツさし上

七日　寅　晴

一御堂参、御供一旭坊・戒心坊・矢一也
一松平左近将監殿御代参　江崎喜野右衛門
御初尾百疋持参、則吸物・御酒等出ス、直ニ箱札遣ス
也、尤外ニ鳥目弐百文余来、右之初尾札十弐三枚頂戴
仕度由、則相認遣ス也
右御影十枚一所（緒）ニ包遣ス、外ニ札一通り遣ス

八日　卯　晴

一飛鳥井中納言殿（雅香）ゟ御使　三好藤馬
年始之御祝儀ちやわん（茶碗）一折十来ル
右御返答御相応申遣ス也
一参上　文啓坊
此度上京仕候付、奉窺（伺）御機嫌ニまいる
備中柿百入一箱差上ル
右御逢被遊候也
一御里坊江御使僧一旭坊被遣、宮様（尊賞法親王）御滞留被成御座候ニ
付為窺（伺）御機嫌也
甲州岩たけ（茸）　一箱　台ニ乗　のし昆布添
右被差上候也
右御留主之由、且十日□宮様還御之由也

九日　辰　曇

一御里坊へ御出、御供一旭坊・矢一・繁也
右者明日御帰被遊候ニ付為御暇乞也、且又御修覆之願
書御持参被成候也
一右願書被差出候所、二条法眼今一人被罷出被申候者、
此度者家老共何れも御供不仕候、仍而手前共請取候儀
難致候間、例年御使僧被遣之、其節此書付被差出候様
ニと申ニ付、則願書者御上ケ不被成候也
一御帰りニ甘露寺様へ御出、参議勅許之御歓被仰上候、
直ニ御宿
備中柿　一箱のし（熨斗）昆布
右被進候也

十日　巳　曇　午半刻ゟ雪降

一一条右府様（道香）御成、御弁当被遊候由也

右寿命軒罷出、御近習迄御院主御留主之由申候也

十一日　午　雪積

一無事

十二日　未　曇

一無事

十三日　申　曇

一松平伊賀守（忠周）殿ゟ年始之御返翰来ル
一従甘露寺様御帰欠（掛）ニ倉橋様へ御出被成候
一一条関白様（兼香）ゟ先達而倉橋様迄御使者ニ而、御院主様御出被成候御挨拶、成就院迄ハ遠方故、先御家迄御吏（使）被進候、此旨宜様被仰入候□（為）被進候由申来候、従三位様（倉橋泰章）主水へ被仰候也
一暮方御帰院、御供主水・繁・戒心坊也

十四日　酉　曇　折々雪降

一今日南都へ年始之御使僧一旭坊罷下ル、御音物等委細如例年別帳ニ有之、仍而令略畢、此間御里坊ニ而被戻候願書持参差出候筈也、願書如左

御願申上候口上之覚

一清水寺本堂御修覆之儀、古来之書物有之候ハヽ、其写を以御願申上候様、去九月被仰渡、則其節古来ゟ之御書物之写等差上、末寺中ゟ御願申上候処、追而可被仰付候旨承知仕、差控罷在候、然所段々本堂・諸堂及大破申候間、如古格当院一院として御修覆仕候様ニ仰付被下候様奉願候
右之趣宜御沙汰奉願候、已上

清水寺
元文五年申二月九日　成就院印

一乗院宮様（尊賞法親王）
御家老中

右奉書認之、上包美濃紙
一金右衛門儀御暇申上、南都へ下ル也、則同道也
一本多中務大輔様御内辻芭七右衛門殿其外三人連名書状

金子入、御用達上（植）柳甚四郎方ゟ相届、則役者請取遣ス也

右書状御披見之処、如例年正五九月之御祈禱料也、例年相知候事故、此度用人中ゟ書状不遣候由、尤当年少々相構之儀有之及延引候由申来ル也

一今日安祥院普請為見分新家方被参候由、委細兵庫（藤林伊助）方ニ記在之筈也

十五日　戌　薄雪積ル

一御堂参、御供戒心坊・市兵衛也

一禁裏御所ゟ御代参　伊地知木工

御月次之御代参也、如例飯等出ス、御札被差上也、御院主様御出御逢被成

一禁裏御所ゟ臨時御祈禱被仰下、則如例

大典侍殿御内　村井《瀧野》方ゟ文ニて申来ル

御檀（壇）料白銀一枚・御撫物来ル也

右御請文被遣、例文不及記、御檀（壇）料等之請取役者ゟ遣ス、飯・御酒等出ス、御院主様御出御請被仰上候也

御使　岡本左内

十六日　亥　晴

一土倉左膳殿ゟ御初尾入之御状来ル也、天野屋長右衛門方ゟ届、則請取遣ス也

一曽根因（澄次）幡守殿奥方庭見申度由御出、仍而御茶・たは（煙草）こ・御菓子等出ス、御供侍迄御院主様御口上申遣候者、御女中故不被罷出候、寛々御休被成候様申遣ス也

一従南都一旭坊・金右衛門罷帰ル、戌刻過、南都之首尾如左

一十四日酉刻南都着

一十五日辰刻過二条法眼を始（初）、高天・中沼・生田何茂如例年之御札幷扇子・鳥目等持参候而、巳刻宮様（尊賞法親王）へ参上、献上之品々指上、取次を以年始御祝儀申入候処、御近習壱人罷出被申候者、今日者宮様何方へ御成、則二条法眼茂御供ニ候、八つ時ニ参上候様ニと被申、尤願書も其節差出候様被申渡候、一旭坊旅宿へ帰ル由也

一大乗院様へ年始之御祝儀例年之通持参、御取次帯刀御

披露有之、且松井法眼先月中死去ニ而南院法眼御返簡被相渡候事

但、松井法眼へ之進物南院受納被致候也

一中蔵院如例年御進物被遣、一旭坊持参候処、留主之由申置候也

一松平織部正殿へ年始御祝儀扇子一箱持参

右御返答御相応也

一与力斎藤九左衛門へ相勤候也

一未刻、宮様(尊賞法親王)へ参上、取次を以申入候処、二条法眼被罷出、御年礼献上物之御挨拶有之、則御返翰二通被相渡候、其上ニ而被申候者、年寄共対面可申候、暫相待候様被申候事

一高天法印(好章)・中沼上総介(秀延)両人罷出被申候者、成就院御年礼例年之通首尾好相済、重畳々々、且又銘々へも預御使僧、御年玉忝存候旨、扨両人懸御目候者、別儀ニも無之候、御修覆之儀、旧冬被仰渡ニ者、来春早々双方願筋も可被仰渡との御事ニ候、然所御聞及も可有之候、此節宮様御取込之御事有之候、仍之暫御延引ニ候、全御捨置候御事ニハ無之候、右之訳故暫御延引ニ候、此段成就院へ得(篤)と申候様ニ今日幸事故被仰渡候、執行・目代なとへも年礼之次手(序で)ニ被仰渡候積りニ候、いか、下向之沙汰なと存知不申哉と被尋候ニ付、存不申由申候、左候ハ、勝手次第ニ上京仕候様被申渡候、尤願書者被留置候、仍而御暇申入旅宿へ帰ル

一中蔵院ゟ返礼之使者来ル也

右之通諸事首尾能相済候由、今朝辰刻南都出足候由也

十七日　子　曇

一御堂参、御供戒心坊・市兵衛也

一松平石見守殿(忠一)ゟ年始御返翰、外ニ御遠慮相済候為御知御状被遣候、御返書も来ル也、御書面之内、甘露寺家・寿命軒・宮内へも御伝言有之也

一本多中務大輔殿正月御代参之御札被遣、御用人中へ御状・大坂御役人中御返翰・御初尾請取等相認遣ス、則上柳甚四郎方(植)へ持せ遣ス也

一土倉左膳殿へ如例年御札箱入・扇子一箱、御返翰相認、

天野屋七左衛門方迄持せ遣ス、右何茂御状文言別ニ記之、仍而令略畢
一逸見五左衛門殿ゟ如例御初尾仏餉米一袋、手紙添来ル
右御返答御相応申遣ス、明日御札遣筈也
一上杉民部(宗房)大輔殿ゟ御代参石墨又右衛門御初尾如例年金子五百疋来ル
右吸物・御酒等出ス、御院主様御逢被成也、本堂へ為案内戒心坊遣ス、追而御札遣ス
一柳井三位殿御出、年始之御祝儀此方より御出被成御挨拶被仰置候也

十八日　丑　晴

一御堂参、御供戒心坊・市兵衛也
一松平山城守殿ゟ御初尾入之御状、徳屋円心方より相届候也
右者去年九月之御返翰也
一久松澹山老より御初尾来ル
一養源院殿御出、年始之御祝儀御出被成候、御挨拶被仰置候也
一為窺(伺)御機嫌参上　八右衛門夫婦
右如毎度飯等出ス也

十九日　寅　晴　夜ニ入雨下

一一条右府(道香)様ゟ御使者　甚右衛門
右者此間御出之為御挨拶、芳野葛七箱一折被進之
右御使者へ吸物・御酒等出ス、御返答者御直答被仰上候也
一参上、御逢被成候也　仲光院
一参上　駒井主税
御講談有之、止宿仕候也

廿日　卯　晴　折々雪降

一甘露寺宰(規長)相様ゟ御使正蔵、明日御指合も無御座候ハヽ、御出可被遊之由
右何之御指合も無御座候、弥御出被遊候様ニ被仰進遣候也

一本多主馬守殿ゟ年始之御返翰来
右甘露寺様ゟ御届被遊被進候也

廿一日　辰　快晴

一甘露寺宰相様御出、御楊弓被遊、其以後、御院主様御
同道、清閑寺へ御出、御提重持せ暮方迄御座、御帰院
夕御膳遣ス、戌半刻御帰被遊候也

廿二日　巳　快晴

一禁裏御所へ　　　　御使僧　一旭坊
今日御祈禱就満座、御巻数台ニ乗（載）ル
御撫物台ニ乗（載）被差上候
大典侍殿へ
　吉野葛　五箱一折　包のし　こんふ添
一一条右丞相（道香）へ　　　　御使僧同人
此間御使者葛一折被進候為御請也、申置
一桜井三位（氏敦）殿へ　　　　同人
二日御出被成候為御挨拶也、申置也

一上杉民部（宗房）大輔殿御屋鋪堺町三条下ル丁（町）　　同人
此間御代参御札・如例年之扇子一箱被遣候也、御使者
へ胸紐二掛被遣候也
右扇子箱ニ五七桐御紋付、但五本入
右留主居代行之由、差置帰候也

廿三日　午　晴

一小倉小笠原右近将監（忠基）殿ゟ年始之御返翰来ル、留主居高
田三右衛門殿ゟ相届、則役者請取遣ス
一庄田小左衛門殿ゟ旧冬御札等被遣候御返翰来、留主居
嶋定右衛門方ゟ当院役人江手紙添也
右返書相応ニ認遣ス也、文言不及記之

廿四日　未　晴　昼より曇　雨下　夜ニ入

一園部三郎兵衛殿入来、御院主様御逢被成、夕飯・御酒
等出ス
一参上　　　　駒井主税
御講談有之、尤止宿仕候也

廿五日　申　雨下

一御城番衆之内一両人庭見申度由ニ而御出、一旭坊罷出、
早速御帰ル也

一高台寺天満宮江御社参、御供主水・矢一・繁也、十二
燈被献之、早速御帰院

廿六日　酉　晴

一信州伊奈郡飯嶋本郷森谷八右衛門悴森谷喜八
右之者此度西国仕候ニ付、親共申付候由ニ而、先年寄
進之燈籠破損料金子百疋・位牌一基
右為廻向料金子壱両持参仕候也

一松平大膳大夫殿ゟ年始之御返翰為御初穂白銀一枚来ル、
堅田安房殿ゟも返礼来ル也

木原惣右衛門
右請取如例認遣ス、尤吸物・御酒出ス、御院主様御逢
被成候也

廿七日　戌　晴

一方内左兵衛(松尾)方ゟ触状来ル、委細兵庫(藤林伊助)方へ写シ有之也

廿八日　亥　晴

一御堂参、御供戒心坊・矢一也

浅田重内
右之者此度山廻り役人ニ被召抱候ニ付、御目見へ被仰
付候也

一松平信濃守殿御家老多久蔵人・鍋嶋杢之助両人方ゟ年
始之御返翰来ル、則御屋鋪ゟ届ル、役者請取認遣ス也

一倉橋中務少輔(康孝)様御出、夕御膳等遣ス

一小笠原右近将監(忠基)殿御家老渋田見舎人・二木勘右衛門・
宮本主馬・伊藤作右衛門四人方ゟ年始之返翰来ル也

廿九日　子　快晴

一正印宗次(平瀬)・門前四丁(町)町年寄幷氏子中為願一通差出ス、
其趣者、四月朔(日)ゟ地主神輿二(仁)王門ニ御出座奉成度奉願
旨、則願書兵庫方へ有之

一松平大膳大夫殿奥方様当月廿日於江府、御安産御息女

之由、尤右御歓御進物等之儀御断之段、留主居中村孫
右衛門方より手紙ニ而申来ル
右返答相応申遣ス

晦日　丑　雨下

一雀部勝之丞殿御方ゟ年頭之御返翰取集メ御下し被成候、
尤御老中始御返翰廿一通、委細前ニ記之、右之内
一諏方(訪)靫負殿御死去、御子息文次郎殿ゟ御返礼・御初尾
来ル
一諏方(訪)兵部殿ゟ御返翰ニ当年御札被遣候を御断申来候也
一丹羽五左衛門殿御役替近江守殿と申候由、尤御返翰来
ル也

三月朔日　寅　晴

一御堂参、御供金蔵院・戒心坊・重内(浅田)也
一入来、宿、翌二日ニ帰候也　　妙楽寺

二日　卯　朝之内雨降 昼より晴風立

一御堂参、御供金蔵院・戒心坊・重内也

三日　辰　晴

一御堂参、御供金蔵院・戒心坊・繁(飛鳥)・重内也
一今日為御祝詞御使僧被遣候所如左
土岐丹後守(頼稔)殿・嶋長門守(正祥)殿・馬場讃岐守(尚繁)殿・秋元隼人(貞朝)御番頭
正殿・水野出羽守(忠穀)同殿・逸見五左衛門殿御番衆・布施惣十郎(宗)
殿・小堀左源太殿・桑山下野守(元武)殿・甘露寺宰相(規長)様・綏(賢
雅)心院様・倉橋様・広橋中納言(兼胤)様
右之通為御祝詞被遣候也、御使僧一旭坊
一松平大膳大夫(毛利宗広)殿御屋鋪へ此度御姫様御誕生之為歓御使
僧被遣候也
一今日為御祝詞参上　　金蔵院
一右同断　　来迎院
右之外入来候衆玄関帳ニ有之
一参上、宿　　駒井主税

四日　巳　晴

一御堂参、御供金蔵院・戒心坊・重内也
一本多伊予守(忠統)様ゟ御使者蓮井又右衛門
右者五百姫様へ年始御祝儀被進候、為御挨拶兵部様ゟ
も御伝言有之也
右御酒出ス、一旭坊・主水(吉見成連)罷出、其後御院主様御逢被
成、御直答被仰遣被進候也
一今日如例講談有之、今日迄ニ大学講満座也
駒井主税

五日　午　曇

一御堂参、御供金蔵院・戒心坊・重内也
一古文講談有之、今日満ル也、　駒井主税
一正印(平瀬)幷境内ゟ相願候神輿之儀、今日願之通申談ス、委
細兵庫方(藤林伊助)へ記有之也
一甘露寺様(規長)へ吉見主水参ル、宿仕候也
一寺田宮内大坂ゟ登り欠(掛)ニ参上、坂東是八と申者召連、
御当院御奉公相勤候筈也

六日　未　晴

一御堂参、御供金蔵院・戒心坊・重内也
一小堀左源太殿ゟ上巳之御使僧御返礼、御吏(使)申置也
一秋元(貞朝)隼(正)人殿ゟ右同断、御吏(使)申置也
一今日主水従甘露寺様帰ル

七日　申　雨下

一御堂参、御供金蔵院・戒心坊・重内也
一方内左兵衛(松尾)方ゟ触状来ル、伊勢江公卿勅使発遣ニ付、
九日ゟ十一日迄鐘鉦之音不致様ニとの事也、委細者兵
庫方ニ記有之也
一今日地主権現二(仁)王門江神輿御出座候事、一条江願ニ罷
出ル、正印(平瀬)宗輔・当町年寄壱人・氏子物代壱人、右兵
庫召連東御役所へ罷出候処、追而可被召出候由、委細
者兵庫方へ記有之也
一御領内江無本寺之寺院建立仕度由、大乗院と申法花宗
願書出ス也、追而可申付由願書留ル、委細兵庫方へ記
有之、仍而令略畢

八日　酉　晴

一久松澹山老方江之御札、如例年箱入留主居方江役者手紙相添、昨日持せ遣候由也

一今日御影堂開帳、錦天神仁開帳有之ニ付何茂御参詣、御供主水・矢一(泥谷)・繁(飛鳥)・一旭坊也、暮方御帰り

九日　戌　曇　昼ゟ雨下

一金勝院僧正様へ御使　泥谷矢一

御口上之趣御相応ニ而、此度加行御勤被成候ニ付、右之式又々舎利講之式拝借被成度由、尚又近日御出被仰上候、尤乍御苦労弥十四日ゟ御出被成被進候様被仰遣候也

右御返答御相応ニ而舎利講之式来ル也

一入来、宿　駒井主税

十日　亥　夜中大雨　今朝晴　申刻雨下

一入来　寺田宮内

十一日　子　晴

一東寺江御出、御供一旭坊・主水・矢一・繁也、十二燈被献之、金勝院様へ御出

此度御加行之御伝受有之也、其後御酒・御膳等出ル、何茂へもか、御次(序)御酒等被出候也、御帰欠(掛)ニ金勝院僧正へも為御見廻御立寄被仰置候也、御帰院酉刻過

一参上　御乳母夫婦

御出かけニ御逢被成候也

十二日　丑　晴

一今日二条辺へ御見廻、且此度加行御入被成候為御届也、所々如左

一土岐(頼稔)丹後守殿　御聞届被成候由

一嶋(正祥)長門守殿　後刻申入り候旨取次申由也

一馬場(尚繁)讃岐守殿　同断

右何茂御口上同事

一園部三郎兵衛殿へ病気相見廻御出

せんしちや(煎茶)一箱被遣也

一倉橋三位(泰章)様へ御出
一広橋中納言(兼胤)殿へ為御届也
一甘露寺(規長)様へ御出、御滞留、御供御戻し被成候也
一御里坊迄御使僧被遣、御口上之趣者、此度加行ニ被入
ニ付、若御用候ハヽ、代僧ニ被仰付候様申置候也
一神善薗(泉苑)江龍王開帳有之ニ付御参詣被成、御初尾白宝(玉)一
封被献候

御供　一旭坊
　　　矢一
　　　重内
　　　挟箱片
　　　長柄
　　　沓持

右甘露寺(規長)様へ御先ニ主水・繁参ル也

十三日　寅　雨下

一松平丹後守殿御内納留十右衛門ゟ年始之御返書来ル也

十四日　卯　晴

一従甘露寺様御帰巳刻
一明十五日朝ゟ御加行御勤被成候ニ付、従今日金勝院僧
正様御出、御宿被成候也、絵奉書御持せ被進之也
一沢平八殿・井上三郎兵衛殿御出、年始之為御祝儀也、
此方ゟ御出之御挨拶被仰置候也

十五日　辰　晴

一卯刻於御護摩堂加行御勤、開白御義(儀)式有之也、金勝院
僧正様阿闍利(梨)御勤被遊、辰刻済

今朝寺中へ御斎被下候也　金蔵院
　　　　　　　　　　　　仲光院
　　　　　　　　　　　　長覚坊

一為御祝儀御酒一樽差上ル
一諸堂御参詣、御供一旭坊・戒心坊・重内也、何茂御勤
被成、御帰院
一金蓮院僧正御出、御料理等出ス、暮方両僧正御同道ニ
而御帰り
一美濃部彦左衛門殿ゟ年始之返翰来ル也、御初穂入来ル

十六日　巳　雨下

一卯刻行法御勤被成、諸堂御順拝、御供戒心坊・重内也

十七日　午　晴

一卯刻行法御勤被成、諸堂御順拝、御供戒心坊・重内也

一松平大膳大夫様（毛利宗広）奥方様御死去之段、留主居中村孫右衛門方ゟ手紙ニ而申来ル、尤江戸表へ御使僧ニ而も被遣候儀、御用捨被下候様ニと申来ル也

右御返書相応申遣ス也

一松平山城守殿幷松平弥右衛門殿ゟ之年始之御返翰、徳屋円心方ゟ相届候也、尤直ニ持参ニ付請取不遣候由也

十八日　未　晴

一卯刻行法御勤被成、諸堂江御順拝、御供戒心坊・直八也

一逸見五左衛門殿江十七夜待之御札持せ遣ス、尤手紙相添遣ス也、如例

右之御札等持せ可遣候処、彼方ゟ如例御初尾等来候ニ付、直ニ御吏（使）ニ渡ス也、尤四月十六日交代之由申来ル也

一上京　　松坊

於御居間御逢被成、滞留被致候也

一方内松尾左兵衛方ゟ明日五つ時、慈心院・藤林兵庫（好房）東御役所へ罷出候様、新家方被仰付候由、尤印形持参候様申来ル

右御請如例認遣候也

一慈心院へ右書付之写し持せ遣ス也

右承之由、其後使ニ而申来候者、御請之儀者いか、被成被遣候哉、役人中と被成候哉、兵庫殿計之御請ニ而候ハ、、此方ハ御請不申様相聞候、いなものニ候と申来候ニ付、金右衛門返答ニ者、兵庫殿ゟ慈心院罷出候様被仰下可申達旨申遣候、是迄左様之例度々有之候、併別ニ御請書被遣候ハ、、其段ハ御勝手次第ニと申遣候由

十九日　庚申　晴

一卯刻行法御勤被成、諸堂へ御順拝、御供戒心坊・重内
也
一卯半刻藤林兵庫御役所へ罷出ル、慈心院罷出候由
右者地主権現神輿之事ニ付而也、委細兵庫方記有之也

廿日　酉　晴

一卯刻行法御勤被成、諸堂へ御順拝、御供一旭坊・矢一
也
一今日非時有之、寺中何茂被召寄候、如例年
一当山執行江御使僧被遣、其趣者、梅渓(通条)前中納言殿御死
去ニ付為御悔也
一梅渓前中納言殿奥方・御児様へ御使僧右同断
一松平大膳大夫(毛利宗広)殿奥方御死去ニ付、御屋敷迄為御悔御使
僧
一小笠原右近将監(忠基)殿御息女御死去御悔御使僧
右何茂一旭坊相勤、尤申置候也

廿一日　戌　晴

一今日ゟ本堂御当番也
一卯刻行法御勤、諸堂江御順拝、御供一旭坊・重内也

廿二日　亥　晴

一卯刻行法御勤、御堂参、諸堂江も御順拝、御供一旭　坊・
矢一也
一松平安芸守(浅野吉長)様御参詣、当院御立寄被成、御茶・御菓子
等出之、本堂江一旭坊為御案内被遣、御加行之内故、
御院主様ハ御出不被成候、尤先達而辻藤左衛門参ル、
何か御構不被下様ニと御院主様御出被成候儀御断申也
金子三百疋　御初尾
同　三百疋　御院主様へ為御礼
右御案内仕候一旭坊へ百疋、金右衛門ニ百疋被下也
一禁裏御所ゟ御代参津田伊織、御初尾如例、月次之御代
参也、飯等如例出之、奥江御札被差上候也、尤御行中
故御院主様御出不被成候也
一参上　大乗院
右者先達而寺地之願差出置候ニ付為御窺参、則兵庫・

金右衛門立合、願之通申渡ス、尤御公儀江之願相済候
迄証文差出候様ニと申渡シ案紙遣ス、委細者兵庫方記
有之

一方内左兵衛（松尾）方ゟ御用有之候間、唯今御出被成候様、新
家方被仰渡旨、兵庫（藤林伊助）・宗次（平瀬）へ手紙来ル也、早速両人罷
出候処、新家方妻木孫十郎被申候旨、此間被差出候願
之儀、宮様（尊賞法親王）へ御届被申候哉被相尋候ニ付、両人申入候
者、先年御旅宿之儀御願申上候節も宮様方へ者御届不
申上候、仍而此度者先格之通御届不仕候由申候事
孫十郎被申候者、前々ハ左様有之候共、此節之事候
間、御届有之可給存候、尤此方ゟ差図ニて者無之候、
若又弥御届も不申共不苦儀ニ候ハヽ、其趣一札差上候
様ニと被申渡候事
両人申入候者、左候ハヽ罷帰り及内談、明日否之儀可
申上候由申帰ル、孫十郎又呼戻し、此節者御留主居小
倉主殿迄御届被申可然由被申候由也

一為御機嫌窺（同）参上止宿　　駒井主税

廿三日　甲子　晴　申刻ゟ雨下

一卯刻行法御勤被成、御堂参、諸堂へ御順拝也、御供金
蔵院・重内也

一御里坊江御使僧一旭坊被遣、其趣者
此度地主権現神輿二（仁）王門ニ出座奉成度、正印宗（平瀬）治（次）・氏
子中願出候ニ付、則其趣御役所へ御願申上候、尤一山
中何之差構無之候、此度御届申上候由
右主殿対談、御役所へハ定而書付可被差（出）と存候、左候
ハヽ、此御方へも御書付可被差出事ニ候、ケ様之儀事、
前後いたし、於拙者もされと〳〵と存候、併御神事之
儀、殊ニ宮様御厄年ニも有之候間、ケ様之儀者首尾能
相済候様ニと存候、宮様へも諸事被入御念候御事候間、
左候ハヽ、右口上之趣書付候而被差出候様ニと被申候、
仍而一旭坊申入候者、御役所役人中内々ニ而被申候
者、此節事候間、宮様御留主居小倉主殿迄相届置可然
由之事ニ候、尤先年御旅江神輿を奉移候節も宮様御届
不申上候段、記録ニ委細有之候、其上寿命軒其節之儀
相勤覚居申候由御座候、乍去此節之儀ハ、右役人中内

意ニ付、其元様迄御届申候と申候由、又主殿申候者、兎角南都へ申遣候儀、口上計ニ而者難申上候、右之口上書被差出候様被申也、一旭坊又申候者、相帰り相認差上可申候、其儀ニ候ハヽ、今日御役所へ兵庫(藤林伊助)罷出候、弥其元御承知被成相済申旨為申上可申と申入候処、成ほと左様可申上候、尚又右之書付早々持参候様被申候也、仍而一旭坊帰、口上書認遣ス、其趣如左

御届申上候口上之覚

一四月朔(日)ゟ九日迄地主権現神輿を当山二(仁)王門ニ出座奉成度、社役人平瀬宗治(次)幷氏子願出申候ニ付、右之趣、御役所へ御願申上候、尤一山中何之差構無御座候、依之御届申上候、已上

申三月廿三日　清水寺　成就院

一乗院宮様(尊賞法親王)

御家老中

右之通小奉書相認、上包美濃紙

右一旭坊持参仕候筈之処、痛所有之ニ付、先刻断申置候而持せ遣筈ニ付、則手紙ニて持せ遣候処、主殿ゟ請取来ル也

一御役所へ兵庫・宗輔(平瀬)召連罷出、右之趣申上ル也

一高木喜平太方ゟ手紙ニ而、来廿八日御拝賀ニ而候、其節兵庫・繁同道参候様、主水方へ申来ル也、右承候旨返書遣ス

廿四日　丑　雨下

一卯刻行法御勤、諸堂御順拝、御供一旭坊・矢一也

一今日駒井主税帰ル

一方内松尾左兵衛方ゟ手紙ニ而兵庫・宗輔両人之内、唯今参候様申来候、右返答申遣シ、早速兵庫参ル

一於御役所妻木孫七郎被申渡候者、昨日被差出書付、今日御所司へ御窺(伺)被成候処、御里坊留主居へ相届計ニ而者事済間鋪候、南都へ罷下り御返答承候上、申上候様被仰付候、成就院直ニ下りニも及申間鋪候、代僧を以被相窺(伺)可然之旨被申渡候也、仍而兵庫召連罷帰、何茂内談、弥明日南都へ罷下り候様相極候也

一御里坊へ一旭坊被遣候而、右之趣委細ニ申入、若昨日之書付いまた御下し不被成候ハヽ、御戻し可被下候、明日南都へ差下可申由被仰遣候也

一正印(平瀬)・宗輔呼寄、右之趣申聞候処、一山中へも申入候処、目代・六坊申被談、宗輔ニ被申渡候者、此方ゟ左候ハヽ、年預ニ而も差下し可申候、先者今倚(ママ)何茂使ニ御里坊へ参、此間此方ゟ茂書付差出置候返事承候様申付候由ニ而、宗輔此方へ参申候者、右之通被申付、何共迷惑ニ奉存候、御当院ゟ御使僧被遣候ハヽ、御同道仕、御里坊へ参候か、又者御当院之御使も私承参候得者品能御座候共、一山中使ニ而参候儀迷惑ニ奉存候、いかゝ可仕哉相窺(伺)候由申候■

右内談之上、一山中ゟ右之通ニ候ハヽ、可被参候、此方ゟ者何茂相談之上御使僧可被遣候由申遣ス也

一御里坊ニ而一旭坊、正印ニ逢、小倉主殿三人、右之趣申被談、一山へ之返事ニ者、此儀者成就院ニ被仰付候事ニ候へ者、各ゟ御下りニ不及候儀ニ候由返答、一旭坊へ者何共此儀手前難儀ニ候、拙者承届候事を其通ニ而者不事済候と被仰出候儀ハいかの訳ニ候哉、宮様(尊賞法親王)御方此度御下り首尾能事済候へ者、幸之事ニ候へ共、万一不相済候訳ニ而者、拙者可被承届候事軽々敷様ニ相成難渋不少候間、宗輔儀者此間御役所へ罷出、内談之趣直ニ承候間、何分宗輔も被召連候様、成就院へも宜御申頼入候、何とそ此儀無間違事済候様頼之由被申由也

右之訳ニ而夜半過両人同道ニ而被帰候ニ付、直ニ一旭坊南都下り之用意被致候様被仰付候、尤御届書者昨日之書付主殿ゟ差下し被申候ニ付、右之御返答承ニ下シ申候也

廿五日　寅　晴　申刻過雷鳴霰降　暮方晴

一今朝寅半刻一旭坊・宗輔同道ニ而南都罷下ル也

一卯刻行法御勤、諸堂へ御順拝也、御供金蔵院・重内也

一今日門前弐丁(町)目横田甚七屋鋪出来、為見分新家方役人参候、委細兵庫(藤林伊助)方控有書

廿六日　卯　晴

一卯刻行法御勤、諸堂へ御順拝、御供金蔵院・矢一也

一辰半刻過平瀬宗輔南都ゟ夜通しニ帰京、申上ル趣如左
昨日南都着早速一旭坊同道ニ而宮様（尊賞法親王）江罷出、高天法印（好章）
を以二条ゟ被仰渡候趣、御里坊へ御届書差出候様子、
委細両人口上ニ而申上候処、早速被申上候而被申渡候者、
申上候趣聞召被届候、何之御構無之間、其段御役所へ
も申上候様被申渡候、仍而退出可仕存候処、慈心院宰
相、六坊ゟ少納言両人書付を以被罷出候ニ付、此方両
人暫相待様子見合罷在候処、一山ゟ茂右之御届之書付
之由高天法印被致一覧、此儀ハ唯今被仰出事済候、各
書付追付ニ被入御覧候、暫可被控候、扨一旭坊・宗輔（平瀬）
者可被帰候、尤一山ゟも書付被出候間、成就院ゟも唯
今被申上候通之書付勝手次第ニ御里坊迄被差出候様ニ
と被申ニ付、両人退出直ニ宗輔計夜通しニ上京仕候旨申
也
右之通事済候付、則口上書相認、兵庫・宗輔御役所へ
罷出ル、書付之趣兵庫方へ記有之、仍而令略畢

一松平安芸守（浅野吉長）殿御留主居へ御使僧被遣候、其趣者、此間
安芸守殿始（初）而御出被成、其節何かと御世話忝思召候、
御対面可被成候処、加行中故無其儀候、右御挨拶旁御
使僧被遣候、仍而不珍候へ共一種被遣之候
　煮梅　一器　台ニ乗（載）せ被遣也

一右御同人用達辻藤左衛門江も右同事之御口上ニ而煮梅
被遣之、留主居者他行之由、藤左衛門者罷出、御返答
相応也、右何茂御使僧仲光院相勤

一仲光院乍序御届申上候者、用事ニ付大坂へ今晩ゟ罷下
り申度候、一両日も滞留可仕候、仍而御届申上候也、
右勝手ニ罷下り被申候様被仰渡候也

一御役所書付芦谷祐四郎請取、先差置帰候様被申渡也

一御里坊へ御役所ゟ直ニ宗輔参候様被仰付、則御届ニ参
ル也

一一旭坊南都ゟ申刻帰ル、宮様之首尾宗輔申上候通也

一参上　　八右衛門夫婦
　　三ツ葉　三把差上ル
右如例飯等被下候也、尤御逢被成

廿七日　辰　晴

一卯刻御行法御勤被成、諸堂御順拝、御供一旭坊・重内
也

一甘露寺宰相（規長）様へ　　御使吉見主水
明廿八日御拝賀ニ付為御祝儀、左之通被進之、奥方
様・綏心院（賢雅）様へ者御歓之御口上計也、主水儀直ニ宿仕、
御用相勤ル也
　御樽代金　三百疋
　昆布　　三拾本
　　以上
　　　　成就院清巓
右奉書竪目録也、金子者別ニ包、台ニ乗（載）ル、今日戒心
坊へ御暇被下候也

廿八日　巳　快晴

一卯刻行法御勤被成、諸堂へ御順拝、御供一旭坊・重内
也

一今日甘露寺様就御拝賀、御陪膳ノため繁被遣候也

一地主権現御旅所之儀、今日首尾能願之通被仰付候也、
委細兵庫（藤林伊助）方へ控有之也

廿九日　午　晴

一卯刻行法御勤被成、諸堂へ御順拝、御供一旭坊・重内
也

一今日主水・繁両人、従甘露寺様ゟ（ママ）帰ル也

一今日ゟ早川左門被召出、於御居間御内見へ被仰付、直
ニ相勤候也

一大坂ゟ今日罷帰ル　　坂東是八

一御里坊へ御使被遣、其趣者、地主権現神輿之儀、願之
通昨日被免候為御届也　　御使僧一旭坊

一参上　　辻藤左衛門
此間御吏（使）僧被遣候為御礼也

一御里坊へ此間高天法印被申渡候届書之儀、一旭坊持参
候也
　　御届申上候口上之覚

一去廿三日以書付御届申上候地主権現御旅所之儀、従御
役所被仰渡候ニ者、先格無之儀ニ候共、此節者南都一
乗院宮（尊賞法親王）様へ使僧差下シ御届申上、其上ニ而申出候様、
役人藤林兵庫へ被仰渡候、依之吏（使）僧幷社役人宗（平瀬）治（次）を以
御届申上候、已上

申三月　　成就院印
　　　　清水寺

一乗院宮様
　　御家老中

四月朔日　未　快晴

一卯刻御行法御勤、諸堂御順拝、御供来迎院・重内（浅田）也
一今日地主権現・二（仁）王門ニ御出座也
一板東是八、今日御目見へ被仰付候也
一綏心院（賢雅）様、地主之花御覧ニ御出被成候由ニ而、左膳御
供ニ而幕等之儀遣候様ニ被申ニ付、まく（幕）・もうせん（毛氈）等遣
ス、其後御酒等上ル、主水（吉見成連）為窺（伺）御機嫌参ル、此御方へ
者御寄不被遊、直ニ御帰り

二日　申　快晴

一卯刻御行法御勤被成、諸堂へ御順拝、御供来迎院・是
八也
一今朝舞台らんかん（欄干）ニ而縊有之、当町ゟ如例御役所へ
御断申上ル、検使御出御吟味、兵庫儀御役所へ罷出、
留主故金右衛門罷出ル、宝徳寺へ何茂立合也
一駒井主税借宅之出入有之、家主方ゟ御役所へ先日願出
候ニ付、今日御召ニ而藤林兵庫・駒井主税両人西御役
所へ罷出候也
一金勝院僧正様へ御使僧被遣、御口上御相応ニ而先日御
頼被成候輪袈裟出来候付被進之、且又御加行之おこな
いの事、近日中ニ自是御出被成候、若又此方へ御出可
被進候哉御尋被仰候也、御使僧一旭坊
右之返答相応ニ而、朝之御伝受之儀者十日過御見合御
出被成候か、又者あなたへ御出候様ニ成共可被成候由
也
一首縊御検使被相尋候者、本堂向之儀者成就院ゟ御届可
有之処、当町ゟ申出候儀、先格左様之事ニ候哉承度由

ニ付、則記録等吟味之上ニ而、享保九年・同十年・同
十七年伽藍向ニ而首縊有之、其節も当町ゟ申断候ニ付、
其段書付出之、立合検使其外委細之訳兵庫方へ控有之
也
一駒井主税御役所へ罷出候処、十五日限ニ家明(空)候様ニ被
仰渡候由也
一中田三郎左衛門母子参候而、御座敷ニ而弁当遣申度由、
寿命軒罷出挨拶、吸物等出ス

三日　酉　晴　巳刻ゟ曇小雨少々降　昼ゟ暮方晴ル

一卯刻御行法御勤被成、諸堂へ御順拝、御供来迎院・重
内也
一倉橋三位(泰章)様・桜井三位(氏敦)様・倉橋様御督様・立松院御子
様方御出、御酒・御料理等上ル、立松院様ゟ鼻紙入
一・唐きひ(黍)の粉一箱被進之、桜井様ゟぶんちん(文鎮)二被進
之、何茂暮方ニ御帰り也
一園部三郎兵衛殿被参、宝珠院ニ而御酒・茶漬等出ス、
暫時被居候而被帰、主水参候処、先日御院主様御出被
成候御礼被申也

四日　戌　晴　昼ゟ曇　夜ニ入雨下

一卯刻御行法御勤被成、諸堂へ御順拝、御供来迎院・是
八也

五日　亥　晴

一卯刻行法御勤被成、諸堂へ御順拝、御供来迎院・重内
也

六日　子　晴

一卯刻御行法御勤、諸堂へ御順拝、御供来迎院・是八也
一森本頼母方主水ゟ手紙遣ス、其趣者、地主祭りニ付素
袍四人まへ(前)・白丁四人まへ(前)借用仕度旨申遣ス
右返事有之、則来ル也

七日　丑　快晴

一卯刻行法御勤被成、諸堂江御順拝、御供来迎院・重内

也
一西梅坊幷山本立安へ為案内手紙被遣也
一卯刻御行法御勤被成、諸堂へ御順拝、御供一旭坊・是
八也
八日　寅　曇
一園部三郎兵衛殿ゟ手紙来ル、其趣者、此間被参候挨拶、
且又兼而南都之一件、昨日修南院僧正殿・二条寺主・
古川内記、御所司代ニ被召呼、御書付御渡、御口上ニ
而も御仕置被仰渡候、則高天法印（好章）・中沼上総介（秀延）・生田
播磨介（忠音）三人御仕置ニ被仰付候、則来十三日被仰付候筈
之由、内々為知らせ寿命軒迄申来、尤委細聞度候ハヽ、
今明日之内主水・宥栄坊両人之内参候様ニと書面也
右御返書寿命軒ゟ相応申遣ス也
一右為知らせ宥栄坊へ手紙ニ而今日中御出候様ニと主水ゟ
申遣ス也
一宥栄坊被帰、委細書付参候、如左
一乗院御門跡坊官
高天法印
家司
中沼上総介
生田播磨介（忠音）
右之者共御門主方ニ而御扶持被召放、他江奉公之儀、
且山城・大和・江戸・大坂住居被為構御申付候様相達
之
納戸役
竹坊河内
構無之
右之通、院家・坊官・家司、丹後守（土岐頼稔）へ召呼被申渡候
四月七日
院家
修南院前大僧正
坊官
二条権上座法眼
古川内記
右之者共罷出候
右者園部日記之控を写し被相渡候而、此儀大切之事者、

十三日迄ハ外ニ相知レ不申様入念候様ニと呉々可申聞候由、且又宮様(尊賞法親王)へ者関東ゟ御異見(意)之御書付来候由、右之書面者難為写候由物語有之由也

一西梅坊ゟ返書来ル、明日之事忝奉存候、何とそ見合参上可仕由也

九日　卯　快晴

一卯刻御行法御勤被成、諸堂へ御順拝、御供一旭坊・是八也

一今日地主祭り也、甘露寺宰相(規長)様・奥方様・菊姫様御出被遊候也

一御神輿還御之節、如例年田村堂ニ而御拝、御衣躰素絹・紋白也、主水熨斗目上下、其外何茂上下着用、御供矢一(泥谷)・繁(飛鳥)・左門(早川)也

一甘露寺様御三方様共同所へ御出、通り雑人御覧、御神事相済御入被成、二汁五菜之御料理出ス、夜五ツ過御帰り

一甘露寺様、駒井主税・同勝太江御目見江被仰付候

一御役所ゟ之役人中例年朝倉堂ニ而待合被申候得共、当年者御旅所有之ニ付、六坊智文院弁当所ニ直ニ待合被申候也、尤右之弁当所之儀、此方ゟ是八使ニ而申遣ス也、役人中之名、兵庫方(藤林伊助)へ委細記有之

一御役中江御使僧被遣、御口上如例、一旭坊勤也

十日　辰　雨下

一卯刻御行法御勤被成、諸堂へ御順拝、御供一旭坊・重内也

一逸見五左衛門殿ゟ御手紙ニ而来月六日交代ニ付、道中無難之御祈禱御頼被成候由ニ而鳥目拾疋来

右御返書相応申遣ス、追而自是可得御意候由申遣ス

一金蓮院僧正様ゟ御吏(使)来、御加行為御見廻御文匣之内被進候由御書中也

浅草のり(海苔)　一包

茶そは(蕎麦)

右之通被進候、則御返書、御礼申遣ス也、御文言不及記略之

十一日　巳　晴

一卯刻御行法御勤、諸堂へ御順拝、御供一旭坊・是八也

一安祥院ゟ届書差出ス、其趣者、十五日ゟ弥万日仕度由也、委細兵庫方へ記有之

一今日駒井主税帰ル也

十二日　午　晴

一卯刻御行法御勤被成、諸堂へ御順拝、御供一旭坊・重内也

一駒井主税明日借宅替仕候ニ付、兵庫御役所へ御届書持参仕候也、右之控其外委細者兵庫方へ記有之、仍略畢、右之書付持参之処、野村与一兵衛被申候者、是ハ成就院御印形ニ而御出シ可然由ニ付、追々其通書改差上ル筈也

十三日　未　曇

一卯刻御行法御勤被成、諸堂へ御順拝、御供一旭坊・是八也

一逸見五左衛門殿へ御祈禱之御札・守幷為御餞別掛手拭ニ被遣之、御手紙相添也

一石原清左衛門(正利)殿・多羅尾四郎右衛門(光忠)殿御出、□□(所々)庭為見物也、御酒・吸物等出ス、一旭坊・寿命軒も跡(後)より出ル、暫して御帰り

一逸見五左衛門殿御返書来、御相応也

一方内(松尾)左兵衛方ゟ触状、明日御目附御巡見之由申来候由也、委細兵庫方へ控有之也

十四日　申　晴　申刻ゟ曇　夜ニ入雨下

一卯刻御行法御勤被成、諸堂へ御順拝、御供一旭坊・重内也

一御目附松平新八郎殿為御巡見御出被成、如例当院ニ而御弁当御遣被成候也、為御案内一旭坊罷出ル、兵庫儀も如例罷出、伽藍帳差出ス

一御院主様ゟ一旭坊を以被仰進候者、今日ハ御苦労ニ奉存候、罷出可懸御目候処、加行中ニ而候間無其儀候、緩々御休足、御用等候ハ、可被仰付候由也

右御返答御相応也、午刻過御出、同未刻過御帰り、為
御礼鳥目三百文被差置也
一御役所へ御使僧、御巡見相済候為御届候也、口上書持
参、如左
一今日御目付松平新八郎様当山御巡見相済申候、仍而御
届申上候、已上

四月十四日　　清水寺成就院
使僧

右之通両通相認、両御役所へ持参候也
一松平新八郎様へ今日御巡見御苦労ニ存候旨御使僧、右
何茂一旭坊相勤ル也
一御役所へ駒井主税宅替之届、兵庫(藤林伊助)持参、去十三(二)日差出
候通文言ニ而御院主様御判ニ而差出ス、尤主税とハ不書
出、左源太と書出候也、是ハ町へ左源太と申借請候、
仍而也
右何茂兵庫方控等有之也

十五日　酉　雨下　朝之内大雨

一卯刻御行法御勤被成、諸堂へ御順拝、御供金蔵院・是
八也
一木喰(食)正禅今日ゟ万日開白也、仍而兵庫立合参ル也

十六日　戌　雨下　巳刻ゟ晴

一卯刻御行法御勤被成、諸堂へ御順拝、御供一旭坊・重
内也
一今日駒井主税宅替之済状上ル、兵庫同道御役所へ罷出
ル也、委細者兵庫方記有之
一金勝院僧正様へ寿命軒被遣、御伝授之儀ニ付而也
一金蓮院僧正へも此間之為御挨拶寿命軒被遣候也
一御里坊へ一旭坊被遣、小倉主殿迄被仰遣趣ハ、御修覆
之儀、先達而御願申上候処、暫相待候様被仰付候ニ付、
差控罷有候処、段々向梅雨候故、此節又々御願可申上
と存候処、御家司方之儀、何かと悪説有之、無心元存
候、仍而内々御尋申入候、若説之通ニ而候ハヽ、宮様(尊賞法親王)
御機嫌之為窺(伺)使僧ニ而茂差下し可申哉、右之段□□申
承候由被仰遣候也

右主殿ゟ申候者、此節宮様ニも御遠慮之筋ニ有之候得
者、御修覆之儀者決而御無用ニ候、窺〔伺〕御機嫌候儀者、
此方ゟハいか様共難申進候、此度茂先御延引可然哉と
奉存候由候也

十八〔七〕日　亥　晴

一卯刻御行法御勤被成、諸堂へ御参詣、御供一旭坊・是
八也

十八日　子　晴　午刻ゟ曇 未刻ゟ雨下

一卯刻御行法御勤被成、諸堂へ御順拝、御供一旭坊・重
内也

一駒井主税へ宅替之祝儀ちやわん〔茶碗〕十被下候、則兵庫参候
付御口上被仰付持参候也
右御請、何分宜申上度候也

十九日　丑　雨下　巳刻ゟ晴

一御行法卯刻御勤被成、諸堂へ御順拝、御供一旭坊・是
八也

一今日ゟ市兵衛弟相果候付引入也

廿日　寅　晴　未刻ゟ曇 申刻ゟ雨下

一卯刻過御行法御勤被成、諸堂へ御順拝、御供一旭坊・
重内也

一御里坊ゟ切紙来ル、如左
自南都申来候儀ニ付申達度候、可為御加行中候間、御
使僧壱人今日此方へ御差越可被成候、尤差急候儀ニ而
ハ無御座候間、御勝手今日可被遣候、為其如此ニ而候、
已上
四月廿日　　　　　　　　小倉主殿
〆
清水寺
成就院様

右御返書遣ス、如左
御切紙致拝見候、然者自南都被仰付候儀、□使僧壱人
罷出候様被仰下、畏承候、追而差出候、可申上候、已

上
四月廿日　清水寺
成就院
小倉主殿様

一御里坊へ一旭坊被遣候也
右主殿被申候者、自南都昨日被仰下候者、此度之儀、
御公儀ニも御苦労御かけ被成候付、宮様(尊賞法親王)ニも御慎ニ而被
為成候、此儀関東ゟ申来御遠慮と申ニ而も無之、御自
分御慎被成候、夫ニ付御修覆之儀、暫御延引被成候、
此旨可申達旨申来候付、相招之六坊中へも申達候由被
申候也
一為窺(伺)御機嫌参上　八右衛門夫婦

廿一日　卯　雨下

一卯刻御行法御勤被成、諸堂へ御順拝、御供是八・一旭
坊也
一去朔日金蔵院迄智孝散銭箱封印御免被下候様願書差出
候を、何茂衆評申候上、今日金蔵院へ一旭坊立合御免
被成下候旨被申渡候也、願書此方へ有之、兵庫(藤林伊助)・一旭
坊其後法成寺へ参、封を切、鎰等渡ス也

廿二日　辰　晴

一卯刻過御行法御勤被成、諸堂へ御順拝、御供一旭坊・
重内也
一安祥院江御使　泥谷矢一
御口上之趣者、万日次第天気能珍重思召候、為被見廻
御歓御吏(使)被遣候、折節御到来被成候一種被遣之候由也
包昆布之添
唐きひ(黍)の粉　一箱《はさうし》台ニ乗(載)
右被遣之
右正禅儀廻向ニ仕懸り居申候、自是御請可申上候由也

廿三日　巳　晴

一卯刻御行法御勤被成、諸堂へ御順拝、御供一旭坊・是
八也

廿四日　午　晴　夜ニ入雨下
一卯刻御行法御勤被成、諸堂へ御順拝、御供一旭坊・矢
一也
一禁裏御所ゟ御代参　　　伊地知木工
御月次之御代参也、御初尾如例四拾疋、奥江御札差上
ル、御院主様御加行中故御出不被成候、一旭坊罷出ル、
尤飯・御酒等出ス
一安祥院万日明日巳刻廻向ニ付、今晩夜中打鳴シ申候由
ニ付、門前四町ゟ人足一町ゟ弐人ツヽ、差出候様申付、
兵庫夜廻り仕候也
廿五日　未　雨下　未刻地震暫
一卯刻過御行法御勤被成、諸堂へ御順拝、御供金蔵院・
是八也
一安祥院ゟ使僧唯今廻向相仕廻申候付御届申上候由申来
ル也
廿六日　申　雨下
一卯刻御行法御勤被成、諸堂へ御順拝、御供一旭坊・重
内也
一参上　　　寺田宮内
廿七日　酉　快晴
一卯刻御行法御勤被成、諸堂へ御順拝、御供一旭坊・是
八也
一参上　　　安祥院
口上之趣如左
此間万日首尾能相勤、今日戒名供養迄相仕廻申候、先
日者為御見廻御吏（使）者殊ニ何ゟ之一種被下之、忝仕合奉
存候、右御礼旁参上仕候由ニ而、金子弐百疋御菓子代
として持参
各御返答御相応申遣ス也、一旭坊罷出ル
一勧修寺宝寿院様御出、御弁当被成度旨、則御書院御休
足、此方ゟ御茶計差上ル、右御帰之節、御院主様へも
御口上、主水へも相応被仰置候也
一今日近所申談猪追候也、粟田口辺ゟも追立、此方山何

茂狩(駆)立候也、境内ゟも人足大勢出ル

廿八日　戊　晴

一卯刻過御行法御勤被成、諸堂へ御順拝、御供一旭坊・重内也

一法菩提院殿ゟ　　御使山本左門
先達而御借用之糸網御返進、為御礼和紙二束来ル
右御返答御相応申遣ス也

廿九日　亥　晴

一卯刻御行法御勤被成、諸堂へ御順拝、御供一旭坊・是八也

一松平大膳大夫(毛利宗広)殿御留主居中村孫右衛門方ゟ手紙来ル、其趣者、先達而御平産為御歓御使僧被遣候御挨拶、大膳大夫殿ゟ被仰入候、其趣申来ル也
右御返答、御手紙致拝見候、被入御念候儀と存候由申遣ス也

五月朔日　子　雨下

一卯刻御行法御勤被成、諸堂へ御順拝、御供仲光院・重内也

一松平大膳大夫殿御留主居中村孫右衛門方ゟ手紙来、其趣者、去廿八日御暇にて候、然者来ル十五日頃京都立寄可申候、其節途中迄御出之儀者勿論、御使僧・御音物等御断被申候由申来ル也
右返書遣ス、得其意候旨申遣ス也

二日　丑　曇

一卯刻御行法御勤被成、諸堂へ御順拝、御供仲光院・是八也

三日　寅　晴

一卯刻御行法御勤被成、諸堂へ御順拝、御供仲光院・重内也

一松平大膳大夫殿御留主居中村孫右衛門方ゟ手紙来、其趣者、先達而奥方御死去之為御悔御使僧被遣候御挨拶

申来ル也
右返答、被入御念之儀存候旨申遣ス也
　　四日　卯　晴
一卯刻御行法御勤被成、諸堂へ御順拝、御供仲光院・是八也
一金勝院僧正様へ御使　　　泥谷矢一
御口上御相応ニ而明後六日、五十日之満座ニ而跡(後)御行之開白之儀御窺(伺)、委細寿命軒ゟ書付遣ス也
右御返答相応ニ而御書付来ル、尤七日弥可然思召候、尚御代僧を以其節可被仰候由
　　五日　辰　快晴
一卯刻御行法御勤被成、諸堂へ御順拝、御供仲光院・繁(飛鳥)・重内也
一当日為御祝儀参上、仲光院・金蔵院・来迎院・宝徳寺、右何茂御居間ニ而御逢被成候也
一当日為御祝儀御使僧被遣候所如左
一土岐丹後守(頼稔)殿・嶋長門守(正祥)殿・馬場讃岐守(尚繁)殿・小堀左源太殿、御城内御番頭衆御両人園部三郎兵衛殿・桑山下野守殿・倉橋様・広橋中納言(兼胤)様・甘露寺宰相(規長)様御二方様・綏心院(賢雅)様へ被遣候、御使僧一旭坊相勤也
一為御祝儀参上　　　駒井主税
御逢被遊、直ニ一宿仕候也
　　六日　巳　晴
一卯刻御行法御勤被成、諸堂へ御順拝、御供一旭坊・是八也
一金勝院僧正様御出、御止宿
右者明七日十八道御行開白ニ付御出被遊候也
一駒井主税御目見へ仕、其後帰ル也
　　七日　午　雨下
一御堂参、御供仲光院・重内也
一南都一乗院宮(尊賞法親王)様御遠慮ニ付為窺(伺)御機嫌、御使僧被差下候也、御音物

名酒 咸列酒 長命酒　一箱　二重くり（刳）台

右被進之、其外御進物無之、御口上之趣如左

此間者御上ニ御苦労之儀共有之候由及承候、尤先達而御里坊迄ハ御機嫌相伺存共、尚又以使僧奉窺（伺）御機嫌候、仍而此品懸御目度由申被遣候也

一右南都帰り次ニ宇治上林三入・星野抔ニ年始之御札・御音物等持参仕候也、委細音物帳ニ有之、如例年御使僧一旭坊何茂相勤ル也

一今晩初夜ゟ御行法開白也、則未半刻御勤被成、僧正様・寿命軒付添候也、酉刻前ニ満座

一金勝院僧正様御帰院、御輿御丁ちん（提燈）等此方ゟ遣ス

八日　未　曇　折々小雨降 未刻ゟ晴

一寅半刻御行法御勤被成

一松平大膳大夫殿（毛利宗広）御留主居中村孫右衛門方ゟ手紙来ル、其趣者、来十四日大膳大夫殿大津駅御止宿被成候、前々之通於彼地御相対可被成候間、御出被成候様申来ル

右御返書遣ス、如左

御手紙致拝見候、然者大膳大夫様今般御帰国、去廿八日江府御発駕被成、来ル十四日大津駅御止宿被成候、前々之通於彼地御逢可被成之由被仰下、致承知候、当春ゟ加行相勤禁足罷成候ニ付御断申入候、宜預御沙汰候、已上

五月八日　成就院

〆　中村孫右衛門様

一執行ゟ御使僧来　真福寺

右者梅渓前中納言殿（通条）御死去之節御使僧被遣候ニ付、忌明候故為御挨拶也、申置帰ル

一南都ゟ一旭坊帰ル、宮様（尊賞法親王）江御進物差上候処、御満足思召候旨、二条法眼を以御返答有之、其後此度被仰付候新役人古川内記・前田主水両人罷出、知人ニ成候由、尤御院主様へも何茂御伝言被申候由也、則昨七日着、早速相勤候由也、今朝南都罷出、宇治何茂へ御使僧相勤ル也

一明九日堯慎上人五十廻忌ニ付寺中御斎被下候廻状遣ス

也

九日　申　晴

一寅半刻御行法御勤、諸堂へ御順拝、御供一旭坊・是八
也

一今朝御斎参ル、衆中如左
来迎院・金蔵院・仲光院・宝徳寺也
右於御居間御相伴仕候也

一倉橋三位《（泰章）》様御内おきよ方ゟ主水《（吉見成連）》へ文ニ而、御加行為御
見廻かきもち《（欠き餅）》・わかめ《（若布）》両種御文匣ニ入来ル
右御返答御相応ニ遣ス也

一為御窺《（伺）》御機嫌参上　八右衛門夫婦
うゐらう《（外郎）》餅　一棹さし上ル
右御飯等被下候也

一今日大乗院振舞ニ付主水・兵庫《（藤林伊助）》・金右衛門・矢一《（泥谷）》、慶
閑庵ニ参ル、初夜ニ帰ル也

一延命院江兵庫ゟ使遣ス、御家来壱人被遣候様申遣ス、
何茂他行之由ニ而不来候也

右者地蔵院《堂》雨覆ニかわら《（瓦）》置候様ニ相見へ候ニ付二条へ
御願被申上候而之事ニ候哉、為相尋也

十日　酉　晴

一寅半刻御行法御勤被成、諸堂へ御順拝、御供一旭坊・
重内也

一梅渓殿《（通条）》御児ゟ御使、御忌明ニ付為御礼也、申置帰ル

一長谷主計頭殿ゟ御手紙来、御内用不及記
右御返答、兵庫罷出申遣ス也

一延命院ゟ家来参ル、瓦之儀者先達而御覆願候節一所《（緒）》ニ
願置候故、此節御届ケ不申上候由申也
右兵庫罷出申遣候者、左様ニ候共、此方ゟハ御役所
へ御届申上候、左様御心得候様ニと申候処、使之者申
候者、延命院伏見へ参候、罷帰り、其趣申聞、自是可
得御意候由申帰ル由也

十一日　戌　晴　昼ゟ曇戌刻過ゟ雨下

一寅半刻過御行法御勤被成、諸堂へ御順拝、御供仲光

院・是八也
一従今日本堂御当番也
一松平大膳大夫(毛利宗広)殿より御使者　児(小)玉吉右衛門
来十五日御京着御通次(掛)ニ候間、如例御札被進候様、則
為御初尾金百疋持参、右寿命軒罷出対談
一午半刻出火、早速消ル、鷹峯辺ニ相見へ候
一兵庫(藤林伊助)途中ニ而延命院へ逢申候処、延命院被申候ハ、此
間被入御念候儀忝存候、瓦之儀者先達而事済有之事故、
此方ゟ御届者不申上候、左様御心得被成候様ニ　と被
申候由也

十二日　亥　雨下　午刻過ゟ晴

一寅半刻過御行法御勤被成、諸堂へ御順拝、御供一旭
坊・重内也
一松平大膳大夫殿御留主居中村孫右衛門迄御使僧被遣、
御口上者、昨日被仰聞候御道中御無難之御祈禱御札被
進之候、且又十五日御着之節、使僧を以御歓可申入候
哉、此段内々申承候由被仰遣也、御使僧一旭坊相勤候
也
右御返答役人罷出対談、早速御札被遣、則披露可仕候、
且又当日御使僧被遣候儀、御勝手次第可被成候、此方
ゟ御指図者難申上候由也

十三日　子　晴　朝之内曇

一寅半刻過御行法御勤被成、諸堂へ御順拝、御供一旭
坊・是八也
一金勝院様へ寿命軒ゟ御行之儀為窺(伺)、手紙を以申上候也、
委細不及記
右御返書来ル、仍而明日御結願御勤被成、東寺へ御出
被遊候筈也
一今日甘露寺様へ為窺(伺)御機嫌主水参ル也、暮過ニ帰ル

十四日　丑　晴　亥刻夕立

一卯刻御行法御勤被成、諸堂へ御順拝、御供一旭坊・重
内也
一巳刻御結願御修法御仕廻、金勝院様へ御出、御供寿命

軒・矢一・左門《(早川)》也
　仏布施紙・御巻数御持参、御酒一樽・にしめ《(煮染め)》・赤飯
　　御持せ被遊候也
一明日今宮祭りニ付早川理兵衛方ゟ左之通申上ル、尤主
　水方へ手紙添来ル
　　いりもち《(炒り餅)》　一重
　右御院主様へさし上ル
　　御酒一樽　赤飯一器　にしめ《(煮染め)》一重
　右何茂へ遣候由申来ル
　右返事相応ニ挨拶申遣ス也
一申刻前御帰院、尤御帰次《(掛)》ニ金蓮院殿へ先達而御使被進
　候御礼被仰置、大師江御参詣被成候也
一方内左兵衛《(松尾)》ニ延命院瓦之事、兵庫承合候処、左兵衛申
　候者、先達而事済事ニ候ハヽ、御届不被成候共苦有間敷
　候、縦御とか有之共、成就院御方之御無念ニ者成申間
　敷候由申也、仍而此方御届申上候儀相止申候也

　　十五日　寅　曇

一御堂参、御供一旭坊・是八也、諸堂へも如例御参詣也
一松平《(毛利宗広)》大膳大夫殿へ今日御京着之為御歓御吏《(使)》僧被遣候、
　一旭坊相勤ル、御口上御相応ニ而
　　御札　包札也　台ニ乗《(載)》
　　煮梅　一器　箱入　包のし《(熨斗)》昆布添
　右大膳大夫殿御留主之由、用人中ゟ返答、御札之儀者
　頂戴可被致候、御音物之儀者何分御断申入候由ニ而帰
　ル也
一勧修寺頭弁《(顕道)》殿ゟ御使者、御口上之趣者、先日宝珠院様
　御出被遊候為御挨拶也
　　外郎餅　五棹　包昆布添 台ニ乗
　右被進之旨也、且真田丹下方ゟ主水へ伝言申来ル
　御返答主水申遣ス、尤御直答可被成候へ共、御加行中
　故、取次を以被仰入之旨申遣ス也、丹下方へ主水ゟ返
　答申遣ス、御使者へ御酒出ル也
一今日今宮祭りニ付、左門御暇被下、下宿仕也
一小堀左源太殿ゟ御使者、端午之御祝儀ニ御使僧被遣候
　為御挨拶也、申置帰ル也

一今日初夜ゟ御行法御初(始)被成、未半刻過開白也

十六日　卯　晴

一寅半刻御行法御勤被成、諸堂へ御順拜、御供一旭坊・重内也

十七日　辰　晴　未刻過小雨降 早速晴ル

一寅刻前御行法御勤被成、諸堂へ御順拜、御供一旭坊・是八也

一今日左門帰ル、其後早川理兵衛参ル也

十八日　巳　雨下

一卯刻過御行法御勤被成、諸堂へ御順拜、御供一旭・重内也

一禁裏御所へ御使僧　一旭坊

当月御祈禱之御巻数被之、大典侍様迄御口上如例

煮梅　一器　台ニ乘(載)せ被進之也

一勧修寺頭弁(顕道)殿へ御使僧一旭坊被遣、御口上之趣ハ、此間御使者・御音物之為御挨拶也

右御返答御相応候也

十九日　午　晴

一寅刻過御行法御勤被成、諸堂へ御順拜、御供一旭坊・是八也

一今日御大名方へ当月御祈禱御札・御書等被遣候、御巻数等之委細之儀、別記有之也、右御使僧一旭坊相勤ル

一今日主水宅替仕ニ付御暇申上下ル、夜ニ入上ル

一為御機嫌窺(伺)参上　端長兵衛

一参上　山本立安

右者左門病気ニ付呼ニ遣ス、早速参候而薬二服調合

一本多中務大輔殿御用人中ゟ正月御返書来ル也、右一旭坊当月之御札上柳方へ持参候処、彼方ニ而請取帰ル也

廿日　未　晴

一寅刻過御行法御勤被成、諸堂へ御順拜、御供一旭坊・重内也

一今日如例年之寺中御招、大般若経転読有之、来迎院・
金蔵院・仲光院参ル、何茂非時被下候也、午半刻満座
一参上　山本立安
左門薬二服調合帰ル

廿一日　庚申　雨下

一卯刻過御行法御勤被成、諸堂へ御順拝、御供一旭坊・
是八也
一参上　山本立安
左門薬二貼調合

廿二日　酉　晴

一卯刻過御行法御勤被成、諸堂へ御順拝、御供一旭坊・
重内也
一御里坊へ御使僧一旭坊被遣、其趣者、
宮様（尊賞法親王）窺（伺）御機嫌、且又御修覆之儀、近々御願可申与存候、
仍而内々申入候由
右主殿迄被仰遣候処、同人御返答ニ自是被相窺（伺）候上ニ
而可申進之由也
一参上　山本立安
左門為見廻也、今日者薬有之ニ付調合無之
一倉橋三位（泰章）様御内きよ方ゟ寿命軒・主水両人へ手紙来ル、
其趣者、二位（倉橋泰貞）様此間御所労気被為有候、御老人様之御
事故、御心遣被成候間、御祈禱被成被進様申来ル
右寿命軒方ゟ御返答申上ル、追而御祈禱御札被進筈也

廿三日　戌　晴

一寅半刻過御行法御勤被成、諸堂へ御順拝、御供金蔵
院・是八也
一今日御楊弓ニ甘露寺殿御同道ニ而高辻様・裏松御父子
様・堤様御出、昼前ゟ御出、暮過ニ御帰被遊候也、尤
御料理等出之

廿四日　亥　晴

一卯刻過御行法御勤被成、諸堂へ御順拝、御供一旭坊・
重内也

一禁裏御所ゟ御代参　　山西平馬
御月次之御代参也、御初尾青銅六百匁、奥江御札献之、
飯・御酒等出ス、如例寿命軒罷出ル
一倉橋二位様(泰貞)へ御使僧　　一旭坊
御口上之趣者、御所労御見廻、且此間従三位様(倉橋泰章)被仰付
候御祈禱御修行被成候、則御札・御供物被進候、御頂
戴被遊候様、其外御相応ニ被仰進候也
御札・御供物一包
煮梅　一器　ふた物ニ入台ニ乗ル
右為御見廻被進之
一倉橋三位様へ一旭坊参り、二位様へ御札等御上被成候
御口上申上ル也
右何茂御返答御相応ニ而、弥御心能方ニ而今日者御祈禱
之御影(蔭)ニ而御平生之通ニ被為在候由也
廿五日　甲子　晴
一卯刻過御行法御勤被成、諸堂へ御順拝、御供是八・一
旭坊也
一参上　　山本立安
左門薬二貼調合
一今日ゟ四五日之間母病気ニ付御暇申上ル　　浅田重内
一松平大膳大夫(毛利宗広)殿ゟ先日御使僧・御札等被進候為御挨拶
御使者来ル、木原宗(惣)右衛門申置候也
廿六日　丑　晴
一卯半刻過御行法御勤被成、諸堂へ御順拝、御供一旭
坊・是八也
一参上　　山本立安
左門薬二貼調合
一戌刻過出火、祇園社内竹坊早速消ル
右為見廻西梅坊・東梅坊・上川(河)原監物方へ矢一参ル也
廿七日　寅　曇
一卯刻御行法御勤被成、諸堂へ御順拝、御供金蔵院・是
八也
一本多主膳正(康敏)様御留主居野々山小東太方ゟ手紙ニ而当月

御初尾鳥目百疋来ル
右返書認遣ス、例文不及記令略畢
一本多主膳正(康敏)様御屋敷・本多伊予守(忠統)様御屋敷へ夜前御近
所出火、早速消候而珍重奉存候、右御見廻旁以使被申
入候由、御口上ニ而被遣候也、御使泥谷矢一
右御両所申置帰ル也

廿八日　卯　晴

一卯刻御行法御勤被成、諸堂へ御順拝、御供一旭坊・是
八也
一参上　山本立安
左門儀弥心能候故、今日ゟ薬引筈候得共、又々二貼調
合
一今日在所ゟ帰ル　浅田重内
為御土産美濃紙三帖さし上ル也
一今明日御暇申上ル　藤林兵庫(伊助)

廿九日　辰　晴

一卯刻御行法御勤被成、諸堂へ御順拝、御供一旭坊・重
内也
一裏松(前)中納言(益光)殿ゟ御使者来ル、御口上之趣ハ、御見廻且
此間御出被成候御挨拶、仍而一種被進候由
青海苔　一折来ル
右御返答御相応申遣ス也、則寿命軒出ル
一参上、宿仕候也　駒井主税

晦日　巳　晴

一卯刻御行法御勤被成、諸堂へ御順拝、御供一旭坊・是
八也

六月朔日　午　晴

一卯刻御行法御勤被成、諸堂へ御順拝、御供金蔵院・一
旭坊・重内也
一当日之御祝儀申上ル　金蔵院
一同断　来迎院
一本多主膳正殿ゟ御状来ル、役者請取遣ス、右先月御返

翰也

一大乗院参上、寺地之願当月五日頃二条へ罷出候由ニ而願書之写し・絵図、且又証文等持参、兵庫罷出対談

一中村市兵衛聟理介先達而ゟ瀧の下ニところてん(心太)出し申度相願候、市兵衛も御願申候由ニ付、則今日市兵衛ニ被仰付、其趣者、旧孝(好)之其方故、則理介願之ところて(心太)んみせ(店)、当年先被仰付候由兵庫(藤林伊助)申渡候、理介へも其趣申渡候由也

右市兵衛・理介難有奉存候旨御請申上ル也

一今日罷帰ル　駒井主税

一延命院ゟ赤飯一重来、右者地蔵回向いたし候由ニ而

二日　未　曇　戌刻ゟ雨下

一卯刻御行法御勤、諸堂へ御順拝也、御供一旭坊・重内也

一今朝阿弥陀寺ゟ御斎ニ出家衆来ル、如例施物青銅弐百文遣ス也

三日　申　雨下

一卯刻御行法御勤被成、諸堂へ御順拝、御供一旭坊・是(坂東)八也

一甘露寺宰相(規長)様迄御使僧、時節御見廻之御口上ニ而　御使僧一旭坊

竹の子　五本

右被進之

一綏心院(賢雅)様へ右同断

寺田宮内

一竹の子三本ツ、　森本頼母

高木喜平太

右三人江被遣候也

一倉橋三位(泰章)様へ右同断、御口上ニ而

竹の子　五本

右御口上之内ニ二位(倉橋泰貞)様御所労御様躰御見廻被仰遣候也

一甘露寺様御二方様ゟ御返答御相応也

一綏心院様御返答御相応也、但御加行為御見廻今月者御使者被進候筈之所候間、幸之事ニ候、御口上御取繕宜申上候旨ニ而

外郎餅　一折　三棹
右被進之
一宮内・頼母・喜平太へ宜御請申上度旨申也
一倉橋様御直答御相応ニ而、二位様（倉橋泰貞）御病気弥被心能、最
早御平生躰ニ被成御座候旨、尚宜申上候様被仰候由也
四日　酉　雨下　巳刻ゟ晴ル
一卯刻御行法御勤被成、諸堂へ御順拝、御供金蔵院・重
内也
一金勝院様僧正様へ御吏（使）下部、寿命軒方ゟ手紙ニ而金剛
界御伝受之儀御窺（伺）申上ル、乍序此間御不快御尋被成候
也
枇杷　一籠被遣之也
右御返書来ル、其趣、於于今御勝不被成候、仍而御伝
法之儀御暫時御待被成候様、尤あなたゟ其内可被仰之
候由也
一方内雑式（色）沢与右衛門方ゟ触状来ル、其趣者、実相院宮（義周法親王）
様薨去ニ付、明五日迄鳴物・音曲御停止ニ候、普請者
不苦候由書付来ル也
右之趣山内へ申遣候由也、委細者兵庫方記之
五日　戌　晴
一卯刻御行法御勤被成、諸堂へ御順拝、御供一旭坊・是
八也
一今日大乗院御役所へ寺地引移申度旨願ニ罷出候、則当
院ゟ兵庫卯刻過罷出ル
一御里坊へ御使僧被遣、去二日宮様（尊賞法親王）御上洛被遊ニ付為窺（伺）
御機嫌也、御口上御相応ニ申遣ス、御音物
竹の子　大七本　二重くり（刳）台ニ乗（載）ル
一為御窺（伺）御機嫌参上　　早川理兵衛
一宮様御返答御相応也、二条法眼御返答可申□ル由也
六日　亥　晴
一卯之刻過御行法御勤被成、諸堂へ御順拝、御供一旭
坊・重内也
一昨日西御役所へ罷出候処、大乗院へ被仰渡候ハ、先書

付請取置候、此儀大切之事故、急ニ者御呼出し有之間敷候、御吟味之上御呼出可有之由、新家方木村与惣兵衛被申渡候由也

一祇園西梅坊ゟ昨日手紙来、明七日神事御出被下候様、且此間竹坊出火之節御吏(使)被遣候御礼申来ル也、右之返答今日認遣ス、此節御加行故、御出不被成候旨申遣ス也

一甘露寺様(規長)へ為窺(伺)御機嫌参ル、吉見主水枇杷一籠被進之、御口上御相応申也

一綏心院様(賢雅)へ此間御菓子被進候御礼御口上御相応申上ル、時分柄之御口上也、自之窺(伺)御機嫌申上ル

右何茂御返答御相応也、夜ニ入帰ル、駒井主税方へ直ニ夜宮ニ参候也

七日　子　雨下

一卯刻過御行法御勤被成、諸堂へ御順拝、御供一旭坊・是八也

一兵庫(藤林伊助)・金右衛門・矢一(泥谷)、何茂主税方祭りニ参候也

八日　丑　晴

一卯刻御行法御勤被成、諸堂へ御順拝、御供一旭坊・是八・重内也

一為窺(伺)御機嫌参上　八右衛門夫婦

如例飯等出之也

一戌刻出火、あいの(間之)町五条下ル丁(町)、火本(元)早速消ル

九日　寅　晴　申刻ゟ雨下　暮方ゟ雷雨　夜中夥敷

一卯刻ゟ御行法御勤被成、諸堂へ御順拝、御供一旭坊・重内也

一園部氏江寿命軒ゟ手紙遣ス、其趣者、当山御修覆之儀也、文言不及記、尤宥栄坊持参

十日　卯　雨下

一卯刻御行法御勤被成、諸堂へ御順拝也、御供一旭坊・是八也

一禁裏御所ゟ御使

大典侍様御内之たき野方ゟ如例文来ル、閏七月女御

様御たん(誕)生ニ付御祈禱被仰付候由也、右返事如左

大典侍様より仰として

上様ます〱御機嫌よくあらせられ、恐なからめてたくそんし奉り候、さてハ閏七月女御様御きけん(機嫌)よくする〱と御誕生あらせられ、宮様・女御様益〱御長久ニあらせられ候やうに、来ル十三日より一七ケ日御きたう(祈禱)仰つけられ、かしこ(畏)まりて奉り候、御撫物・御檀(壇)料白銀一枚めてたく幾久しく拝受仕候、猶御きたう(祈禱)まん(満)さ(座)のせつ(節)御なでもの・御巻数さし上申候へく候、此たん(段)よろしく御沙汰たのみ入存候、めてたくかしく

清水
成しゆゐん(就院)

大典侍様御内
たき野との
御返事

なを〱御巻数・御撫もの(物)来十九日さしあけ申へく候、此たん(段)よろしくたのみ(頼)入候、めてたくかしく

御撫物・御檀(壇)料受取例文不及記略之、右寿命軒罷出ル、御院主様ニ者御加行故御逢不被成候也

十一日　辰　晴

一卯之刻過御行法御勤被成、諸堂へ御順拝、御供一旭坊・重内也

一宥栄坊ゟ主水方へ手紙来、其趣者、只今用事有之罷出候、途中ニ而寺田氏へ逢候処、五百姫様去六日御死去之由ニ御座候、仍而為御知申入旨申来ル也

十二日　巳　曇

一卯刻御行法御勤被成、諸堂へ御順拝、御供一旭坊・是八也

一高木喜平太方ゟ主水へ手紙来ル、其趣者、昨日宮内宥栄坊へ五百姫様御事御咄申候由、若広橋様へ御使なと被遣候儀先御無用可然候、いまた表向御披露無之由申来ル

右返事ニ、委細承、追而以参可得御意候由申遣ス也

一甘露寺様へ主水参ル、頼母(森本)・喜平太両人之者承合候処、いまた伊予守(本多康敏)様御方ゟ御飛脚不参候ニ付、表向御沙汰難成候、主膳正様ゟ御悔之御使者来候故驚入候由之物

語也、仍而窺(伺)御機嫌罷帰ル、尤明日ニも御沙汰有之由、
此御方ゟ御悔御吏(使)者十九日廿日ならて被進間敷候、禁
裏御祈禱明日ゟ開白ニ而御座候由断申置候也

十三日 午 晴

一卯刻過御行法御勤被成、諸堂へ御順拝、御供(ママ)
一今日ゟ禁裏御祈禱開白也、寿命軒相勤ル也
一禁裏御所ゟ御月次之御代参村雲右衛門府生如例、夕
飯・酒等出ス
一甘露寺様ゟ源介来ル、喜平太方ゟ申来候者、昨晩敷伊
予守様ゟ飛脚ニ而、五百姫様御事六日ニ御死去之旨申
来候、御序ニ此段申上候様口上也
右返答相応申遣ス

十四日 未 曇 巳刻過ゟ雨下

一卯刻過御行法御勤、諸堂へ御順拝、御供一旭坊・是八
也
一方内ゟ触状来ル、其趣者、明十五日御礼ニ御所司之御
広間へ罷出候儀無用ニ仕候様、御用有之ニ付申触候由、
委細兵庫(藤林伊助)方へ記有之、尤左兵衛(松尾)差支候儀有之ニ付松村
三吾より申来ル也

十五日 申 曇 朝之内雨下 巳刻過ゟ晴

一卯刻御行法御勤被成、諸堂へ御順拝、御供一旭坊・重
内也
一宮様(尊賞法親王)御里坊へ御使僧被遣、御機嫌窺(伺)之御口上也、相応
申遣ス
一裏松中納言殿(益光)へ御使僧、先日御使者被進候ニ付為御挨
拶也、何(前)茂御使僧一旭坊勤之
一宮様御返答御相応也、二条法眼申出ル由也

十六日 酉 曇

一卯刻過御行法御勤被成、諸堂へ御順拝、御供一旭坊・
是八也
一参上 森本頼母
為窺(伺)御機嫌也、御逢被成也、尤茶間ニ而御酒出ス

十七日　戊　晴

一卯刻前御行法御勤被成、諸堂へ御順拝、御供一旭坊・
重内也

一松平伊賀守（忠周）殿ゟ五月之御返翰来、中根次郎右衛門返書
一所（緒）ニ御屋敷ゟ相届ル也

一参上　　寺田宮内

一方内松村三吾より触状来ル、委細兵庫方へ記有之、古
分銅之触也

十八日　亥　晴　暮方少雨

一卯半刻御行法御勤被成、諸堂へ御順拝、御供一旭坊・
是八也

一倉橋様ゟ為御見廻おきよ参候由、椎たけ（茸）少被進之
右御院主様御逢被成候也、御返答御相応被仰遣

十九日　子　少雨降　夜ニ入大雨

一卯刻過御行法御勤被成、諸堂へ御順拝、御供一旭坊・
重内也

一今日禁裏御祈禱満座、御巻数献之、大典侍様迄御使
僧如例　　一旭坊
真桑瓜　一籠
右大典侍様へ被進之也

一甘露寺様（規長）・綏心院様（賢雅）へ五百姫様御死去之御悔被仰遣候
也

一広橋中納言殿（兼胤）へ右同断御悔被仰遣
右何茂御使僧一旭坊相勤ル也、尤此間禁裏御祈禱ニ付
御延引之段申入候也

廿日　丑　雨下

一卯刻御行法御勤被成、諸堂之御順拝、御供一旭坊・是
八也

一去十六日園部氏宥栄坊へ被参候而内談被申候ハ、修覆
之儀書付内々ニ而遣申様被申候ニ付、則昨日此方存分
書付遣申候、宥栄坊園氏へ持参候処、今明日中ニ桑山
下野守（元武）殿へ遣シ可申由、右之書面如左

口上之覚

一清水寺伽藍修覆之儀者、従古来成就院支配仕来候、然処開帳以後、従御寺務宮（尊賞法親王）一山立合ニ仕候様被仰付候得共、古格を申上、御請不仕、古来ゟ之通、成就院一院ニ被仰付候様御願申上置、先月事茂御里坊迄相窺（伺）候処、御留主居小倉主殿被申候者、南都江相窺（伺）可申由ニ而、於（于）に今何之御沙汰茂無之候、開帳以来年月を送り、修覆にも取懸り不申、諸方へ之聞へ殊更諸堂及大破、旁以迷惑仕候、其上若従御公儀延引之御咎も御座候而者、成就院職掌之儀ニ候得者、無調法ニも相成可申哉□難計奉存候、此段桑山下野守（元武）様へ被仰上被下、幸此節宮様御出京被遊御座候間、何とそ近々御沙汰も御座候様御取成奉頼候、尤桑山様思召も御座候ハヽ、御内意被仰知可被下候、兼而懸御目置之通、御判物等所持仕候得者、古格之通不被仰出候而者、何分御請者不申上候覚語（悟）ニ罷在候、此上若新規之儀被仰出候而者、甚難渋仕、不得止事表向御公辺へ御願可申上候、此節之儀偏ニ観音へ御奉公と被思召、可然様御了簡奉頼候、已上

六月十八日　寿命軒

園部三郎兵衛様

右奉書半切認、上包美濃帋矢一認之

廿一日　寅　雨下

一卯刻御行法御勤被成、諸堂へ御順拝、御供一旭坊・重内也

廿二日　卯　雨下　半刻雷鳴

一卯刻過御行法御勤被成、諸堂へ御順拝也、御供一旭坊・重内也

一方内松尾左兵衛ゟ触状来ル、其趣者、河州誉田八幡宮勧化之事也、委細兵庫方（藤林伊助）ニ控有之也

一本多兵部様へ五百姫様御死去之為御悔御使被遣候、伊予守様へも被仰入候也、一旭坊相勤

廿三日　辰晴　朝之内雰深し

一卯刻御行法御勤被成、諸堂へ御順拝、御供金蔵院・是八也

廿四日　巳　晴

一卯刻過御行法御勤被成、諸堂へ御順拝、御供一旭坊・重内也

一園部三郎兵衛殿父子へ御使僧被遣、其趣者、近々丹後(土岐)守様(頼稔)江府へ御発駕之由、仍而為御暇乞御使僧可被遣候哉、且又御父子之内、御供ニ而者無之哉之儀、御尋ニ被遣候也

右御返答ニ成程御使僧被遣候而可然候由、且又此度ハ父子共御供ニ而者無御座候、扨又寿命軒へ先日之口上書桑山様(元武)へ遣申候処、被得其意候由、何様近々事済可申由申来ル也

一土岐丹後守様へ御使僧　一旭坊

御口上之趣者、向大暑之処、弥御安全被成御座候旨、珍重奉存候、尚又近々関東へ御発駕之由承候、別而大暑之砌御苦労ニ奉存候、右御暇乞旁以参可申上候処、加行中故、以使僧申入候由申入候也

右御返答、被入御念候儀、忝存候、明後日関東出足いたし候、尚自是可申入候由也

廿五日　午　晴

一卯刻御行法御勤被成、諸堂へ御順拝、御供一旭坊・是八也

一甘露寺様(規長)へ為窺(伺)御機嫌主水参ル、夜入帰ル

一小豆餅　一重　川内屋伊兵衛

土用入之餅也、さし上ル由

廿六日　未　晴　今日卯刻土用ニ入 申半刻夕立

一卯刻御行法御勤被成、諸堂へ御順拝、御供一旭坊・重内也

一今日暑気為御見舞御使僧被進候所々如左

一一乗院宮様へ真桑瓜二十入一籠、包昆布添

右者此節御出京ニ而被為有候故被進候也

一甘露寺様へ　一籠十入　一綏心院様(賢雅)へ　十一籠

一園前大納言様(基香)へ同断　一広橋中納言様(兼胤)へ同

一桑山下野守殿へ廿入一籠

一曽根因幡守殿(澄次)へ御口上計

一中井主水殿(嘉基)　一角倉与市殿御口上計

右之通御使僧何茂一旭坊相勤ル也
右何茂御返答御相応也
一金勝院僧正様御出、御宿被遊也
一参上　　　　　　　　　　　　　駒井主税

廿七日　申　曇　昼迄小雨降　未刻ゟ晴　卯半刻地震　近年之大ゆり也

一卯刻前御行法御勤被成、諸堂へ御順拝、御供一旭坊・是八也
一金勝院様御帰り、酉刻少前

廿八日　酉　晴

一卯刻御行法御勤被成、諸堂へ御順拝、御供一旭坊・重内也

廿九日　戌　朝之内曇　昼之内折々小雨

一卯刻御行法御勤被成、諸堂へ御順拝、御供一旭坊・是八也
一御城御番頭明日御巡見、御当院ニ而御弁当被成度之旨
用人中頼之由ニ而用達方ゟ役人方へ手紙申来ル也
右得其意候旨申遣ス由也
一真桑瓜十ヲ差上ル　　　　　　　奥田全右衛門

晦日　亥　晴

一卯刻過御行法御勤被成、諸堂へ御順拝、御供一旭坊・重内也
一御番頭堀式部少輔殿為御巡見御出被成也、如例一旭坊為御案内罷出ル、巳半刻御出、御弁当、御院主様ゟ御使僧ニ而御挨拶被仰進
御返答御相応也、午刻過御帰ル、如例金子弐百疋被差置候也
一参上　　　　　　　　　　　　　山本立安
香薷散一包上ル
一参上　　　　　　　　　　　　　八右衛門夫婦
水の粉一包さし上ル
如例夕飯等出し候也
一今日暑気為御見廻御使僧被遣候所々左記

一土岐丹後守（頼稔）殿　御留主御見廻旁也
一嶋長門守（正祥）殿　一馬場讃岐守（尚繁）殿・小堀左源太殿
一御城内御番頭衆両人へ、式部少輔殿へ者今日御出被成
候、御挨拶も被仰遣候也、御一人ハ朽木
一石原清左衛門（正利）殿
一園部三郎兵衛殿へハ桑酒一徳利被遣候也
右之通御使僧御口上計、一旭坊相勤ル
一小麦餅　一重差上ル　門前川内屋伊兵衛
一同　　一重　　八坂ふや
一町御奉行両組目附六人・新家同心六人へ真桑瓜十計
ツ、台ニ乗（載）せ被遣候也
一方内左兵衛・与右衛門両人江如例晒壱反つヽ被遣也
右之御使是八相勤ル也
（裏表紙）「文政五壬午九月
表紙付仕立直
清水寺
成就院　」

解題

清水寺史編纂委員　下坂　守

本巻には享保七年（一七二二）正月から元文五年（一七四〇）六月までの『成就院日記』を収録した（表1参照）。ただ、この間、享保十一年の一年分のほか、享保十三年正月から同十九年六月、同年十二月から享保二十一年二月、さらには元文元年十二月から同二年（一七三七）十二月までの『成就院日記』は伝来せず、その失われた期間はあわせれば約十年分にも及ぶ。

特に享保十三年から同十八年までの六年間に関しては、一冊の『成就院日記』も残されていない。これは一つには元禄以来『成就院日記』を書き継いできた藤林孫九郎兼定が亡くなったことが大きな要因となっていたものと推定される。

第一巻の「解題」では、『成就院日記』の執筆について、元禄以降、享保三年（一七一八）までは兼定が、それ以降は彼の嗣子の好房なる人物がその役務を引き継いでいたと解説した。しかし、その後、年次を追って『成就院日記』を読み進めるなかで、それがまちがいであることがあきらかとなった。この点について、最初に述べておきたい。

結論からいえば、好房とは兼定の異名であり、兼定は好房の名で享保四年以降も『成就院日記』を書き継いでい

表1　第三巻収録の『成就院日記』の表紙の題名と筆者

番号	収録年月	原表紙題	後補表紙題	表紙・奥書記載の筆者名	備　考
24	享保5年正月～12月	諸事留日記	御日記	藤林孫九郎好房	
25	享保7年正月～12月	諸事留日記	御日記	藤林孫九郎兼定	
26	享保8年正月～12月	諸事留日記	御日記	藤林孫九郎兼定	26・27・28は合冊
27	享保9年正月～12月	諸事留覚帳	御日記	藤林孫九郎好房	
28	享保10年正月～12月	諸事留覚帳	御日記	藤林孫九郎好房	
29	享保12年正月～12月	日鑑	御日記	(藤原孫九郎兼定)	31と合冊
30	享保19年7月～11月	(表紙欠)	(表紙欠)	(なし)	
31	享保21年3月～11月	日記	御日記	(吉見主水成連)	29と合冊。4月28日に元文と改元
32	元文3年正月～12月	(表紙欠)	御日記	(吉見主水成連)	
33-1	元文4年正月～5月	日次記	御日記	吉見主水成連	
33-2	元文4年6月～12月	委記（注1）	御日記	吉見主水成連	
34	元文5年正月～6月	日次記	御日記	吉見主水成連	

（注1）「表紙・奥書記載の筆者名」については、記載のないものはその筆跡から判定した筆者名を（　）で示した

たものと考えられる。

『成就院日記』に「藤林孫九郎好房」の名前が最初に見えるのは享保五年（一七二〇）の奥書においてであるが、その後、享保七年になると奥書の署名は「藤林孫九郎兼定」に戻り、翌享保八年も同様となっている（享保六年の『成就院日記』は伝来しない）。ところが享保九年にはふたたび「藤林孫九郎好房」となり、翌十年も同じ署名が奥書

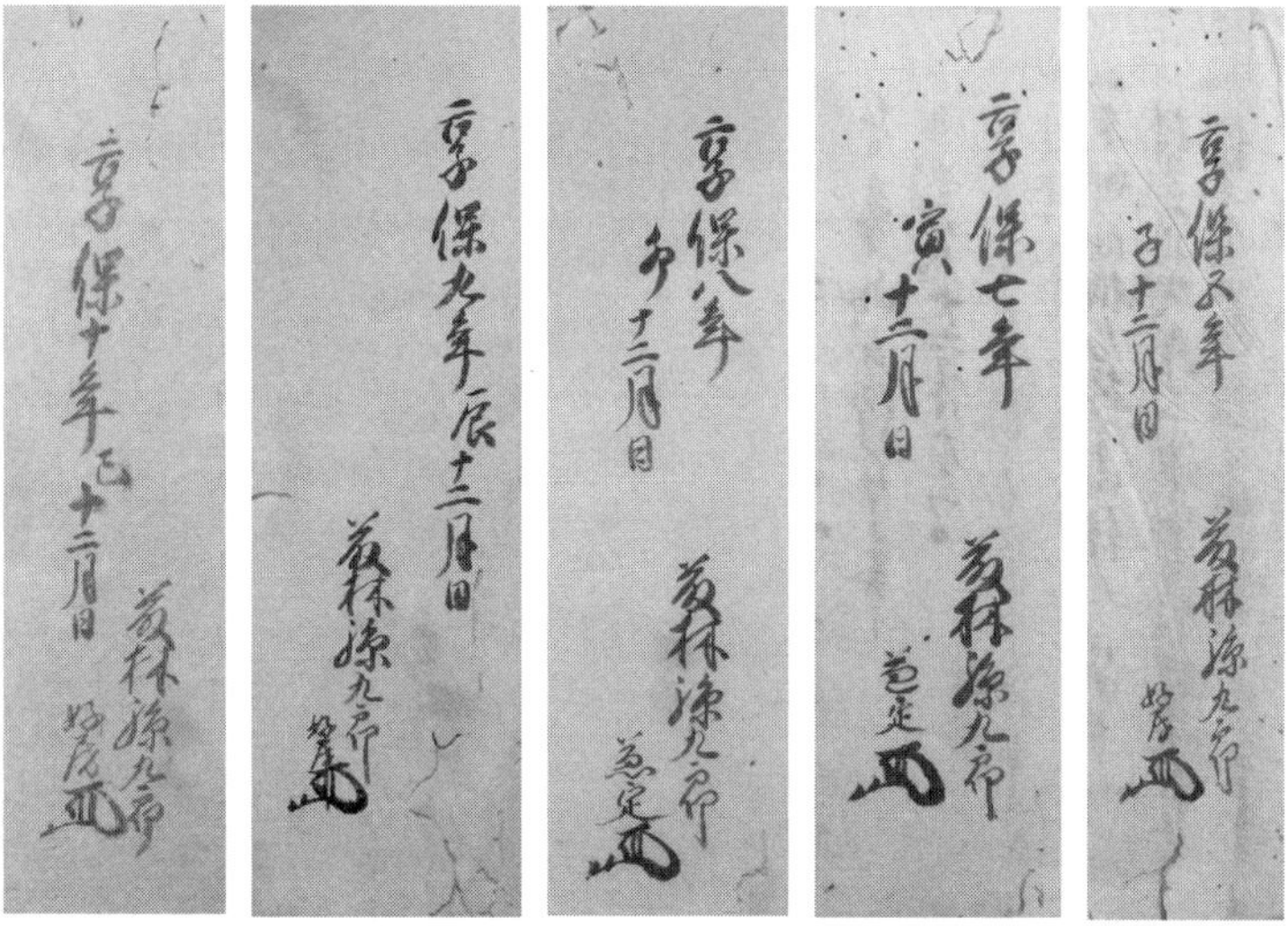

享保十年　藤林好房筆

享保九年　藤林好房筆

享保八年　藤林兼定筆

享保七年　藤林兼定筆

享保五年　藤林好房筆

成就院日記（諸事留覚帳〔諸事留日記〕）奥書

に施されているのである（表1の「表紙・奥書記載の筆者名」の項を参照）。

この享保五年から同十年にいたる署名の変遷を写真で提示すると、上の「成就院日記（諸事留覚帳〔諸事留日記〕）奥書」のようになる。これによって兼定と好房の花押が同じでまたその筆跡も同じであることが容易に看取できよう。すなわち、好房とは兼定の異名であり、兼定は享保五年以降も好房の名前で『成就院日記』を書き継いでいたことがここに判明する。なお、表1においては、奥書を欠く享保十二年の『成就院日記』二十九の筆者も藤林兼定（好房）としておいたが、これは筆跡により判定した。

兼定がその後いつまで『成就院日記』を書き続けていたかは、享保十三年以降、同十八年以前の『成就院日記』が残されていないため正確にはわからない。わずかにその親族について、『成就院日記』二十七の享保九年（一七二四）五月二十八日条に「一子安塔上葺拌粉（彩）色勧他（化）ニ而成就、隆性上人之弟子藤林岩之

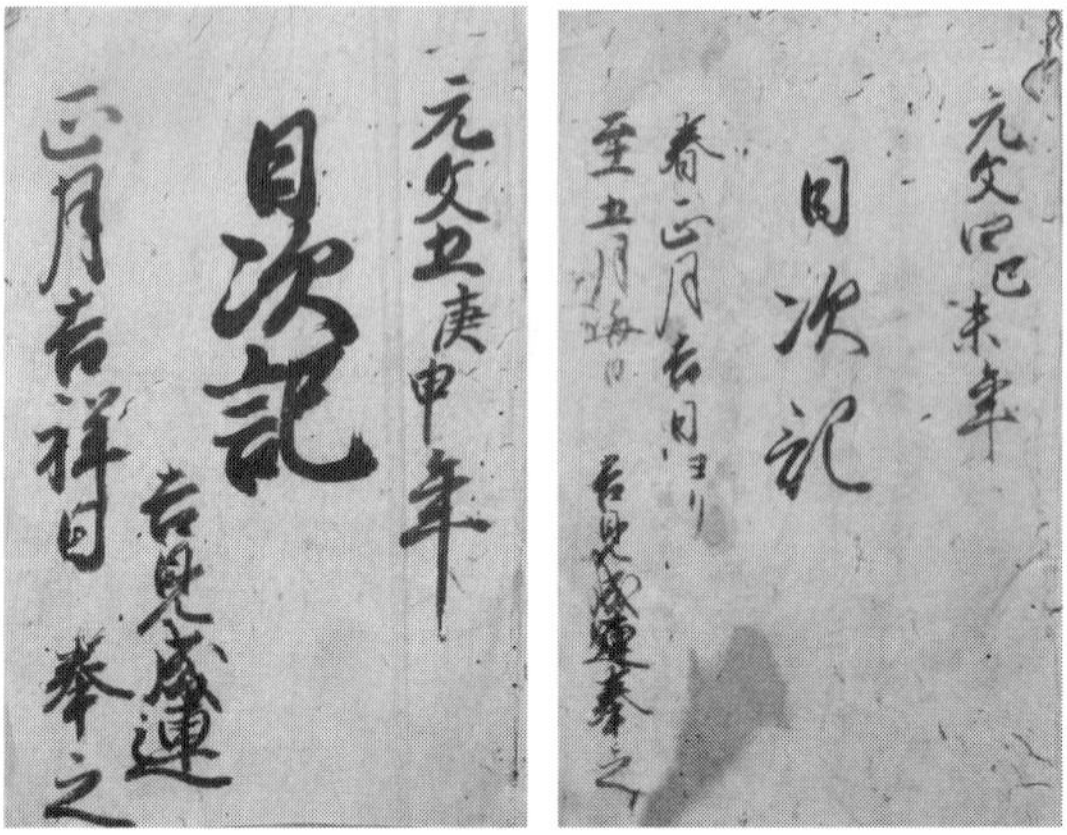

成就院日記（日次記）
元文四年、同五年原表紙
吉見成連筆

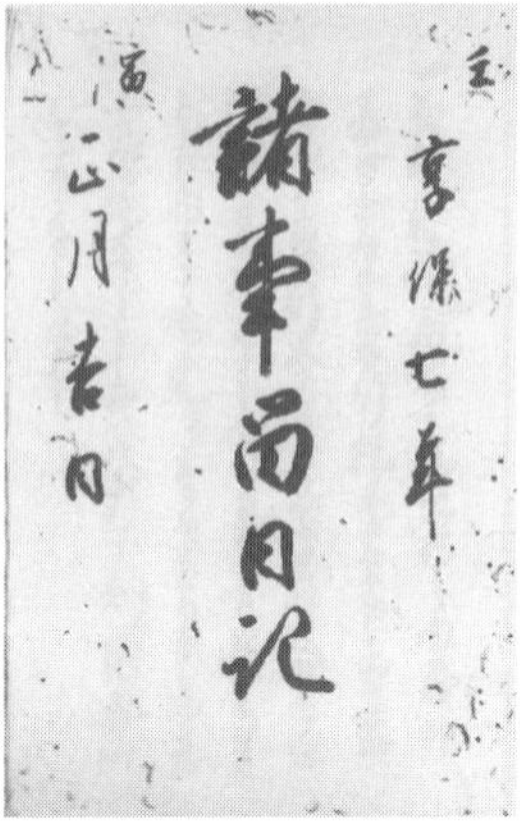

成就院日記（諸事留日記）
享保七年原表紙
藤林兼定筆

助九歳住持、藤林孫九郎世悴」とあるところから、かの年で九歳の岩之助なる息子がいたこと、およびその岩之助が成就院隆性の弟子として子安塔（泰産寺）の住職となっていたことが知られるだけである。ただ、享保十九年（一七三四）になると、彼の死去を伝えると思われる次のような記載が同年の『成就院日記』三十に見える。

（七月九日）
一晩申ノ下刻二条ゟ目付参り候而、朝倉堂ニて休之節、孫九郎出可被申候へ共、病死故、忰忠八名代罷出候

むろん、この時に「病死」した「孫九郎」が兼定であったという確証はないが、かの「孫九郎」にはここに見える忠八のほかにいま一人伊助なる伜がおり、藤林家の家督はやがてその伊助が継いでいる。

（七月十九日条）
一役人藤林伊助忌中ニ付、伯父森左平、右之案内ニ境内さか（境）いまて罷出候事

（七月二十六日条）
一孫九郎名跡子息伊助、名改孫九郎と申、門前年寄出入等之

役人被相勤ト申渡し、御里森本頼母殿へ申渡候事

この伊助は兼定の子もしくは孫としての資格をもって藤林家を嗣ぎ、「孫九郎」という通称とともに、成就院から「門前年寄出入等之役人」の職に任じられたものとみてまずまちがいない。

ちなみに彼はこれより五年後の元文四年（一七三九）十二月に、成就院清巓から「兵庫」を名乗ることを許されている。「一従今日藤林孫九郎（伊助）儀、改名兵庫と改申度御願申上候ニ付、則其通被仰付候也、尤御里元ニも寺田氏迄主水中入置候也」とは、そのことを記録する『成就院日記』三十三の同月二十七日条の一文である。

兵庫（伊助）が兼定と同様に「門前年寄出入等之役人」として「諸事留覚帳」を書き継いでいたであろうことは、元文三年（一七三八）以降の吉見主水成連の「日次記」（表1参照）にしばしば「委細孫九郎控有之」「委細兵庫方ニ記」と記されているところからもあきらかである。しかし、残念ながらその「諸事留覚帳」は伝来せず、そのため門前町については、享保十二年（一七二七）を最後に詳しい動向を知ることはほとんど不可能となる。

そのいっぽう、享保二十一年（元文元年、一七三六）以降になると、成就院の活動を詳細に記録する別種の『成就院日記』が残される。吉見成連が書き留めた「日次記」である（表1参照）。成連も兼定・兵庫と同じ成就院の役人を務めた人物である。しかし、その役務はかの両人とは違い、院主に近侍しその活動を補佐することにあったようで、そのため「日次記」の内容も兼定の「諸事留覚帳」とは大きく異なり、そのほとんどが成就院の院主の活動を書き留めたものとなっている。

すなわち、藤林兼定の「諸事留覚帳」が町家の普請や売買、住人の交代、商売替え、さらには京都町奉行所からの触の伝達など門前町にかかわる多彩なできごとを丹念に記録するのに対して、吉見成連の「日次記」はそれらについては一切記録せず、院主に関わるできごとだけを記しており、これによって当該時期の成就院の政治的・社会

的な活動実態が細部にわたりあきらかとなる。

なお、兼定の「諸事留覚帳」と成連の「日次記」の間には、「孫九郎」の死去と伊助の藤林家相続のことを伝える享保十九年（一七三四）七月から十一月までの『成就院日記』三十が残るが、その筆者はわからない。ただ、その記載内容はほとんど門前町に及んでおらず、どちらかといえば成連の「日次記」に近く、吉見成連と同様に院主に近侍した成就院役人の一人が記録したものと推定される。

清水寺 成就院日記　第三巻

二〇一七年一二月一八日　初版第一刷発行

編　者　清水寺史編纂委員会
委員長　森　清範

発行者　西村明高

発行所　株式会社 法藏館
京都市下京区正面通烏丸東入
郵便番号　六〇〇―八一五三
電話　〇七五―三四三―〇〇三〇（編集）
〇七五―三四三―五六五六（営業）

印刷・製本　亜細亜印刷株式会社

ISBN978-4-8318-5153-6 C3321